独家解密共和国60年重大经济事件!
首次披露国家智囊的风云人生!

# 中国高层经济智囊

观经济风云·知民生冷暖·望未来趋势

杜博奇　唐寅◎著

中信出版社·CHINACITICPRESS

**图书在版编目（CIP）数据**

中国高层经济智囊/杜博奇，唐寅著. —北京：中信出版社，2011.6

ISBN 978-7-5086-2816-5

Ⅰ.中… Ⅱ.①杜… ②唐… Ⅲ.经济思想史－研究－中国－现代 Ⅳ.F092.7

中国版本图书馆CIP数据核字（2011）第094691号



**中国高层经济智囊**

**ZHONGGUO GAOCENG JINGJI ZHINANG**

---

**著　　者**：杜博奇　唐寅

**策划推广**：中信出版社　（China CITIC Press）

**出版发行**：中信出版集团股份有限公司（北京市朝阳区惠新东街甲4号富盛大厦2座8-10层　邮编　100029）

(CITIC Publishing Group)

**承 印 者**：三河市祥达印装厂

**开　　本**：720mm×1000mm 1/16

**印　　张**：19　　**字　　数**：270千字

**版　　次**：2011年6月第1版　　**印　　次**：2011年6月第1次印刷

**书　　号**：ISBN 978-7-5086-2816-5 / F・2337

**定　　价**：45.00元

# 序言

## 改革时代的回音

漫长的走廊——你从未听过如此深沉的声音，
石上青苔，以及岁月。
你转过头——那就是寂静的含义：
你不是孤身一人。
整个辽阔的世界一倾而下。
——威廉·斯塔福德《信心》

### 一

历史无往不在，任何人无时无刻不在历史之中，既见证历史，又装饰历史，最终化身为历史的一部分，随烟尘远逝，莫可分辨。

在伟大时代做一个安静的小人物，或许是件幸福的事情，但这幸福未免狭隘。与大多数人相比，有那么一些人总是满怀激情而又不失理性，在他们还是少年的时候，就显现出特立独行的品格，历经无数次考验、磨难和抉择，最终进入学术殿堂，扛起经世治国这面古老的旗帜。

是的，他们的名字叫做经济学者——一个看似艰深、孤寂清冷，却必不可少的群体。

文明是社会进步的标杆，而社会分工则创造了文明的繁杂与精彩。每一份职业背后都潜藏着责任、操守、信仰之类的词汇，身处理想的顶峰，面对逼仄的社会现实，经济学者或许更能感受两者的距离。

社会形态趋于复杂，阶层分化日盛——底层民众生存之多艰，中产阶级为自由、产权而呐喊，高处不胜寒，金字塔顶端亦非想象中风光无限，当利益诉求成为社会常态，各种力量交织碰撞，各种声音喋喋不休、嘈杂无比时，世界开始意乱神迷，甚至让人分不清真伪、主次。

从本质上讲，经济学者充当着一种社会观察家的角色，但又不是职责之全部。与其说他们是书斋里高高在上、不食人间烟火的柔弱书生，不如说他们更像是现实社会的卫道士和清道夫。

可以肯定，任何一位经济学者的灵魂深处都燃烧着信仰的火焰。他们的所作所为看似不同，其实都是在极力拉近现实与理想之间的距离。这样说来，他们的存在使得社会流动充盈丰沛。

经济大潮风生水起的时代，经济学人注定难以置身事外，他们探索、呐喊、奔走，“为天地立心，为生民请命，替往盛继绝学，为万世开太平”。这，就是他们的使命，难以摆脱，亦无可回避。

## 二

任何美好梦想的践行，都根植于时代土壤。中国改革曲曲折折的历程，呈献活生生的标本，恰为经济学人提供了思考基石，另一方面，他们的言论又影响着经济改革的轨迹。

现今经济学界活跃的这批学者大多数都是伴随改革成长起来的，他们的成名与争议也是源于对现实问题的考察与发言。个人经历、教育背景在很大程度上影响着他们的视角，进而反馈到改革层面。

建国之初，国民经济一度出现暂时性的倒退。由于决策上的偏差，经济政策失当，在“超英赶美”口号下，重工业发展盛行一时，农业经济遭受严重破坏，“大跃进”、三年自然灾害不期而至。

这一期间，荒谬现实屡见不鲜，时人生存艰难，令人感叹现实之吊诡。这段历史对知识分子内心造成的巨大冲击不言而喻。周其仁、茅于轼、陈锡文、张培刚等人日后秉持的重要观点就是要重视农业经济。

众多理论当中，张培刚的理论无疑最具穿透性和前瞻性。早在1946年，张培刚就写出了《农业与工业化》哈佛博士论文，为其赢得了巨大声誉，该论文被视为发展经济学的奠基之作。投射到现实社会，此文不仅为中国经济发展提供理论依据，也为世界范围内工业化浪潮兴起呈送中国样本。

然而，在一个混沌初开、政治为纲的年代，过于超前、理性的思维注定遭受现实打击。于是，我们看到，张培刚学术研究出现30年断档。这期间，中国经济落后，政治运动此起彼伏，人们无心从事生产，农业凋敝、工业破败，商业摧折、社会秩序濒临崩溃，国家岌岌可危。

建国之后到1978年，近30年的时间，中国经济并未有根本改观。反观世界，美、日等发达国家出现大批优秀企业，拉动经济迅速增长，与此同时，工农业齐头并进，第三产业日益兴盛；拉美、印度等发展中国家也开始谋求经济增长，而作为基础的农业得到极大重视。

此间，发生了一件令人心酸的事情。智利学者来中国请教张培刚发展经济学，却发现这个哈佛博士住在临时招待所，几本书似乎只是为了装点门面。他不知道张培刚已然脱离研究多年。

站在历史高度审视过往，前30年中国如此不振，发生如此之多的悲剧，在于意识形态牢笼束缚。

大多数时候，现实问题的复杂性使得其解释徒增苍白，但种种迹象表明，制度在很大程度上是造成低迷的本因。计划经济时代，一切按需分配，凭借指标、票证控制，无论农业还是工业，抑或始终处于地下状态的商业，都是残缺、扭曲的。在这样的形势下，改革势在必行。

改革开放意义之一，在于打破思想禁锢，计划色彩逐渐消退，市场经济逐渐由商品经济过渡而来。于是，价格改革、国企改革成为重头戏，并衍生出倒爷、资产流失等诸多新问题。

顾准之后，吴敬琏或许是倡导市场经济最不遗余力的旗手。他继承并延续了顾准、孙冶方等老一辈经济学人的光荣与梦想，成为市场经济扛鼎者，一切现实问题的出发点正是基于此。

关于改革路线，吴敬琏与厉以宁曾展开论战；围绕价格体系改革，吴敬琏又与张维迎等人意见不合；至于发展模式，在究竟是否应该回避重工业上，厉以宁、林毅夫和樊纲等人又站在了吴敬琏的对立面；面对权力寻租、权贵资本等各种令人匪夷所思的问题，吴敬琏率先提出用法治手段建立“好的市场经济”。

放大到宏观层面，上述行为恰恰体现了市场经济在中国推行时面临的本土化障碍，即“社会主义”与“市场经济”两个模式的结合。只有在这个大前提之下，厉以宁、林毅夫、吴敬琏等人论争才有意义。

单单从经济制度的视角考察，改革开放30年，其实就是一部市场经济推行史。政府官员、经济学者、底层民众上下求索，经济由冷转热，社会问题频发，到如今，农业问题再次凸显，这并非因为改革不够彻底，而是缘于人们心理上对农业的轻视。这期间，茅于轼、陈锡文、周其仁等频频发言，呼吁维护农民权益，甚至不惜亲身示范，以知识分子绵薄之力贡献建设性意见。

于是，中国经济在经历甲子轮回之后，回归农业底线，意味着土地重新被重视。而土地背后，正是产权这个经济原点的归位。撇开纷乱杂陈的事态，一切问题的根源，在于所有权区分和取舍。

## 三

任何时代，改革说到底都是一件冒险的事情。打破旧格局，建立新秩序，新旧制度摩擦碰撞，以整易乱，势必会触及一部分人的利益，因此，改革遭遇挫折、反复在所难免。

作为意见提供者、改革智囊，经济学者处于政府与民间夹层地带，不仅面临公众舆论和官方压力，同时也需要面对内心良知的拷问。在这个群情激昂、欲望膨胀的时代，能否保持学术操守，成为横亘在他们面前的巨大障碍。这不仅是对经济学者的考验，更是对民族精神的质问。

中国改革史上，曾有三次波澜壮阔的大争议。第一次发生在市场经济与计划经济对接的更替期，争议对象是经济制度、所有权之类当时敏感的事情，判断的基准并非一己私利，而是社会制度能否承接、契合。换言之，市场经济在社会主义体系内可否并行不悖，且不引起社会制度变色？

整个20世纪80年代在这种不存私心、不带偏见的论争中度过，那真是一段令人难忘的单纯岁月。日后的一切纷争，都或多或少披上私利色彩，进而引发更大范围的争论、质疑。

1992年之后，“邓小平南方视察”搁置了姓“资”姓“社”的争论，经济建设成为共识，“一切向钱看”，争论焦点回归至发展路线、改革模式、轻重优劣等微观领域。然而，20世纪90年代的知识界并不安静，下海成风，暗流涌动，原本纯真的学术频频遭受蛊惑。各种基调背后，总能找到冠冕堂皇的理论支持，但人们恍然发现诸多怪现象——学者常常在上市公司任职，亲属担任独立董事，或者干脆创办企业实体，学术操守在一点点地消磨殆尽，于是才有了“经济学家为谁代言”的质疑。

及至新世纪，随着互联网时代来临，社会公众以及大众媒体开始发挥舆论监督作用，一方面将学界劣迹揭穿，另一方面也直接或间接造成吴敬琏“间谍门”等诸多冤假错案，令人感慨万千、无可奈何。

争议之下，意志脆弱者容易两边摇摆，于是人们常会看到前后矛盾的论调；而那些不改初衷的发言又往往过于直接，被公众、媒体断章取义，被愤怒的气焰灼烧，进一步激发社会情绪。

无论事实如何变迁，也许总有一些东西是不变的。譬如周其仁对产权的执著，吴敬琏对市场经济的呐喊，陈锡文对农业的热衷，陈元对金融业的遥望，而樊纲更为彻底，声称寻找普适经济学。

在中国这个国情复杂的特殊环境中，任何政策都很难让各个阶层满意，普适注定是一面理想主义的旗帜，可望而不可即。不过，正在是追寻理想的过程中，这群文人学者才发散出应有的光热，或可告慰身后的历史。

## 四

改革没有捷径可走，都是“摸着石头过河”，有时候，甚至连“石头”都不知道在哪里。时代激流汹涌，作为瞭望者，经济学者任重于山，他们的只言片语或许难以撼动时代巨轮，却常常给社会引来喧嚣。

历史往往由一系列偶然事件堆积而成，这正是其可怕之处。人们身处其中，不知不觉成为宏大时代的叙事背景。时间冷酷无情，不以人力为转移，一切美好想象流于形式，愈行愈远中积重难返。蓦然回首，真理隔岸观火，嘲笑着人类世界的无知与渺小。

然而，无论往事多么不堪，现实怎样迷乱，争议质疑不绝于耳，总有一群人在密闭的时光隧道中踯躅前行，寻找那不足道的微光。时间疾驰，他们化为尊尊雕塑，在风声起落中兀自回音。

# 目录

## 第一章 吴敬琏："经济学家的良心"



## 第二章 周其仁：真实世界的经济学家

第三章

## 厉以宁：“一生治学当如此”



第四章

## 张培刚：发展经济学奠基人

## 第五章

## 樊纲：用自己的声音说话



## 第六章

## 张维迎：风口浪尖上的学者

## 第七章 张五常：西方经济学传教士



## 第八章 林毅夫：铮铮赤子的经济传奇

## 第九章 杨小凯：“中国向何处去”



## 第十章 陈锡文：深入“三农”的官方经济学者

第十一章

## 茅于轼：“经济学界的鲁迅”



第十二章

## 陈元：做一个真正的银行家

# 第一章

## 吴敬琏：“经济学家的良心”

改革风云激荡，身为意见提供者的经济学家势必会被牵连进各种力量的角逐过程，很多人因为惧怕是非，常常在关键时刻缺位，回避发言，吴敬琏却从来不肯撤退。

改革初期，吴敬琏“冒天下之大不韪”，站出来为市场经济摇旗呐喊。当市场无序扩张，他提出用法治手段，建立“好的市场经济”。面对张扬放肆的权贵资本，吴敬琏大胆放言，戳破基金黑幕，预言股市泡沫。

大多数情况下，勇敢者注定是孤独而不被理解的。吴敬琏的直言常常为他引来麻烦，成为别人攻击的靶心，遭受非议和诘难，他不仅从未退缩，反而一再出现在需要的位置，让人看到经济学家的“良心”。

## 人物简介

吴敬琏，1930年生。江苏南京人。生父吴竹似、继父陈铭德均为《新民报》创办人，其母邓季惺是民国著名女报人。

吴敬琏自幼多病，20岁考入金陵大学经济系，两年后因高等院校调整，转入复旦大学经济系。毕业后分配至社科院经济研究所，其间曾担任苏联经济学家阿·毕尔曼的助手，研究企业财务和国家财政问题。

1956年之后，参加全国范围的体制调查和体制改革研究。1983年，赴美国耶鲁大学寻找思想上的出口。次年夏天，回国伊始，应马洪等人之邀，参与《关于社会主义制度下我国商品经济的再探索》意见书撰稿，为商品经济正名，中国市场经济理念逐渐萌芽、成型。

吴敬琏态度鲜明地主张市场取向，与董辅礽、赵人伟等经济学家在20世纪80年代初期创建了比较制度分析学科。通过分析比较计划和市场两种资源配置方式的交易成本，论证了社会主义市场经济的合理性与必然性。

上世纪80年代和90年代初期，吴敬琏是市场经济的热情呼吁者，并因此获得了“吴市场”的绰号。2000年，他提出建立“好的市场经济”，基于法治的市场经济，为“权贵资本主义”敲响警钟，因此而得到另一个称号“吴法治”。

此后，吴敬琏多次对公共热点问题建言献策。面对地方政府好大喜功，频频上马大型项目导致过度建设、能源浪费的现象，他主张抑制过热投资，走新型工业化之路，与厉以宁等人展开激烈论战；针对波谲云诡的证券市场，他不惜“冒天下之大不韪”，提出所谓“赌场论”，主张维护市场规则，保护草根阶层生计，被誉为“中国经济学界良心”。

## 1. 此间的少年

1946年，国共谈判破裂，一度看到和平希望的中国再次笼罩于战争阴云之下，万马齐喑。

局势千变万化，令人无所适从。对于刚迁回南京的邓季惺[①]一家来说，这是一个必须要作出选择的非常时刻。作为一家报馆的所有人，她与丈夫陈德铭不可避免地要对政治发言，表明立场。

陈邓二人都是名噪一时的报人，他们招贤纳士，大批成名记者闻风而来。一时间，《新民报》人才济济。加之邓季惺经营有方，《新民报》[②]得以迅速壮

---

① 邓季惺(1907年～1995年)，原名友兰，四川奉节人，出身于世代绅商之家。祖父邓徽绩，父亲邓孝然，叔父邓孝可皆为当时的巴蜀商界名人。邓徽绩在重庆开办了四川第一家近代工厂，森昌泰火柴厂。1909年，邓季惺两岁时，邓孝然被川汉铁路公司第一次股东大会推为董事局董事，并曾任中国银行四川分行行长。他和邓孝可都参加了“保路运动”，邓孝可是保路运动宣传方面的先锋。绅商出身的家世背景，以及父辈参加政治运动和革命宣传活动，这些对于邓季惺日后投身新闻出版事业并取得成功，有潜移默化的作用。

② 《新民报》，1929年9月创刊于南京。先后出版南京、重庆、成都、上海、北平等多版，有八个日刊、晚刊。抗战胜利后，总管理处设于南京，罗承烈任总主笔，赵超构任副总主笔。因主张和平民主，反对内战，被迫停刊。建国后，上海《新民报晚刊》继续出版，1958年起改名《新民晚报》。

大，成为与《大公报》[1]齐名的全国性大报。

邓、陈都是温和的改良派，支持和平、反对内战。由此，《新民报》持反战立场，对国民政府进行严厉批评，深为国民党所痛恨，以致上海、南京等多个地方版被停刊或查封，并经常发生编辑、记者被捕或遭殴打等恶性事件。

有一次，陈德铭的亲戚劝他少批评国民政府，否则可能遭到毒手。一向性情温和的陈德铭居然一改常态，涨红了脸，愤怒地大声回应："你让他们拿枪打死我吧。"

陈德铭不曾意识到，16岁的吴敬琏怔怔地看着他，画面从此印入少年心中。

家庭的境遇令吴敬琏过早地接触政治，而这些活生生的事实则让他对国民党政权心怀失望。这期间，通过阅读《资本论》、《在人间》等进步书籍，他成了一个左翼青年，其最"大胆"的事情是"偷听"陕北新华广播电台。有一次，他悄悄记录下毛泽东讲话，复制多份在熟人中传播。

吴敬琏是这个改良家庭唯一的男孩，加之自小体弱多病，被家人视做珍宝，但谁也不会想到，孱弱的他甚至比父母更加激进，而他头脑中潜藏的能量更是在多年之后对国家的改革进程屡屡产生影响。

年少时的经历常会打下无形烙印，影响人的一生。吴敬琏日后经世治国，或许与他的身世和际遇不无关系。

吴敬琏出生于有着深厚商业背景的知识分子家庭。母亲邓季惺、生父吴竹似和继父陈德铭都以办报扬名，祖父和外公则都是乡间有名的实业家，外公邓孝然还当过成都中国银行的行长。

这样的家世不仅可以提供良好的教育，还在潜移默化中影响着吴敬琏，使他像父母那样思索宏大的社会问题。不过，那时他的梦想是成为一名科学家，至于学经济实在是无奈之举。

---

① 《大公报》，1902年6月17日在天津法租界首次出版，其创办人是清末保皇党英敛之。取大公一名为"忘己之为大，无私之为公"，办报宗旨是"开风气，牖民智，挹彼欧西学术，启我同胞聪明"。英敛之主持《大公报》10年，使其成为华北地区引人注目的大报。1926年至1949年，即所谓"新记"大公报时期，"四不主义"（不党、不卖、不私、不盲）最为出名，吴鼎昌、张季鸾、胡政之等优秀报人让它成为当时中国新闻界的翘楚。

1948年，18岁的吴敬琏考入南京金陵大学[①]，被他喜欢的机电系录取了，但因为身体原因不得不休学。期间，他意识到凭借自己的身体条件根本无法完成理工科学业，更不用说胜任辛苦艰巨的科学工作了。考虑到经济这门学问与实业救国还有“那么一点关系”，复学的时候，他就选择了文学院，攻读经济系。

大学期间，报国情怀与激进思想使吴敬琏成为一名积极的“造反派”，一呼百应，颇有些学生领袖的味道。

1951年是吴敬琏大学生活中最为活跃的一年。年初，金陵大学进行反文化侵略运动，他不但积极参加，还负责组织展览会。最终，学校不再教授英文，系里的西方经济学也停课。随后在开始的“三反五反”运动中，吴敬琏担任学校增产节约办秘书，带领同学们“打老虎”，直到那些“重点斗争对象”坦白为止。

不久，运动升级，开始流行“知识分子思想改造运动”，俗称给知识分子洗澡。表现积极的吴敬琏成为文学院的“学生总代表”，带领革命青年们给教授“洗澡”。随着活动愈演愈烈，年轻的吴敬琏掉进狂热的陷阱，多年后才清醒过来，后悔不已。

## 2. 从激进到怀疑

1953年，吴敬琏大学毕业，不巧因查出肺病未康复不能分配工作，于是留在学校康复楼中养病，一年后才拿到毕业证书，被分配至社科院经济研究所。就这样，他回到了北京的家中。

激进的吴敬琏对这个家庭来说似乎有些陌生了，他的言论常常令家人感到震惊和不安。有一次，吴敬琏对母亲邓季惺说：“你以后不要坐沙发了。”邓问：“为什么呢？”吴敬琏回答：“无产阶级都坐凳子，你为什么要坐沙发呢？”母亲无言以对。还有一次，吴敬琏在家里公开表示：一个人不应该有两件以上的衬

---

① 金陵大学是美国美以美会（卫斯理会，Methodist Church）在中国创办的教会大学，前身是1888年在南京成立的汇文书院。1951年9月，私立金陵大学与私立金陵女子文理学院（原金陵女子大学）合并为公立金陵大学。1952年院系调整，金陵大学和南京大学合并为新的南京大学。

衫。过惯了优裕生活的邓季惺和陈德铭对此目瞪口呆。

进了经济所，表现积极的吴敬琏成为重点培养对象，被任命为首届团支部书记，还被派去给苏联经济学家阿·比尔曼当助手，学习国家财政等宏观经济理论。阿·比尔曼是苏联赫赫有名的财政专家，作为援助中国建设的学者，他奉命前来推行苏联财务管理模式。苏联财务管理强调经济核算，原材料和产品均以定价流通，带有鲜明的国家干预色彩。

这是吴敬琏第一次参加经济实践工作，他的任务是每天到国务院主管经济的财务司抄写历年的财务报表，从而对刚刚建立起来的计划经济体制有一定程度的了解。但随着实践的深入，聪颖激进的吴敬琏越来越觉得经济管理体制存在着一些带有根本性质的缺陷。他后来这样写道："片面依靠行政命令来管理经济，而没有充分发挥价值规律和有关经济杠杆的作用，使经济管理过分集中和僵化，不能发挥生产单位和职工的积极性与创造性。"

正因为窥见了计划经济的缺陷，吴敬琏日后才义无反顾地倡导市场经济。不过这时的他并没有接触市场经济思想，只是对现状产生了怀疑，备感苦闷、困惑。与此同时，政治上的遭遇也令他焦灼不安。1956年初，周恩来总理提出"向现代科学进军"的口号，经济所的青年们积极响应，却遭到上级部门压制，吴敬琏替被批判的乌家培说了几句话，也成了被批判的对象。

风波过后，吴敬琏抑制住内心的怀疑，以空前的热情投入到计划经济理论的论证当中，由于他根底深厚、头脑聪敏，很快便脱颖而出，成为那一批青年经济学者中的佼佼者。

作为"向组织靠拢"的积极分子，吴敬琏有机会参与他生平最重要的一场论战。由于研究能力出众，吴敬琏得以担任"理论反击员"的角色，而他的对立面正是他的师长——当时经济所的所长孙冶方[①]。此人是一个有着独立精神的经济学者，属于最早意识到计划经济弊端并公开批判的那一批人。他和另一位经济学

① 孙冶方，1908年出生在江苏无锡一个纱厂小职员的家庭。原名薛萼果，与生于无锡礼社镇的经济学家薛暮桥是叔伯兄弟。1925年，到莫斯科中山大学深造，回国后在上海做工会工作和理论宣传工作，取笔名孙冶方，从此这个名字就沿用下来。孙冶方提倡价值规律、商品流通，言辞大胆而激烈。这些后来被事实证明是正确的思想，但在20世纪50年代末却成了孙冶方的修正主义罪状。因为坚持自己的学术观点，从20世纪60年代初期，孙冶方就受到迫害，十年动乱中被戴上镣铐关进监狱达7年之久。

者顾准[①]第一次提出应按照价值规律发展国民经济，对当时的计划经济体制构成挑战，为保守派所不容。

严格意义上讲，这不是市场规律与行政管控在中国的第一次交锋，但却是最引人瞩目的一次，围绕经济体制问题，日后经济理论界还会出现数十次论战，而这一次，令吴敬琏终生难忘。

1964年秋天的一次座谈会上，主张按照价值规律办事的孙冶方成为批判的对象，随后升级为猛烈批斗，他被戴上“中国最大的修正主义者”的帽子，还因有“里通外国”的重大嫌疑，被撤销党内一切职务，每天打扫厕所。期间，作为理论上的反攻，吴敬琏、陈吉元与周叔莲联合署名发表《社会主义生产目的不容歪曲》一文，提出“生产要么是为了利润，这就是资本主义生产；要么是为了满足社会需要，这就是社会主义生产”。这显然是在针对孙冶方所言的价值规律。

如果说对孙冶方的批判是形势所迫和理论分歧，那么随后爆发的“文化大革命”不仅让吴敬琏对形势有了更清醒的认识，还无意中给他提供了一个重新审视已有经济理论的机会。

1969年，林彪下达备战“一号命令”。中科院各学部响应号召，全体人员集体下放，经济所所有人员下放河南息县“五七干校”[②]。吴敬琏与另一位“老右派”顾准被分到了同一个排里。

---

① 顾准，上海人，中国最早提出社会主义市场经济理论的第一人。早年毕业于上海立信会计学校，后加入中国共产党，1957年发表《试论社会主义制度下的商品经济和价值规律》，第一次提出了在社会主义条件下实行市场经济。后来，他两次被打成“右派”，仍然坚持理想和信念不动摇。在逆境中他写下了《希腊城邦制度》和《从理想主义到经验主义》等著作。1974年12月3日，顾准因肺癌在北京病逝，去世前他留给病床前的学生吴敬琏最后一句话——“中国的神武景气终将到来”，并要他“待时守机”。顾准的骨灰，一半遵照他的遗嘱，抛撒在他生前曾工作过的三里河路中科院大楼前面的小河里，另一半根据经济所的意见，安放在八宝山公墓后的老山骨灰堂。

② 1966年 5月7日，毛泽东在给林彪的信中提出“五七指示”：各行各业均应一业为主，兼学别样，从事农副业生产，批判资产阶级。两年后，黑龙江省在庆安县柳河开办农场，把大批机关干部下放劳动，并定名“五七干校”。1968年10月5日，《人民日报》在《柳河“五七”干校为机关革命化提供了新的经验》一文编者按中，引述毛泽东有关指示：“广大干部下放劳动，这对干部是一种重新学习的极好机会。”此后全国各地的党政机关都纷纷响应，在农村办起五七干校，大批干部、教师、知识分子被下放到农村，到五七干校参加体力劳动，接受贫下中农再教育。

检举“五·一六分子”[1]期间，曾经的革命青年吴敬琏成为被揭发和批斗的对象。一次，有人向组织告密说，自己曾让吴敬琏帮忙修理收音机，修好之后，打开一听，竟然是“美国之音”。于是，他便有了“偷听敌台”的罪名，隔三差五就被批斗，最多时一天会被斗三四次。

这场空前大批斗中，经济所有三分之一的人员成为“五·一六分子”，其中很多人因为不堪忧愤而自杀。羸弱的吴敬琏不肯低头，他“秉公直言，绝不乱咬别人，不无中生有”，最终挺了过来。从此，经历劫难的吴敬琏开始对时代产生质疑，并与“同病相怜”的顾准逐渐亲近起来。

思想上的碰撞常常令人茅塞顿开。此时的吴敬琏尽管怀疑，但仍存有幻想。顾准尖锐的提问捅开了厚茧：计划经济为什么没能让中国人富起来？什么样的经济体制才能帮助中国实现现代化？顾准所提的问题正是他自己苦思不得其解的难题，它们敲碎了吴敬琏心中的硬壳。他开始跟随顾准一起，以另一种更宽广深远的视角思考国计民生。

每当前行遇阻，人们便回头期望从历史中寻求答案。屡屡遭受命运捉弄的顾准决意把中国的事情弄清楚，他摒弃了孙冶方等人所持的修正观点，以大历史的眼光，从古希腊一路溯流而下。在其指引下，吴敬琏思路顿开。从息县到明港，再到北京。顾、吴一直保持思想上的交流。每过一段时间，两人便见上一面，交流各自的心得和见闻，在对历史的不断梳理和思考中，现实的答案呼之欲出。

1974年秋天，贫病交加的顾准走完了人生的最后一程。临终前，他在病床上交代遗嘱：把自己遗稿中“有关希腊城邦史部分交给吴敬琏同志”。顾准还提到狱中的孙冶方，并嘱咐一旁的吴敬琏：“他出来的时候，你帮我向他致意。”

当天夜里，顾准睡过去后再也没有醒来。吴敬琏和一位护士一起把他推进阴冷的太平间，然后骑车回家。他先是一言不发，然后号啕大哭，经久不止。

---

① 在1967年3月至8月间，北京出现了一个秘密组织“首都五·一六红卫兵团”简称“五·一六”，其宗旨是“打倒周恩来，砸烂旧政府（指国务院）”。这个组织人数不多，但能量很大，在北京地区兴风作浪。中央《“五·一六”通知》公开发表后，他们狂叫：“《通知》的发表是第二次“文化大革命”的开始，要揪出新的黑线、黑帮。”组织策划了一系列反周活动，引起了“无产阶级司令部”的高度重视，最终导致在全国范围内开展了一场声势浩大的清查“五·一六”反革命集团运动。这个运动在打击真正的“五·一六”的同时，也把许许多多无辜的干部、群众打成了“五·一六”，数以百万计的人遭到残酷迫害。

顾准去世后的第二年，4月的一天，坐了7年牢狱的孙冶方突然被释放了。车把他拉到熟悉的经济所，孙冶方打开门，面对前来迎接的人群，慷慨激昂地说：“我一不改志，二不改行，三不改变观点。”可是当吴敬琏向他转达顾准的致意时，他眼中的光华骤然散去，沉默良久。

吴敬琏还表达了自己的歉意。他对孙冶方说：“我代表周叔莲[①]他们向你道歉，那时候我们参加对你的批判，其实你是对的，我们完全错了。”孙冶方大度地扬扬手说：“这个事你们以后不要再提了，人人都有错误。”

对孙冶方观点的认同意味着吴敬琏否定了之前的计划经济理念，这是在顾准影响下自我反省的胜利，但吴敬琏甚至比孙冶方还要彻底，当后者一遍遍撰写《社会主义经济论稿》，试图修正计划经济的种种弊端时，他已经意识到一条路走到了尽头。

## 3. 路线之争

时代悄无声息地推进演变，让身处其间的人们既兴奋又忐忑。

1976年的一个秋天，吴敬琏骑车走在三里河的一条大街上。经济所的同事胡瑞梁迎面过来，将他拦下，对着他的耳朵，难掩激动地说道：“中国最坏的那些人已经垮台了。”已经47岁的吴敬琏与老胡相拥而泣。这一天，他们已经等了太久。

“四人帮”的倒台令人燃起新的希望。是年冬天，赋闲在家的于光远[②]联合吴敬琏、周叔莲等人，在经济理论界掀起按劳分配的大讨论。尽管经常参加诸如此类的会议，但此时的吴敬琏并没有形成成熟的理论，对这个

---

① 周叔莲，男，1929年7月生，江苏省溧阳市人。经济学家。社会科学院工业经济研究所研究员。1953年毕业于复旦大学经济系，同年入中国科学院经济研究所从事研究工作，历任中国社会科学院工业经济研究所副所长、所长、研究员，国务院学位委员会第二届学科评议组成员等。博士生导师，兼任中国工业经济联合会顾问、中国企业管理研究会荣誉顾问。著作有《论经济管理》、《中国式社会主义经济探索》、《从计划经济到市场经济》、《中国经济的两个根本转变》、《周叔莲文集》等。

② 于光远，男，1915年生，上海人。原姓郁，名锺正，于光远是入党后起的名字。中国著名经济学家，著作有《我的教育思想》、《“文革”中的我》等。

刚走出政治斗争的国家还缺乏把握。他和当时的中国，都迫切需要学习的对象。

可以肯定的是，苏联式的计划经济道路“此路不通”。社会主义阵营中，只剩下东欧的“市场社会主义”[①]可供借鉴，学习东欧模式盛行一时。人们很快发现，东欧模式尽管在理论上标新立异，本质上仍未跳出计划经济的大框架。

茫茫黑夜，中国去往何处？一时间无人能答，经济学家们希望到西方“取经”。送走东欧的同人后，经济所的几位学者得到批准，到西方学习经济学。

已经53岁的吴敬琏前往美国耶鲁大学，从本科生的普修课听起，寻找兴国良策。吴敬琏怀着经济改革的诸多疑问，投入到艰苦的学习中，希望用西方的成功经验，为中国改革寻出一条出路。7个月后，当他携带一套崭新的理论回国时，经济改革已行至微妙的十字路口。

时值改革路线的第一次大讨论，争论的焦点是采取何种经济体制。当时的语境下，市场经济等同于资本主义，而“社会主义经济只能是计划经济”。但之前的经验已经证明计划经济在中国行不通，中国要发展似乎只有采取市场经济，这显然与政治体制有悖。一时间，改革陷入两难境地。

在有关领导的授意下，马洪[②]、周叔莲和张卓远等“改革派”决定重提“商品经济”，刚刚归国的吴敬琏应马洪之邀参与撰稿。

1984年10月，“商品经济”的提法出现在第十二届三中全会通过的《中共中央关于经济体制改革的决定》中。《决定》明确指出：“商品经济的充分发展，

---

① 市场社会主义是一种试图将生产资料公有制与市场经济结合起来以实现社会主义的理论。它出现于20世纪30年代，由旅美波兰经济学家奥斯卡·兰格首次系统阐述。在20世纪50年代到80年代苏东社会主义国家的经济体制改革中，市场社会主义为苏东经济学家进一步发展，并成为这些国家进行经济体制改革的理论基础。20世纪80年代初，西方一些左翼学者在探讨发达资本主义国家如何走向社会主义的问题时，受苏东正在进行的市场走向的经济体制改革的影响，也开始关注市场社会主义理论。

② 马洪，1920年生于山西定襄，建国后，曾任中共中央东北局和中共中央政策研究室主任、中共中央东北局委员和副秘书长、国家计划委员会委员兼秘书长、国家经委政策研究室负责人。1978年后，任中国社会科学院工业经济研究所所长、副院长，中国社会科学院院长、国家建委基本建设经济研究所所长、国务院副秘书长、国家机械工业委员会副主任、国家计划委员会和国家经济体制改革委员会顾问。1985年至1993年任国务院经济技术社会发展研究中心总干事、国务院发展研究中心主任。1993年4月起任国务院发展研究中心名誉主任。兼任北京大学、清华大学等校教授。因病于2007年10月28日逝世，享年87岁。

是社会经济发展不可逾越的阶段，是实现我国经济现代化的必要条件。”结果令马洪、吴敬琏等人兴奋不已，但随着经济的复苏，他们很快有了新的焦虑。

脱胎于“计划”的中国经济带有很深的历史烙印，一旦不受约束，容易走向过分开放的另一个极端。1985年，中国经济“一放就乱”的毛病犯了。物价飞涨，通货膨胀的趋势日趋明显。吴敬琏等经济学者迫切需要找到病根，对症下药。

表面看来，物价飞涨的原因在于“价格双轨制”[①]——体制内外实行两种价格，市场价格往往高于内部价格。从而催生大批倒爷，把体制内的产品倒腾到市场上出售，赚取差价。1985年，在倒爷的折腾下，经济秩序混乱。长春的君子兰被炒到60万一株，海南走私倒卖汽车上万辆之多，福建农村还出现震惊一时的假药案。

稳定市场秩序，并不在于抓几个倒爷，也不是废除“价格双轨制”那么简单。关键的问题是，作为向市场经济过渡的产物，“价格双轨制”本身意味着对计划经济的摒弃，如若对之进行调控，是否会因政府过度干预而有违市场经济的初衷，倒退回计划经济？这令吴敬琏等人苦思冥想，莫衷一是。此时，那些市场经济的反对者也趁机发难，形势异常严峻。

毋庸置疑，改革是一个无数次优化选择的过程。如果说“商品经济”提法的确定是岔道口前的一次折中选择，那么关于改革路线的争论还远未画上句号，未来吴敬琏等人还将面对一次又一次艰难抉择，而这一次只是刚刚开始。

吴敬琏主张政府适当调控，以抑制通货膨胀。吴敬琏认为，调控与否并不是区分经济制度的标准。计划经济与市场经济的根本区别在于，经济是否按照价值规律运行，在此前提下所进行的调整都是政府的职责，并不会引起经济制度的退步。而另一位经济学家厉以宁则持反对意见，理由是，抑制需求和限制货币供应均会损害社会各方利益，可能招致人们对改革的不满。支持吴敬琏的人与厉以宁的支持者展开激烈争论，但双方各执一词，僵持许久，谁也说服不了谁。

---

① 中国经济体制向市场经济过渡中的一种特殊的价格管理制度，指的是对同值的标的物实行两种不同的定价机制，一种是计划的垄断性定价，另一种是市场定价。这是计划经济走向市场经济过程中的特殊产物。中国已经经历了三次价格双轨制向单轨制的转变，第一次是生产资料，第二次是人民币对外币汇率，第三次就是现在面临的资本市场的价格双轨制，非流通股的场外转让价格与流通股的市场价格的并轨。

到秋天，论战还没有结果，但形势已不能再拖。9月的一天，中国最重要的经济学家和政策官员，连同许多世界知名经济学者，一起在重庆开往武汉的“巴山”号轮船上举行会议，为中国经济把脉下药。

此次会议的全称是“宏观经济管理国际讨论会”，又称“巴山轮会议”。从保存至今的会议记录资料来看，与会专家几乎一致认为中国经济已经过热，有必要采取从紧的宏观经济调控政策。会后不久，决策层决定实施宏观调控，为吴、厉的调控之争画上句号。在接下来关于改革主线的争论中，吴敬琏与厉以宁再次相遇。

中国经济学界，厉以宁最早提出企业股份制改革，素有“厉股份”之称。在他看来，企业改革是经济改革的核心，应坚持以企业制度改革为主线，带动其他领域的改革，故又被称为“企业主体改革派”。吴敬琏并不认同“企业中心论”。他认为，市场经济是一个完整的体系，靠“单兵突进”的改革方式会造成诸多短板，必将拖慢整体改革进程，因此经济改革必须全局思考，整体推进。厉以宁称吴敬琏是“价格改革主线派”，而吴敬琏更愿以“整体协调改革派”自称。

今天看来，两种声音的背后是决策层不同改革思路的交锋。但改革激流暗涌，时局瞬息万变，日后无论“企业主体”还是“全面推进”，均没有得到彻底的弃置，也未得到根本的推行。两种思路随局势反复，较量多年都没有分出高下。而理论界之外，改革实践在不断变化的步伐中摸索出了契合的节奏。

回到1985年，围绕改革总体思路，吴敬琏和厉以宁这两个“1930年出生的江苏人”据理力争，互不相让，孰优孰劣，一时难以分辨。不过，论战的双方却因为闹出很大动静，反而互相成就了对方，渐渐在经济界之外建立起各自的名声。

## 4．市场经济的旗手

时局如棋，变幻莫测，谁也不会想到，刚敲定的中央经济政策会在春夏之交突然转向。

1986年3月，中央突然改变政策，放弃执行半年的宏观调控，接连颁布宽松的经济政策，并开始大规模放贷。数月后，已被批准的整体配套改革方案被突然弃用，改革的主线转向企业。

这种转变大大超出吴敬琏的预料。作为主张宏观调控的“整体协调改革派”，他感到无所适从，并隐约预感到一丝不祥。

果然，随着政策的宽松，“一放就乱”的毛病再次发作。银行大肆放贷，货币源源不断地进入市场，固定投资比暴涨；与此同时，物价大幅攀升，刚抑制下去的通货膨胀又露出苗头；没有得到彻底根治的“价格双轨制”催生大批“官倒”，诱发省际原料大战。因为承包国企，辽宁本溪一个叫关广梅的女性引发租赁企业姓“资”姓“社”的大讨论。

紧张危急的状况一直持续了两年。期间，吴敬琏、马洪等人多次警告，呼吁进行宏观调控，但并未引起相关方面的重视，他们的观点也未得到领导层采纳。到1988年春天，形势已经非常严峻。

这年5月，决策层突然决定进行“价格闯关”，试图在短期内理顺价格体系①。此举招致薛暮桥、马国光和吴敬琏等人反对。他们认为，通货膨胀局势下，不应急于“闯关”，而应先治理经济环境，然后再进行价格改革。从当时的经济状况看，这个建议是富于理性且极其合理的。任何时候，在整体环境未加改善的情况下，贸然进行改革只会把经济推入更加混乱无序的状态，即便最后改革成功，也将付出巨大代价。

但从管理者的角度考虑，价格错乱带来的经济混乱已到了无以复加的地步，如果等到整体环境修复再推行新的价格制度，势必造成更大的损失。权衡再三，决策层最终于8月在未设任何防范预案的情况下，正式对外公布“闯关”政策。

吴敬琏等人的担心很快变成现实。政策发布后，引发全国恐慌，各地出现抢购潮。当时的报纸写道：“人们像昏了头一样，见东西就买。”甚至连滞销产品大家也不放过，而这进一步催高了物价。到秋天，抢购风潮和物价暴涨已把中国拖入泥潭。经济失控、政策紊乱，全国上下弥漫着沮丧颓废的气息，令

---

① 1988年5月19日，邓小平在人民大会堂会见朝鲜政府军事代表团时指出，中国的改革要“过五关斩六将”，物价改革虽然风险很大，但是“非搞不可”，“要迎着风险迎着困难上”。同年6月，《人民日报》发表评论员文章《改革有险阻，苦战能过关》。文章认为：中国的改革发展到今天，已经到了一个关键性阶段，到了非解决物价问题不可的时刻。

人紧张不安。

接下来的1989年，受“闯关”失利影响，政策一律从紧。银根紧缩，消费低迷，企业大面积倒闭，工厂开工不足，失业率迅速上升。萧条冷清的气氛中，关于改革路线的争论再次被搬上前台，“计划派”向商品经济发难。

10月28日，《光明日报》刊发《中国不能完全实行市场经济》一文称：“让市场成为资源的主要配置者，不重视乃至削弱和否定计划经济的重要作用，必然会导致社会主义公有制经济的瓦解。”这实际上是把造成困顿局面的原因指向市场经济，大胆提出“市场经济”的吴敬琏理所当然地成为攻击的对象。

11月的第一个周末，吴敬琏接到通知，到中南海参加一个会议。他一迈入会场，主张计划经济的财政部科研所所长许毅就开始演讲。他洋洋洒洒地讲了一个多小时，归根结底就是反对市场经济。吴敬琏接过话头，针锋相对地也讲了一个多小时。吴敬琏对通货膨胀、分配不公和贪污腐败等问题条分缕析，认为这些问题的根源是发展战略和改革进程出了问题，市场经济本身无错。

那天上午，吴敬琏和许毅争论不休，直到会议结束，只有他两人发言，谁也没说服谁。然而，全国范围内反对市场化改革的声音与日俱增，并于1990年初达到顶峰。一篇文章用不容乐观的语气写道：“私营经济和个体经济……如果任其自由发展，就会冲击社会主义经济。”

从前一年受打压开始，私营经济进一步萎缩，这是吴敬琏所不愿看到的。与此同时，国际形势也令人感到紧张不安。春天，吴敬琏去英国访问。归途中看到“苏联剧变”后衰败的景象，对计划经济又产生新的认识。

1990年7月5日下午，吴敬琏应邀参加中共中央总书记江泽民召开的经济问题座谈会。

会议开始后，“计划派”打头阵。他们认为改革出问题，是因为有方向性错误，应该以计划取向却搞了市场取向，是喧宾夺主、南辕北辙。吴敬琏第二个发言，针锋相对地指出，改革遇挫的原因不是市场取向不对和改革“急于求成”，而是市场取向的改革不够坚决、不够彻底。而不彻底的原因是“计划经济与市场调节相结合”方针不妥，应该明确商品经济即市场经济。这是吴敬琏第一次在重要场合倡导市场经济，他的讲话引起反对者不满，被打断多次，但最终坚持讲完。

会后不久，便传出吴敬琏受到批评的消息，他还得了一个明显带有贬义的绰号“吴市场”。

理论上的纷争难较高下，反而是现实给出了答案。1990年9月，吴敬琏到江苏参加全国企业家座谈会。随后一路南下，到浙江、广东和海南。看到乡镇企业在懵懂中绽放的活力，吴敬琏越走越有信心，最后得出结论：中国向市场经济的转轨已过临界点，没有回头的可能，而且经济形势会很快好转。

事实证明吴敬琏的判断是正确的。接下来的1991年，政治气候悄然转暖。2月和3月间，《解放日报》连续发表署名为“皇甫平”[①]的系列文章，探讨路线问题。其中《改革开放要有新思路》一文写道：“不要以为，一说计划经济就是社会主义，一说市场经济就是资本主义，不是那么回事，两者都是手段，市场也可以为社会主义服务。”这实际上出自邓小平春节期间在上海的谈话。

吴敬琏似乎从空气中捕捉到了变化。5月初的一次研讨会上，他自信地说：“以市场配置为基础的资源配置方式，是现代经济唯一有效的协调方式，中国市场取向改革已经越过了临界点，绝不可能拉回到旧体制去了。”接下来，他投入到既紧张又兴奋的理论研究中，相继发表和出版《论作为资源配置方式的计划与市场》和《论竞争性市场体制》。一石激起千层浪，这些理论在政经两界引起巨大反响。

随后发生的事情将吴敬琏推到舞台中央。1992年春，87岁的邓小平南下视察武昌、深圳、珠海、上海等地，一路发表许多关于改革的讲话，掀起思想解放的新高潮[②]。此时，吴敬琏的《论作为资源配置方式的计划与市场》和《论竞争性

① 皇甫平，取义“来自黄浦江的评论”。从1991年2月15日开始，《解放日报》评论部主任凌河、上海市委政策研究室处长施芝鸿、《解放日报》记者周瑞金三人以“皇甫平”为笔名，先后发表《做改革开放的“带头羊”》、《改革开放要有新思路》、《扩大开放的意识要更强些》、《改革开放需要大批德才兼备的干部》等四篇文章，呼吁深化改革开放，引起广泛讨论和热烈反响。

② 1992年1月18日至2月21日，邓小平先后赴武昌、深圳、珠海和上海等地视察，沿途发表了重要谈话。谈话内容主要有6点：1. 革命是解放生产力，改革也是解放生产力。2. 要加快改革开放的步伐，不要纠缠于姓“资”还是姓“社”的问题。3. 发展才是硬道理，要抓住有利时机，集中精力把经济建设搞上去。发展经济必须依靠科技和教育，科技是第一生产力。4. 坚持两手抓，两手都要硬。在整个改革开放过程中，必须始终注意坚持四项基本原则，反对资产阶级自由化。5. 正确的政治路线要靠正确的组织路线来保证，要注意培养人，按照“四化”标准选拔人才进入领导层。6. 坚持社会主义信念，社会主义在经历了一个曲折的发展过程后必然代替资本主义，这是历史发展的总趋势。

市场体制》为这场思想解放提供了经济理论上的依据。其中再版的《论竞争性市场体制》一书，五万册迅速脱销。由此，吴敬琏的观点传遍天下，“吴市场”之名众人皆知，由“贬”转“褒”。

1992年秋天，十四大即将开幕。吴敬琏希望借助这次大会确定“市场经济”的提法和地位。这年的4月和9月，他连同李剑阁[①]等人，两次写信给中央，建议把“社会主义市场经济”的提法写进政府报告。

10月，中共十四大正式宣布：“我国经济体制改革的目标是建立社会主义市场经济体制。”“社会主义市场经济体制，就是要使市场在社会主义国家宏观调控下对资源配置起基础性作用，使经济活动遵循价值规律的要求，适应供求关系的变化；通过价格杠杆和竞争机制的功能，把资源配置到效益较好的环节中去，并给企业以压力和动力，实现优胜劣汰；运用市场对各种经济信号反应比较灵敏的优点，促进生产和需求的及时协调。”

至此，关于“计划”与“市场”的争论宣告结束。吴敬琏这个市场经济的捍卫者，承前人之功，携同人之力，最终把改革推进市场经济的快车道。

## 5．改革的守护者

1992年，改革卸下枷锁，翩然前行。已经62岁的吴敬琏迅速成名之后，又很快投入高度紧张的观察研究中，为刚刚站稳脚跟的市场经济保驾护航。

此时的中国经济正处于空前混乱的状态，亟待理顺。邓公南方视察激发了改革热情，使一度停顿的经济又高速运转起来，但受本已紊乱的经济环境制约，改革陷入盲目扩张的误区，很快便出现膨胀的趋势。

① 李剑阁，江苏省南通市人，南京师范大学数学系理学士。1990年参加吴敬琏领导的“中国经济改革总体设计”课题组。他们在对苏联和东欧国家经济改革进行比较研究的基础上，借鉴西方市场经济的运行经验，提出了中国进一步经济改革的基本思路、时序安排和配套政策。上个世纪90年代末，李剑阁被朱镕基指定为经济智囊团的一员，在中国开放国内市场，关停亏损国有企业的过程中，帮助把握经济重组的方向。他在学术界的声望一直很高，于1991年、1997年、2001年三次获得中国经济学界最高奖项——孙冶方经济学奖。曾与世界银行等全球性机构合作研究社会保障体系改革等中国问题。

由于侧重点不同，对宏观经济的看法也不尽相同。改革派认为，经济“不热”，而保守派则认为“已经过热”。但吴敬琏看来，实际情况要复杂得多。因为经济发展不均衡，导致有些地方热，有些地方不热，不能一概而论。

时任国务院副总理的朱镕基主张调控。作为主管经济的决策者，他一到北京，就批评有些地方该热的改革没有热起来，不该热的反而太热了。所谓不该热的，一个是基础建设投资，另一个就是股市。朱镕基采取严厉手段，大刀阔斧进行治理整顿。重压之下，过热势头很快得到遏制，到秋天，固定资产投资增长率已经下降一半，生产资料物价指数也大幅跌落，通货膨胀的压力倏然减小。

中国经济在政策的反复间动荡、反复。经过数年的调整，决策层也意识到只靠“单兵突进”行不通。1993年下半年，有人提出采取“整体渐进，阶段突破”的方针，随后召开的十四届三中全会据此明确提出“整体推进，重点突破”的改革战略。与吴敬琏的整体改革思路不谋而合。

从1994年开始，整体配套改革在金融、财政、外汇、税务、社保等各个领域全面推进。也正是从这一年起，中国经济驶上高速、健康、稳定的“黄金车道”，运行十多年都不曾膨胀。

作为“重点突破”对象，国企改革成为重头戏。关于国企改革，当时站主导地位的思路是放权让利。其最高实践形势是承包制，即把国有企业部分或全部承包出去，允许私人经营管理，所有权仍属国家。

对于国企改革中放权让利的思路，吴敬琏并不赞同。在他看来，企业改革的出路是充分市场化的公司。单靠经营模式上的细微调整并不能从根本上改变国企现状，唯有从市场的角度出发，让生产资料在以公司为单位的市场中自由流通，才能推进改革进程。1993年，吴敬琏与钱颖一[①]合写《关于公司化》一文，建议国有大中型企业加快进行公司化改造。这个建议引起相关方面的重视，间接促使

① 钱颖一，生于北京，祖籍浙江，著名经济学家，清华大学经济管理学院院长、教授、博士生导师；美国伯克利加州大学经济系教授。1977年考入清华大学数学专业，毕业后留学美国，1982年获哥伦比亚大学统计学硕士学位，1984年获耶鲁大学管理科学硕士学位，1990年获哈佛大学经济学博士学位。执教清华之前，先后在斯坦福大学、马里兰大学、伯克利加州大学担任经济系教授。

《公司法》在1993年底通过。

从1994年开始，中央政府按照《公司法》在全国推行现代企业制度试点。到年底，正式确立31家试点企业。但形势并未随之好转，反而滑入深渊。1995年后，国企经营状况持续恶化。相关数据显示，国企亏损面超过40%，负债率高居不下，几乎到了山穷水尽的地步。

每当改革遇阻，保守势力便会重新抬头。随着国企改革陷入困境，反对的声音又悄悄传出。1997年3月的两会期间，原本不允许散发材料，有人却违规发放指责国企改革的文章。一篇四处散发的文章认为，中国这些年的改革非但没有强化国有制，反而使它的比重不断下降，至于国企改革更是一种渐进式的私有化，将从根本上改变我们国家经济制度的社会主义性质。

改革进入深水区，势必会触及一小部分人的利益。作为改革重点的国有企业，蕴藏大量不为人知的非常地带。保守派为固守已有利益，企业承包者也因为获益不菲，势必要阻挠国企公司化进程，为此甚至不惜全盘否定改革。

1997年2月，邓小平在北京去世，改革派失去最大的靠山。中国何去何从再次成为世人关注的焦点。

经历过多次政治斗争的吴敬琏对形势已有明确的把握。为保住改革成果，他给中央高层写了一封建言信。针对国有制比重下降导致社会性质变化的观点，他在信中提出："只要国家采取了正确的政策，有效地防止财富分配的两极分化，无论国有经济成分是多是少，我们国家的社会主义性质都是有保证的。"

随后，吴敬琏等人在报纸上连续发表多篇文章，倡导市场经济。与此同时，在辽宁考察国企的朱镕基提出了著名的"三年脱困"改革策略：用三年左右的时间使大多数国有大中型亏损企业走出困境。

吴敬琏隐约意识到，中央高层似乎已经下了彻底改造国有经济体系的决心。因此在接受中新社记者采访时，他大胆地指出："具有保守思想的人想开倒车，而某些初期的改革者成了既得利益者，不想进一步改革，更有一些浑水摸鱼者认为现在的体制最好，他们不希望有公正竞争和真正的市场经济出现。"最后，他还希望"十五大"后，以多种实现形式的公有制为主体的多种所有制经济在平等竞争中迅速成长，促使改革力量壮大，推动改革尽快到位。

一周后，“十五大”在北京召开。会议提出“混合所有制经济”概念，认为国有经济比重的减少，不会对社会性质构成影响。江泽民强调：“坚持和完善社会主义公有制为主体，多种所有制经济共同发展的基本经济制度；坚持和完善社会主义市场经济体制，使市场在国家宏观调控下对资源配置起基础性作用。”

这次会议之后，关于姓“资”姓“社”的争论彻底平息，国企改革得以深化。这正是吴敬琏乐意见到的。

## 6. 呼唤法治

随着改革的进行，财富分配两极分化的趋势逐渐显现，年近70岁的吴敬琏对此忧心忡忡。

在1997年的那封建言信中，吴敬琏曾把国企改革的命脉维系于分配制度，寄希望于建立一个相对公平的社会，而非以国有经济的多寡来区分政治形态。不幸的是，现实完全背离了他的设想，朝着相反的方向发展。

国企改革势必会涉及利益调整。这期间，一部分官员利用手中权力，以各种方式处置国有财产，或将其归于自己名下，或售与他人，以致国有资产大幅流失，私人财富隐秘且迅速地上涨。

吴敬琏很早就预见到这种情况。早在1988年，他就引入“权力寻租”①这一概念，用以描述转型期社会某些官员利用政治便利寻求财富转移而造成的资源浪费现象。而“官倒”的盛行恰是这一概念的真实写照。

1998年夏天，亚洲金融风暴正当其时。吴敬琏与另一位经济学家汪丁丁进行

① “权力寻租”概念源于经济学中一个解释特定腐败现象的重要理论，即寻租理论。“权力寻租”是指握有公权者以权力为筹码谋求获取自身经济利益的一种非生产性活动。“权力寻租”是把权力商品化，或曰以权力为资本，去参与商品交换和市场竞争，谋取金钱和物质利益。即通常所说的权物交易、权钱交易、权权交易、权色交易等等。像物质形态的土地、产业、资本那样，在这里，权力也被物化了，转化为商品货币，进入消费和财富增值环节。“权力寻租”所带来的利益，成为权力腐败的原动力。

了一场“关于中国改革前途的对话”，被刊登在当年第11期的《财经》杂志上。在这次对话中，吴敬琏第一次提出了“权贵资本主义”[①]这一名词。其“权贵资本”，是指权力与资本合谋，霸占和垄断社会财富。用吴敬琏的话说，即“原来掌握权力的人可能会利用权力把过去的公众财产据为已有”。

吴敬琏认为，中国最大的危险主要在两个方面，一个是继续实行计划经济，另一个就是借改革之名掠夺大众。前者出现的可能性已经很小，而后者则是社会转型期不可避免和忽视的现象。关键的问题是，采取何种措施把损失降至最低。

随后爆出的官商丑闻更加重了他的担忧。厦门远华案牵出700多名干部，江西副省长胡长清与广西省委书记成克杰因贪污下狱。面对变形走样的市场经济，吴敬琏警告：改革的大关还没有过去，未来对中国危害最大的是“权贵资本主义”。言犹在耳，中国股市陷入疯狂。

市场引入了资本，活跃了经济，但也刺激了贪欲和私利。在那个全民炒股的年代，人们被一个个一夜暴富的神话所刺激，变得血脉贲张。而神话的背后，“内部消息”张扬放肆地蔓延。这场扭曲的财富盛宴中，权贵仍是低调的主角。作为“庄家”，他们通常是“内部消息”的直接受益者，非法聚敛财富的同时，极大扰乱了市场秩序，而蒙受最大损失的往往是不明真相的中小股民。

众所周知，内部交易对经济健康百害无一利，股市伎俩也早已是公开的秘密，只是没有人去捅破这层窗户纸。直到2000年10月，《财经》杂志发表《基金黑幕》一文，证券市场的波谲云诡才被公诸于众。

媒体的披露触犯了既得利益者的底线。权贵资本采取种种手段，试图捂住即将被揭开的黑幕。与此同时，各种声音扑面而来。对峙之下，人们期待听到经济学家的声音。然而，后者却集体失声了。

---

① “权贵资本主义”(Crony Capitalism)是指权力与资本合谋，霸占和垄断社会财富，断掉非权贵（尤其指广大中小企业）通过勤劳与智慧公平获得财富的出路。“权贵资本主义”又叫裙带资本主义、关系资本主义、朋党资本主义、密友资本主义。它是针对执政权贵阶层的贪污腐败而提出的，指的是“因血亲、姻亲和密友关系而获得政治、经济上的利益，以及政治领导人对效忠者、追随者给予特别的庇护、提拔和奖赏”。

几乎所有的经济学家三缄其口之际，吴敬琏挺身而出，支持媒体揭露，并直指股市潜规则："对于另一些懂得金融市场交易特性，又有某种权力背景的人来说，会把它（证券市场）看做一个可以进行违法违规操作而不会受到惩罚，从而从中小投资者口袋里大把掏钱的良好场所。"

这番话令一些人颇为不快，却戳破了股市华丽的外衣。吴敬琏已经不是第一次尖锐地批评股市了。早在年初，注意到证券市场混乱无序，"东家"横行，网络股火热的状况，吴敬琏就对中小股民发出善意提醒，预言股市泡沫。随后互联网泡沫破裂，预言得到证实。而吴敬琏也因勇敢直言，当选"中国经济年度人物"，并被众多股民和网民评选为"中国经济界的良心"。

吴敬琏在上海接受记者采访时抛出了那个著名的论断："中国的股市很像一个赌场，而且很不规范"。他进一步指出，不要把股市变成寻租场①。矛头直指操纵内幕交易的权贵资本。

吴敬琏上述言论迅速掀起狂澜。时值中央金融工作会议，中央高层指示打击股市违法活动。随后，亿安科技、中科创业等公司被查，庄家仓皇抛盘出逃，两市股价迅速下挫，投资者损失惨重。一些不明真相的网民把矛头指向吴敬琏，称他"一言毁市"。吴敬琏成为众矢之的，面临空前压力。

改革风云激荡，身为意见提供者的经济学家势必会被牵连进各种力量的角逐过程，很多人因为惧怕是非，常常在关键时刻缺位，回避发言，吴敬琏却从来不肯撤退。他总是第一个挺身而出，大胆直率地揭露各种弊端。大多数情况下，勇敢者注定是孤独而不被理解的。吴敬琏的直言常常为他引来麻烦，成为别人攻击的靶心，遭受非议和诘难，他不仅从未退缩，反而一再出现在需要的位置，让人看到经济学家的"良心"。

① 2004年7月9日，吴敬琏在中欧国际工商学院举行的中国金融国际年会上提出，由于把股票市场定位于为国有企业融资服务和向国有企业倾斜的融资工具，使获得上市特权的公司得以靠高溢价发行从流通股持有者手中圈钱，从而使股市变成了一个巨大的"寻租场"，因此必须否定"股市为国企融资服务"的方针和"政府托市、企业圈钱"的做法。

吴敬琏抛出股市赌场论后不久，厉以宁、董辅礽、萧灼基[①]、吴晓求[②]和韩志国[③]五位经济学家举行记者见面会。会议组织者说：“现在股市已经到了很危急的关头……如果这场论战的赢家最后是吴敬琏，那将是中国资本市场的一场灾难……”然而，结果不幸被言中，随后，中国股市进入了长达4年的大熊市，无数人倾家荡产。

经济在混乱中挣扎。吴敬琏越发认识到规则的重要性，他开始思考一个现实而沉重的话题，中国到底需要什么样的市场经济？思考的结果是，依靠法治手段，建立一个清晰透明的经济社会。

以法治的观点重新打量中国的整体改革，所有改革中，吴敬琏最重视社会保障和国企改革，而这两个方面的改革成效也最为低微。2009年8月，吴敬琏回忆整体配套改革方案时曾说：“外汇改革最成功，财税改革其次，国有企业改革再次，社会保障改革最无成效。”吴敬琏的内心深处，对两个领域改革的拖沓忧虑重重。在他看来，社会保障涉及整体人民利益，国企改革常成为少数人攫取利益的渠道。归根结底，贫富分化拉大的根源其实都出自这两个方面。

为了修正国企改革的误区，扩大社会保障的范围，建立公平合理的经济秩序，即“好的市场经济”，从2001年开始，吴敬琏连续在《财经》等媒体发文，主张用法治手段规范经济运秩序，建立制度清晰、有序可依、民主平等的市场经济。由此，“吴法治”的称号不胫而走。

## 7. 发展模式之争

2003年，正当法治化引起重视之际，宏观经济的变动令吴敬琏不得不分出精

① 萧灼基，广东汕头人。1953年考入中国人民大学经济系，大三时因品学兼优被推荐攻读研究生。现为北京大学经济学院教授、博士生导师，社会与法制委员会副主任，中国国际贸易促进委员会特聘顾问。获首届孙冶方经济科学奖等诸多奖项。1992年国务院批准为享受政府特殊津贴专家。

② 吴晓求，著名经济学家，中国人民大学金融与证券研究所所长。

③ 韩志国，经济学家、教授、北京邦和财富研究所原所长。1982年毕业于吉林大学经济系，先后在国家计划委员会政策研究室、中国人民大学《经济理论与经济管理》杂志社和《中国社会科学》杂志社从事研究与领导工作。

力。从秋天开始，过热苗头逐渐冒出。地产热促使水泥、钢铁等原材料价格飞速上涨，并引发投机热。于是，沉寂多年的“冷热大讨论”再次展开。围绕这个问题，关于是否调控降温的争论甚嚣尘上。

吴敬琏分析当时的宏观经济运行状况后认为，经济已经“过热”，主张采取适度从紧的微调政策。但这种观点并未受到决策层的重视和认同，相关部门采取措施，只对局部过热的领域进行控制。

就在抑制过热行业投资的通知下发之际，第三种声音冒了出来。相关人士认为，根据“每个国家的经济发展都要经历一个重工业化阶段”的观点，中国经济既不是总体过热，也不是局部过热，而是已经进入“重工业重新大发展的历史新阶段”。他们认为，作为经济发展的必经阶段，重工业应该得到充分的重视①。此种观点颇有市场，尤其被地方政府所认同，一段时间内，以巨额资本和大量资源投入重工业以拉动区域经济发展的做法在全国许多省份悄然进行。

吴敬琏一时陷入深思，在他看来，所谓的“必经阶段”只是一个借口。各个地方政府之所以热衷招商引资，大肆上马大型项目，根本原因在于急于求成，是迫于GDP增长压力而作出的功利选择，这些政绩工程，有百害而无一利。

伴随着重工业化呼声的高涨，全国各地都陷入盲目发展的误区，片面追求经济增量带来的资源紧张、生态恶化、环境破坏等一系列消极后果开始显现。与此同时，以技术创新带动产品升级、拉动经济增长的发展模式反而得到彻底弃用。中国经济正陷入本末倒置的危险境地。此外，各地高调招商引资的背后，烂尾楼、豆腐渣工程、无头项目等问题层出不穷，其间藏匿大量灰色空间，是权贵资本勾结的另一个场所，滋生贪污腐败。种种迹象表明，中国正逐渐出现“坏的市场经济”。

在进行了实地调研和大量分析论证之后，吴敬琏得出结论：重工业化并不是

① 重工业化之所以在理论界广受追捧，很大程度上是源于霍夫曼定理的支撑，霍夫曼定理又被称做“霍夫曼经验定理”，由德国经济学家W·霍夫曼提出，是指资本资料工业在制造业中所占比重不断上升并超过消费资料工业所占比重。该定理认为，工业化早期，工业结构以轻工业为主，加工程度较低。随着工业化的发展，加工程度高的重工业和机械加工业必定优先发展，从而在总产出中的比重增加，重工业化程度越高，工业化水平也就越高。

经济增长不可逾越的阶段[①]。中国经济的当务之急，不是推广重工业，而是要完成“经济增长方式从粗放型到集约型的转变”。

这个观点马上遭到反驳，以厉以宁、林毅夫和樊纲等人为代表的经济学家站到吴敬琏的对立面，围绕经济增长模式与吴敬琏展开争论。厉、林等人的核心观点是，改革应循序渐进，遵循经济发展的基本规律，不回避任何难产和阵痛。以机械化大生产为主导的重工业曾在西方国家现代化进程中发挥重要作用，极大促进制造水平的提高，直接推动了生产力的进步，对于正在迈向现代化的中国有巨大的借鉴意义，是不可逾越的必经阶段，理应得到重视和推广。

而吴敬琏则认为，经济发展固然有其特定的发展阶段，但并非不可逾越，只要基础条件成熟，跨越某个阶段非但不会引来麻烦，反而可以减少发展成本。而中国的市场化改革本来就是“摸着石头过河”，无须恪守教条，而应顺应现实，随实际情况调整。因此，如果已暴露大量消极后果，而依然一味苛求发展重工业，必将增大改革成本。同时应该看到的是，中国的生产力发展水平已经具备了跨越发展的可能，在此基础上，应该积极转变发展模式，变粗放为集约。

至于理论界津津乐道、不肯放松的霍夫曼定理，吴敬琏认为：“这一理论是根据西方一些国家的发展经验总结的，我们这样资源紧缺的国家，不能沿着别人走过的道路再走一遍。我们是发展中国家，要发挥后发优势，要总结别人的经验教训，才能迎头赶上。”

关于发展模式的争论持续了很长时间，直到2006年年初，“十一五”规划纲要出台，“转变经济增长方式”、“优化产业结构”、“走新型工业化道路”等口号提出，众说纷纭的争论才尘埃落定。而在吴敬琏看来，转型之路任重道远。

① 2004年11月末，吴敬琏在国务院发展研究中心网站上发表署名文章，题目为《注重经济增长方式转变，谨防结构调整中出现片面追求重型化的倾向》。吴敬琏呼吁：“重型化”的快跑将使中国遭遇能源危机。

## 8．风口浪尖的学者

模式之争期间，吴敬琏无意间被卷入另一个著名的纷争之中，被推向风口浪尖。这次论争的双方，一个是新秀经济学者郎咸平①，另一个是企业家顾雏军②。争论的焦点是，顾雏军的企业是否利用改革漏洞侵吞国有资产。由于话题的敏感性，争论很快上升到国企改革方式的高度。

原本与此无关的吴敬琏被牵连进来，是因为他对“郎顾之争”的表态。由于主流经济学家对论争一时失语，媒体抛出“经济学家在干什么”的疑问。吴敬琏第一个作出回应：经济学家要坚守独立客观的立场。

吴敬琏还对《中国经济时报》的记者解释说：“如果以经济学家的身份发表意见的时候是根据生意上的利益说话，不是按照事物的本来面貌说话，就失去了基本的职业操守。”谁也没有想到，这番话被媒体曲解，这个既不炒股也不作投资，子女亲戚都不从事商业活动的老者，竟然被描摹成既得利益集团的“帮凶”，被放到了穷人和改革的“对立面”。一时间，吴敬琏遭受空前压力。

与个人声誉相比，吴敬琏显然更在意国家的前途。年近80岁的他因此又加重了一层忧虑。

进入2006年之后，“房地产暴利”、“春运价格”、“拆迁补偿”、“CPI高

---

① 郎咸平，祖籍山东，1956年生于中国台湾，美国宾夕法尼亚大学沃顿商学院博士，现任香港中文大学讲座教授。致力于公司监管、项目融资、直接投资、企业重组、兼并与收购、破产等方面的研究，成就斐然。2004年，郎咸平用最为传统的财务分析方法，痛陈国企改革中的国有资产流失弊病，质疑某些企业侵吞国资，并提出目前一些地方上推行的“国退民进”式的国企产权改革已步入误区。引起巨大的反响，被称为“郎旋风”。

② 顾雏军，格林柯尔集团的创办人，曾于天津大学任教，是顾氏制冷剂的发明者。曾任格林柯尔科技控股有限公司董事会主席、格林柯尔制冷剂有限公司董事长、顺德格林柯尔企业发展有限公司执行董事、广东科龙电器股份有限公司董事局主席和合肥美菱股份有限公司董事长。顾雏军从格林柯尔香港创业板上市到收购科龙，继收购国内企业亚星客车、ST襄轴进军汽车产业后，再次收购欧洲汽车配件公司和汽车设计公司，得以打通客车从设计到零部件再到整车生产的整个产业链。一直以来，媒介、学界对顾雏军的怀疑未见消停。生活在质疑阴影中的顾雏军不改初衷、我行我素。顾雏军2005年1月登上了第二届“胡润资本控制50强”的榜首。2005年9月正式被捕，2008年因虚假注册、挪用资金等罪一审获判有期徒刑10年。

涨”等因经济而生的问题滚滚而来，引发持久广泛的关注和讨论。关于日渐紧张的春运，吴敬琏认为，应该从供求关系出发，上涨春运价格。这个观点提出后，立刻遭遇炮轰。一时间，愤怒而张扬的民意再次抛出“经济学家为谁代言”的疑问，将经济学家置于社会审视之下。随后爆发的经济危机更是点燃了舆论火焰。

面对公众质疑，吴敬琏坚持己见。他一再强调，媒体曲解了自己的意思。他的本意是要维护农民工的利益。政府从车票上涨的收益中拿出一部分，发放给农民工等弱势群体。这样一来，既可打击黄牛党，规范春运市场，农民工又能得到切实的好处，多方受益。但因为媒体断章取义，忽略了后几层意思，才导致公众误解①。

从吴敬琏的观点可以清晰地分析出他的思路。一方面，坚持市场经济，以价值规律办事。另一方面，政府发挥公共职能，维护弱势群体的利益。政府和市场各行其是，互相配合。如果政府过多干预市场，不仅催生黄牛党、内部交易等灰色空间，也不利于底层民众分享改革成果。归根结底，要推行市场经济法治化，建立稳定健康的经济秩序。此外，这也与他一贯秉持的社会保障观点相一致。

中国独特的环境常常令事物丧失本来面目，衍生出诸多变相。众所周知，在一个充分竞争的市场当中，价格会随供给关系上下波动。但中国铁路属于国营，本不存在竞争，在供不应求的情况下，要满足低收入者的需求，只能动用政策调控，而不以市场手段解决，这使得中国的市场经济看起来有些似是而非。作为市场经济不遗余力的推行者，吴敬琏自然深知这其中的微妙，但正如李鸿章所言，一代人只能做一代人的事，吴敬琏无法突破的局限性，只能留待后人解决。

然而，一波未平一波又起，性格直率的吴敬琏很快又莫名其妙地陷入“间谍门”的旋涡当中。

危机的源头是一条手机短信：吴敬琏涉嫌出卖国家情报，已经被有关部门以

---

① 2007年3月4日上午，全国政协十届五次会议经济界小组讨论会上，身为政协委员的吴敬琏提出春运涨价观点：“春运”票价不上浮，并不符合市场经济的原理，是价格扭曲。价格扭曲的结果使得资源配置造成了低效，而且并没有使得我们意图上希望得到好处的人得到好处，因为造成了人为的稀缺。针对政府角色定位，他还说，从市场经济的角度来看，所谓的“公正价格”完全是一种几百年前的概念。政府的一切工作是为了人民的利益，一切利益以人民为重，这个不能动摇，但是必须注意人民的利益有长远的、短期的，片面地强调眼前的、直接的利益，有时候会损害长远的、间接的利益。对于进城打工者，一年要回家一次，可以采取别的措施，比如说给全体打工者补贴，这是可以做到的，这个可能更加实际。

间谍罪隔离审查。吴敬琏涉嫌将一些机密材料泄露给为某国服务的女性友人，这则消息最先在京城媒体人士中间四处流传，引起一番热闹。随着海外媒体的介入，这一消息引发热烈讨论和丰富联想。有媒体将此事与另一起财经事件联系在一起。8月19日，摩根大通中国区首席经济学家龚方雄忽然对外透露，中央政府正在研究“出资2 000亿~4 000亿元人民币刺激经济”。这一消息导致第二天上证股指大涨7.7%，摩根由此获利不菲。而坊间猜测，龚方龙消息的来源是吴敬琏。

处于风暴中心的吴敬琏对流言飞语早已习以为常。实际上，在他被“带走”的传言爆发之际，他刚参加完国务院信息化专家咨询委员会的办公会议，从外地赶回北京，对这则无中生有的谣言不屑一顾。

8月29日下午，吴敬琏任职的国务院发展研究中心在官方网站的首页刊出声明称：吴敬琏教授目前工作及生活一切正常，并将于2008年8月30日如期出席相关学术会议。第二天，吴敬琏出现在北京顺义的中国改革开放30年经济论坛上，他的主题发言是：中国改革向何处去：市场经济，还是重商主义？由此，平地生起的风波才逐渐平息。

沸沸扬扬的“间谍门”令尊敬吴敬琏的人为他捏了一把汗。有人认为，吴敬琏积极倡导市场经济，引起反对者不满。也有人认为，吴敬琏近年来大声指责权贵资本，为中小股民代言，触犯了一部分人的利益，因此遭此报复。对此，吴敬琏夫人周南说：“他说不能违背良心，说一些奉承、迎合的话，所以可能得罪了一些人，这种可能性是有的。”因此，有人善意地提醒他避一避风头，但这个倔犟的学者很快又出现在上海的一个经济论坛上，阐述对金融危机的系统性看法。

危机往往让现实变得越发清晰。尽管中国经济在2009年曲线反弹，但沉疴犹在，恶疾难除。效率低下、污染严重的粗放的发展模式和腐败蔓延、贫富悬殊的分配格局越发凸显。吴敬琏忧心忡忡地指出，要尽量保持大部分中小企业能够继续运转，但根本问题还是要实现经济增长方式的转变。

吴敬琏仍在不遗余力地呼唤“法治化”，这很容易让人们想起前几年的他，以及更远时空下的那个少年……

## 温和的斗士

林子里有两条路，朝着两个方向，而我——我走上一条更少人迹的路，于是带来了完全不同的一番景象。

——美国诗人佛罗斯特

人的一生总是面临选择。60多年前，当少年的吴敬琏跨入经济学的课堂时，恐怕不曾意识到，他这一无奈之选，就如多米诺骨牌一般，引发了此后一连串的选择。

很多时候，选择是沉重而残酷的。未来有多种可能，当下作出选择的同时，也就放弃了某些东西。而一旦这种选择超乎个人，上升至社会层面，更多人的生活将被牵扯进来，其重要性更甚一层。

自幼体弱多病的吴敬琏并不是思想上的弱者。他选择成为一名经济学者，与当初梦想成为一名工程师的原因一致，“这个学问和实业报国好像还有那么一点关系”。

然而，经济学并不是什么轻松的专业。关于经济学家，套用约瑟夫·普利策那句关于记者的名言，或许也可以这样说：“倘若一个国家是一条航行在大海上的船，经济学家就是船头的瞭望者，他要在一望无际的海面上观察一切，审视海上的不测风云和浅滩暗礁，及时发出警报。”

不过，现实的情况总令人存有遗憾。实际生活中，纷繁杂芜的景象常遮蔽视线，让判断和选择不那么轻松。

由于所受教育、所处环境的制约，吴敬琏曾经对计划经济深信不疑，甚至与人联合撰文反对对此存有异议的孙冶方。吴敬琏是一个倔犟但不固执的人，随着视野的拓展和认识的加深，当他摒弃激进，开始独立思考的时候，竟然又自觉地站到了计划经济的对立面，为市场经济摇旗呐喊。

由一个阵营投身另一个阵营，人们常因行为摇摆而质疑学者的操守和品行。但吴敬琏日后从未回避这段经历。在他看来，这并不是什么不光彩的“背叛”，而是发现真理之后的弃暗投明。

从外貌上看，吴敬琏身材纤瘦、面目清秀、脸庞圆润，一副文弱的知识分子形象，但这并不妨碍他追求真理。实际上，他骨子里始终洋溢着报国的热情，谦和温润的外表下，思想锋芒毕露。

作家苏小和曾在一个公开场合见识过吴敬琏的棱角：有人反复提到“三年自然灾害”这样的历史表述，一旁的吴先生绷不住了，他拿过话筒说：“自从有的电视台用三年自然灾害描述当时的三年大饥荒，我就再也不看那些所谓的节目了。关于三年大饥荒，刘少奇主席早就说过，那是三分天灾，七分人祸！”吴敬琏的坦率与大胆，由此可见一斑。

处于社会转型期的经济学家们注定面临诸多选择。从计划经济与市场经济、“冷热”之争，到调控与反调控、整体配套和单兵突进，再到股市之争和权贵现形，每一个改革的十字路口，都有吴敬琏的身影。

学者的固执表现在一旦认定某个真理就永不回头，而吴敬琏正是这样的人。自从倡议市场经济开始，他始终没有怀疑过这个选择。绝大多数时候，他总是以中立的姿态发言，提出建设性意见，修复改革的瑕疵，却常常招致不解和非议，而捍卫真理的决心使他有勇气面对无数次非难。

然而，随着改革的推进，市场经济本土化过程中暴露出来的种种迹象表明，瞭望者的队伍也开始分层衍化。

当今社会，已经很难再听到客观、公正，令人不怀疑动机的声音了。利益像血吸虫一般爬满社会的各个角落，每一种声音的背后，都有千丝万缕的关联，它们被包裹扭曲，就连发声者本身也常常难以分辨真伪。而经济学家们所处的位置，拥有的名誉、声望和发言权，使他们自然而然地成为利益集团争相拉拢的对象，而一旦拉拢不成，他们又常常陷入非常不利的窘境。

进入21世纪后，中国经济领域的每一次论争背后，都开始出现一个同样的疑问：经济学家究竟为谁代言？与此同时，社会上开始出现诸如“被豢养的经济学家”、“权贵代言人”之类的言论。看似偏激的言辞其实并非空穴来风。经济学家队伍变得良莠不齐早已是不争的事实。在现实的诱惑前，很少有人能耐得住寂寞。翻看他们的简历，很多人担任上市公司董事，个别经济学家的家族掌管数十家企业，不能不令人心生怀疑。

在财经作家吴晓波眼中，吴敬琏“从外貌到灵魂干干净净”。身居国务院发展研究中心研究员、中国人民政治协商会议全国委员会常务委员兼经济委员会副主任、国务院信息化专家咨询委员会副主任、国务院发展研究中心学术委员会副主任等“要职”的他，并不是什么公司的董事，他的子女也没有人从事商业经营。

作为“整体协调改革”方案的支持者，吴敬琏对改革过程中国企改革与社会保障领域的落后状况忧心忡忡。在他看来，这是前进的短板，必定会拖慢整体改革进程。因此推出《呼唤法治的市场经济》一书，痛陈权贵资本主义，呼吁全国上下切实推进改革，建立公正的经济制度。

随后几年，房地产热、股市泡沫、权力寻租、腐败盛行、分配不均、社保滞后等问题愈演愈烈，人们才充分认识到问题的严重性。不过，已经病入肌理的中国经济要走出困境，势必需要刮骨疗伤的勇气。

另一方面，既得利益者也不会放弃抵抗。而吴敬琏的锋芒，令一些人不快，常常为他招来麻烦。一生参与数十次激烈论战的吴敬琏并未替自己申辩，这位历经沧桑的老人异常镇静坦然，他甚至没有表态，仅有供职的单位进行文字回应。此时，人们不经意间想起不久前他在报纸上对记者说过的那番话：如果以经济学家的身份发表意见的时候是根据生意上的利益说话，不是按照事物的本来面貌说话，就失去了基本的职业操守。

温和与激进的性格在吴敬琏的身上如此契合。无论什么时候，秉持操守的他都是不可能为自己进行申辩的，一旦涉及自身，这个慷慨激昂的斗士就会忽然变成弱不禁风的少年，温文尔雅。

客观评价一个人是极其困难的一件事，尤其当他是一名公众人物的时候，外界的声音常常左右评价者的判断。回顾吴敬琏未竟的一生，他引起过争议，也激起攻讦，有人对他崇敬有加，也有人不以为然，肆意中伤陷害，这一切都与他的经济立场密切相关，是意料之中的事。但翻遍所有文章，不是流于赞扬的浅薄，就是沉湎于恶意的谩骂，似乎从来都没有出现统一的声音——他本来就是争议性的人物。

实际上，不光是吴敬琏，任何一名经济学家都有其自身的局限性。人们之所以对其作出截然不同的评价，是因为立场不同，观察的角度不尽相同。

站在时代高度来考察吴敬琏的价值，一方面，他推动了市场经济在中国的发展。这是改革开放特殊背景对经济学家的要求，如果没有吴敬琏，势必还有其他经济学家出现。另一方面，在市场化进程中，面对中国特殊国情，吴敬琏提出了许多本土化解决方案，譬如难能可贵的法治化。这对于素来缺乏规则、秩序和契约精神的中国，无疑是一项极大的挑战，以吴敬琏一人之力，一定很难取得成功。它有赖于社会的长足进步，是时代给这个古老农耕民族立下的永恒命题。

吴敬琏的贡献在于，他总是先人一步提出建设性意见，并以饱受争议的方式，打开窥视秘密的天窗。正如一家媒体对他的评价："他的话常常引起波澜，而他的话又是经济发展中不能被忽略的声音。"无论支持他，抑或质疑他，人们心中都将埋下一颗种子，在未来生根发芽。

历史不会忘记任何个体的努力。2010年1月24日，吴敬琏迎来了他80岁的生日。满头白发的他，亲历中国经济的昏暗、探索、争论、迷茫和前进，仍以耄耋之身一次次向权贵资本发起挑战。

关于吴敬琏62年前的那次选择，美国诗人佛罗斯特在诗歌《一条未走的路》中描写的那一幕恰如其分：林子里有两条路，朝着两个方向，而我——我走上一条更少人迹的路，于是带来了完全不同的一番景象。

# 第二章

## 周其仁：真实世界的经济学家

人们频频看到现身各式高端论坛、高档酒店，晋身上市公司股东、独立董事行列的经济学者；看到这个群体纷纷远离“江湖”，盘桓“庙堂”的富丽堂皇之间，发出种种莫名其妙的声音。于是，仅存的那点期冀在顷刻间烟消云散了。

至少，周其仁这个自称“老土”、喜欢自我调侃的学者还有些另类。他身上，似乎没有常见的那种架子、威严和不知所云。他就像一位相熟的乡下农民，侃侃而谈，用最朴实的话语解释高深莫测的学术问题。

## 人物简介

周其仁，1950年生于上海，经济学教授。

早年在黑龙江插队，于完达山狩猎7年。1978年，恢复高考第二年考入中国人民大学，4年后获得经济学学士学位，进入中国社科院农村研究所、国务院农村发展研究中心发展研究所工作。

1989年开始为期6年的留学生活，以访问学者身份先后在英国牛津大学、美国科罗拉多大学和芝加哥大学学习。1991年秋天，进入加州大学洛杉矶分校研究生项目，相继获得硕士和博士学位。

1996年春回国，在北京大学中国经济研究中心任教，相继开设发展经济学、新制度经济学等课程。因其注重实地调查，讲课方式备受欢迎，次年被评为"北京大学最受同学欢迎的老师"。

从2001年起，每年春季在浙江大学任教，秋季则回到北大课堂，延续多年。主要研究与教学领域：新制度经济学、发展经济学、劳动经济学、中国经济。

## 1. 历史的风浪

历史总是在欲扬先抑中顿挫向前，置身其中的人们命运沉浮、悲喜由之，让后来者徒生感慨。

时光倒流，上世纪中叶，正是社会主义建设的艰难探索时期，在贫困和饥饿的阴云笼罩下，许多人失去了宝贵的生命，那一时期给我们留下了深刻的教训和难以磨灭的记忆。

急于求成的“大跃进”[①]，几乎摧毁了我国的经济生产框架。1959年夏召开的庐山会议[②]，不仅没有纠正以往的错误，还引发了一场更加错误的“反右倾”

① 1958年，中共八大二次会议通过“鼓足干劲、力争上游、多快好省地建设社会主义”的总路线。随后便发动了“大跃进”运动，在生产发展上追求高速度，以实现工农业生产高指标为目标。要求工农业主要产品的产量几倍甚至几十倍地增长。尽管出发点是为尽快改变经济落后的面貌，但由于忽视了客观规律，不可能迅速地改变经济文化落后的状况。运动中，以高指标、瞎指挥、浮夸风和共产风为主要标志的“左”倾错误严重泛滥，不仅造成了国民经济的重大损失，还为之后的政治运动提供了现实土壤。

② 1959年7月2日到8月16日，中共中央在庐山举行政治局扩大会议和中国共产党第八届第八次会议，简称“八届八中全会”。会议原本是在轻松活泼的氛围中讨论总结国内形势，被与会人员戏称为“神仙会”。但是，时任国务院副总理兼国防部长的彭德怀给毛泽东写了一封信，直言“浮夸风、小高炉等等，都不过是表面现象；缺乏民主、推行个人崇拜，才是这一切弊病的根源。”随后，彭德怀被贴上“右倾机会主义”的标签，受到抨击和批判。会议性质就此转换，引发长久的“右倾”批判。

政治斗争。“反右倾”斗争的严重后果是使党内民主受到严重损害，“左”倾错误长时间持续下来，风潮延伸至经济领域，引发令人匪夷所思的倒退。

1957年到1960年，钢铁工业造成的消耗和浪费大量挤占了其他生产部门的资源，农业生产遭到极大破坏。在天灾人祸所共同作用下，中国经历了震惊中外的三年（1959年~1961年）国民经济“严重困难时期”。

由于当时“一大二公”①的经济体制，农民被集体劳动的生产形式牢牢拴在以人民公社为单位的土地上，几乎不存在人口流动。大饥荒来临时，地方政府为了政治需要，封锁消息，用强硬行政手段干预饥民“逃荒”，从而导致大量人口非正常死亡，部分重灾区甚至发生了“易子相食”的惨剧。

这一切给当时刚满10岁的周其仁留下了深刻印象。身处如此剧烈颠簸的社会，任何个体都不可能逃脱形势的摆布，眼见种种荒谬现实，只能听之任之。周其仁少年时代在迷惘与困惑中度过。

1966年，周其仁初中毕业，却因为一场突如其来的“文化大革命”失去了继续读书的机会。1968年12月，毛泽东发起“知识青年到农村去，接受贫下中农再教育”的号召，全国掀起知识青年上山下乡的高潮。周其仁就是其中的一分子。从1968年一直到1978年考入中国人民大学，10年间，他一直在黑龙江生产建设兵团②进行劳动锻炼，期间还在完达山做了7年的猎人，这与其现在的经济学家身份形成鲜明对比，颇有几分传奇色彩。

完达山岁月给周其仁留下难以磨灭的深刻烙印。那时，山里只有他和师傅两人，衣食住差不多样样都是自给自足。“我们住的茅舍是自己盖的，吃的食物不是从山上打来的，就是小菜园子里种出来的。”有个现象令周其仁百思不得其解，看到师傅在倾盆大雨中点火，还能自制洗衣用的肥皂，比自己父母本领大许多，收入却是天壤之别。周其仁不禁在心里纳闷：这到底是为什么？当时很多人将此解释为城乡差别，周其仁不解。得不到答案的周其仁异常苦闷，陷入深深的思考。

---

① 1958年，高级农业生产合作社在极短的一个月时间，重新改组为“人民公社”。全国有90%的农民加入公社，体现人民公社所标榜的“一大”，即追求大规模化；“二公”，指实现更进一步的公有制。

② 生产建设兵团是特定历史的产物，中国比较著名的有黑龙江生产建设兵团和新疆生产建设兵团，都是以军队的方式进行农业生产建设。周其仁所在的黑龙江生产建设兵团成立于1968年6月30日，沈阳军区党委据中共中央“六一八”批示成立。

期间，父亲不断从上海寄来书刊，给周其仁提供了难得的精神食粮。“文革”时期，大多数书籍被焚毁，市面上的书少得可怜。1973年，父亲寄来亚当·斯密的《国富论》，卷首全是批判性的话语，周其仁读完之后觉得又惊又喜，好像苦思不解的灵魂找到了突破口，很快被书中讲述的理论所吸引。从斯密的观点出发，周其仁得知“分工水平”乃是理解经济现象的一个关键因素，对农民与知识分子间巨大的收入落差豁然开朗。

还有一次，周父寄来郭大力①、王亚南②合译的《资本论》。书很旧，纸张发黄，而且还是竖排本，开篇第一句话写道“庞大的商品堆积”。周其仁那时不过是一个初中毕业生，从未参加过任何经济实践，在他居住的完达山，方圆几十里都是寂静山谷，最近的一家小杂货店开在40公里外，或许正是这样的空寂无人的环境，让他得以耐住性子，把这大部头啃了下来。

寄身山林，思接千载，心游万物，不知不觉中，少年周其仁的心灵慢慢打开。20多年之后，成名的周其仁在接受《经济观察报》记者马国川采访时，把此视为个人经济生涯的开始。他说：“我想马克思本人不会想到，他的著作会在100多年后被一个远离现代工业文明、在深山打猎的中国青年阅读，并为这个年轻人开启了接触西方思想文化的大门，带来了一个不同的参照系，使这个中国青年开始朦胧地打量自己所处的时代与社会。”

## 2. 命运玄关

转眼间，周其仁来东北已经10年，他从一个少不更事的男孩长成心忧天下的少年，期望到更广阔的天地中遨游。此时，时代风潮突变，命运之门为他打开一

① 郭大力，中国经济学家，教育家。1923年入厦门大学学习化学，后转至上海大夏大学攻读哲学，开始研究马克思主义。1927年，郭大力大学毕业，一边寻找职业，一边翻译《资本论》。几经周折，终于在1938年秋把马克思巨著《资本论》最早的中文全译本译出。

② 王亚南（1901年～1969年），中国现代著名经济学家和教育家。他在大学执教30多年，教学经验丰富。王亚南与郭大力合作，在后者译作《资本论》的基础上，接连推出修订版，并翻译亚当·斯密《国富论》等大批西方经典读物。

个光明的出口。

1978年早春，周其仁像往常那样，走在北大荒农场中，突然一则新闻从高音喇叭传出来。周其仁停住脚步静听，原来恢复高考了，看来邓小平一年的决定见效了。他一面听着新闻，一面盘算着自己如何填报志愿。其实此时他心中已经有了主意，报考心目中最好的北京大学。

虽然只是初中毕业，但多年潜心读书，周其仁对自己的应试能力信心十足。正当他埋头复习，向北京大学冲刺时，政策又给他来了个回马枪。按照黑龙江省规定，凡25周岁以上考生一律不得报考北大。28岁的周其仁犹豫再三，最终放弃北大，第一志愿改成中国人民大学经济系。

1978年9月，周其仁收到录取通知书。一个月后，他从黑龙江来到北京。打倒“四人帮”的激情还未退去，破除思想禁锢的强烈氛围异乎寻常，而大学理所当然地成为思想碰撞最激烈的场所。“大家刻苦读书，又不拘泥于书本知识”，让周其仁感到新鲜、好奇，还有一股忍不住要加入其中的冲动。

周其仁很快找到了自己的兴趣点。他常常到北大、清华等学校旁听，结识了不少志同道合的朋友，大家不时聚在一起讨论家国大事。在一次聚会上，周其仁第一次听说了安徽农村“包产到户”[①]的消息。一个亲身参与调查的朋友讲述他的所见所闻：难耐饥荒的农民悄悄把集体土地分到各家，结果粮食大幅增收，因为“包产到户”不合法，农民们只好秘密进行。

这个消息令周其仁兴奋不已，在黑龙江的10年，他亲眼看到农民生活如何清苦，一直希望找到一个方案，帮助农民过上好日子。而此刻，安徽农民的故事无疑是最好的答案。但是令人困惑的是，被证明对农民有利的“包产到户”，却因为意识形态的局限，得不到“上层建筑”的承认。

义愤填膺的周其仁与一位做编辑的朋友合写一篇文章，论证包产到户的可行

① 包产到户最初叫家庭联产承包责任制，是由安徽省凤阳县小岗村的18个农户最先开始实行的。中国农村集体经济组织实行的一种生产责任制度。农村集体经济组织在坚持生产资料公有制，坚持统一计划、统一经营、统一核算、统一分配的条件下，把耕地农作物和某些畜牧业、养殖业和副业生产任务承包(包用工、包费用、包产量)给农户负责，实行超产奖励、减产赔偿的一种做法。由于是以农户为单位负责完成整个农业生产周期内的全部生产任务，劳动的最终成果和承包户的经济利益联系比较直接，因此有利于改进技术、提高产量、促进生产的发展。

性。正值论争高峰，各种观点上下翻飞，几乎没有人注意到他们，文章写出来后没有地方发表，搁置许久才被中国社科院农业经济研究所副所长王耕今[①]发现，推荐给全国农业经济学会，作为1980年的年会文章。

到了开会这天，一位颇有来头的人物看到这篇文章，大感不悦，质问组织方之一的北京农科院院长秘书赵晓冬，问："这两个人是不是共产党员？"赵晓冬回答说："不是。"那人又说："你总是共产党员吧？可不能理这两个家伙！"

值得庆幸的是，这件事并没有引起什么麻烦。随着邓小平出山，中国告别"政治为纲"的年代，进入经济体制改革为标志的社会主义现代化建设时期。凋敝的农村经济成为建设的重中之重。

直到1980年，仍有1亿多农民没有解决温饱问题，这种情况令人担忧。如何推动农村经济走出泥潭？政府高层开始重新审视以往的农村政策，决心进行农村经济体制改革，于是成立了以杜润生[②]为主要成员的农村政策研究室。

与此同时，周其仁等人在人民大学展开读书活动，私下讨论农村问题，在校园内颇有些名气。一个偶然的机会，人大经济系资料室的白若冰老师听说了他们的事情，时不时地过来一起讨论。白若冰的父亲恰好与杜润生是战友，就把此事转述给他，杜润生居然对这些学生大感兴趣，把周其仁等人约去谈话，听他们那些意气风发而又难免书生气的见解。杜润生的支持让他们备受鼓舞，增加了他们研究农村问题的热情。

1981年春，一个名为"中国农村发展问题研究组"的机构在北京高校中成立。严格来讲，这只是一个民间组织，参与者几乎都是周其仁这样有过上山下乡经历的学生，主要来自北大、人大和北师大。

---

① 王耕今，经济学家。今河北南宫人。1938年加入中国共产党。同年入陕北公学学习。后任抗大一分校图书馆主任、中共中央华东局调查研究室科长、山东大学讲师。建国后，历任政务院财经委员会计划局副处长，国家计委委员兼农林水利局局长，中国社会科学院农业经济研究所副所长、研究员、顾问，中国农业经济学会副理事长，中国生态经济学会副理事长。撰有《生态平衡与农业发展》、《研究农业生态经济的基本出发点》等论文。

② 杜润生，山西省太谷县人，资深农村问题专家，农村改革重大决策参与者和亲历者，被誉为"中国农村改革之父"。他一直认为"中国最大的问题是农民问题，农民最大的问题是土地问题"。多次建言，主张农村实行家庭承包责任制；从1982年到1986年连续5年参与主持起草了著名的5个"中央一号文件"，对于家庭承包责任制在中国农村的推广和巩固发挥了重要作用。

周其仁他们尤为高兴的是，杜润生对他们这个组织非常重视。“农发组”成立当天，杜润生专门赶来，在会上发言：“农民不富，中国不会富；农民受苦，中国就受苦；农业还是落后的自然经济，中国就不会有现代化。”他还一再鼓励他们：“开头不易，坚持难，坚持到底更难。”

在杜润生的帮助下，“农发组”从国家农委获得了一个调查项目，还有一笔经费。周其仁他们利用暑假时间，到全国包产到户发源地之一的安徽滁州地区进行调查。他们几乎跑遍了定远、凤阳和嘉山等地的农村，对包产到户有了更深层次的了解。

调查期间，周其仁目睹种种现实，直觉告诉他，农村改革势不可当。回到北京，他们将调研所见所感写成研究报告，很快得到中央高层的赞赏，当时的国务院总理专门在报告后面批复，认为这个报告对包产到户后的农村问题讲得很清楚。后来，还在中央会议上再次谈及，有意让部委机关从有下乡经历的大学生中抽调500名优秀分子，协助进行农村问题的研究。

1982年，夏天即将结束的时候，“农发组”建制，并入中国社科院农业经济研究所。这样一来，身为组员的周其仁变成农业经济研究所的一名研究员，他戏称自己还未正式毕业就被“分配”了。无疑，这个去处正是他所向往的。

年届70岁的杜润生成为“发展组”的直接领导，在他的带领下，周其仁等进行了大量实地调研，对农村问题有了更加专业的认知，“农发组”成员迅速成熟，成为研究农村问题的主力。

此后，其中一部分人组建经济体制改革研究所，其他人组建农村发展研究所。杜润生是这两个所的主任，但他总是站到年轻人的身后。在杜润生的带领下，资历尚浅的周其仁得以参与中央农村政策的制定，不仅为以后的研究奠定基础，更确立了奉守一生的实地调查的研究方法。

或许早年的遭遇留下太过深刻的印象，周其仁关心时势，但不热衷于政治。即便如此，周其仁还是异常严谨地参与了杜润生领导的农村政策的起草工作。有一年，中央农村“一号文件”写出来，杜润生指派周其仁到国务院印刷厂担任最后校订。这样一来，他以非党员的身份，“过目”了这份党内文件。多年后每当回忆至此，周其仁仍会大发感慨，自称“生逢其时”，“不经意间走进一个书本上没有的学问天地”。

渐渐地，这些年轻人闯出一些名堂，“农发所”的招牌越发响亮，成为京城众多研究机构中小有名气的一个，很有些神秘色彩。

这是周其仁学术生涯中最单纯快乐的时期。一有机会，他就和同事下乡考察，回来之后写成研究报告。

1986年，周其仁和戴小京①合作完成《农民、市场与制度创新》一文，着重分析了农村产权改革问题，首次提出农户土地经营权的“法律表现”，如果“所有制的革新变化得不到相应的法律肯定，倒退也就难以制止”。不但如此，周其仁和戴小京还提出一个更大胆的建议：“农民家庭土地经营权的重建，使整个国民经济的运转体制变得不适应，因而需要根本的全盘变革。”

从这篇文章中不难发现周其仁早年经历的影子。当产权问题的思考上升到全社会层面的时候，他需要更加广阔的视野来论证自己的论断。

第二年，加州大学洛杉矶分校留学生肖耿②到农发所访问，周其仁请求他回到美国后给自己邮寄一些产权方面的原版文献。此后几年，周其仁在实地调查和阅读中度过。每逢下乡，他都会背上肖耿寄回的文献，一面走访、调研，一面学习国外的理论。由于英文不好，几位同事就帮他把文献翻译成中文。

随着研究的深入，周其仁开始萌生一个更加大胆的想法，希望到国外学习一段时间。

## 3. 豁然开朗

机会很快来了。1989年，周其仁出国留学，先后在英国牛津大学、美国科罗

① 戴小京，祖籍湖南岳阳，1960年出生于北京。毕业于中山大学，获理学学士、法学硕士学位。1985年至1989年，任国务院农村发展研究中心助理研究员、副研究员、统计分析室副主任。期间先后被派往日本、美国研究农村政策问题。

② 肖耿，1963年出生于江西南昌。1985年毕业于中国科技大学，获管理科学学士学位。1987年、1991年获得美国加州大学洛杉矶分校（UCLA）经济学硕士、博士学位。现任香港大学经济金融学院副教授及香港大学中国与全球发展研究所副所长。主要从事实证和政策性研究，探讨中国企业、金融及制度改革与发展。

拉多大学经济研究所做访问学者。

第二年秋天，经一名相熟的教授推荐，周其仁到芝加哥大学经济系访问学习。在芝加哥大学，周其仁辅修了一门本科的微观经济学，旁听研究生课程，此外大量时间都在芝大图书馆度过。

期间，周其仁邂逅了芝大政治系的崔之元[①]。崔之元求知欲很强，非常博学，因为熟悉图书馆“任何一个角落的图书和刊物”，被周其仁戏称为“图书馆动物”。周其仁初来乍到，崔之元就把自认为有用的资料介绍给他，周其仁因此得以避开琳琅满目的书架，高效地阅读了大量书籍。

在芝大，周其仁还有一项重要收获：接触到约拉姆·巴泽尔[②]的人力资本理论。巴泽尔的理论建立在传统农业转变理论基础之上，与周其仁一度困惑不解的“分配收入”问题比较接近。在巴泽尔理论的启发下，周其仁开始思考一个崭新的命题：私产何以在排他性极强的全盘公有制里诞生？

随着学习的深入，周其仁逐渐意识到人力资源的重要性。作为经济增长的一种基本要素，劳动者决定着人力资源的发挥限度。所谓市场经济，就是在保障人权的前提下，最大限度发挥人力资源的能动性。而如果产权得不到法律保障，那么一切个体的经济活动也就丧失了内在价值和意义。

以此为支点，周其仁对中国公有制和私有产权的碰撞，“包产到户”和自留地的存在有了更深刻的认识。而这些积淀奠定了他学术研究的基调，为未来研究打下坚实的基础。

周其仁海外求学并非泛泛而谈，而是基于中国现实问题的求索，是“问题主导”式的求学。这种方式决定了他不可能在一所学校学习很长时间，一旦找到现

① 崔之元，1963年生于北京，毕业于国防科技大学系统工程与应用数学系。1995年，获美国芝加哥大学政治学博士学位。之后历任美国麻省理工学院政治学系助理教授，哈佛大学法学院高级访问研究员，柏林高等研究院高级研究员，康奈尔大学法学院杰出访问教授等职。主要研究兴趣在政治经济学和政治哲学领域。中文著作有《看不见的手范式悖论》等。2004年起至今任清华大学公共管理学院教授，博士生导师。兼任重庆市国有资产管理委员会主任助理、西南政法大学世界与中国议程研究院联席院长。

② 约拉姆·巴泽尔毕业于希伯来大学和芝加哥大学。研究范围是应用价格理论、产权经济学。在著名的经济学杂志上发表了大量的文章。他的著作《产权的经济分析》（剑桥大学出版社）已出版第二版。

实问题的答案，他很快就会寻找新的平台。

在芝加哥大学学习了一年多后，周其仁来到位于洛杉矶的加州大学，立刻被那里浓厚的学术氛围吸引，决心沉下心去，专心做几年研究。周其仁选择的研究领域与中国现实息息相关，主要包括新制度经济学、发展经济学、劳动经济学、中国经济等内容。

1993年，周其仁顺利取得经济学硕士学位，沿着既定路线继续深造。两年后，周其仁顺利通过加州大学的博士开题答辩，只等做出论文就可以拿到博士学位了。然而，此事却因一份聘约“搁浅”了——毕业之际，周其仁受到召唤，毅然回到离开6年的祖国，前往北大任教。

周其仁早就知道，“自己当不成象牙塔里的学问人”。无论国外多么安逸、惬意，他都不可能对国内发展无动于衷。更何况，他原本就是带着一大堆问号前来求学的，当心中的这些问号消除之后，似乎就没有必要因为一个学位继续留下去了。于是，他延缓答辩时间，先期回国。

这个时候的中国已经发生了翻天覆地的变化，尤其是1992年“邓小平南方视察”讲话的发表，承认了私有经济是社会主义的重要组成部分以后，经济得到了空前的发展，新涌现出的众多经济现象深深吸引了他。

回国伊始，受杜润生老先生邀请，周其仁与老友宋国青①带领着学生奔赴黄土高原，参加了一项山西的大型供水工程研究。水作为一项国家所有的“公共资源”，其产权界定是比较模糊的，这项研究历时3年，从水权、水价、水市场、“国家工程”的决策执行等各个层面对水的问题进行了深入研究和分析，关于竞争、垄断、自然垄断等问题，都有了更加透彻的理解。

然而，令人意外的是，周其仁开始在公众领域大放异彩，并非源于对农村、产权等问题的研究。

① 宋国青，1954年10月生于陕西省武功县，1977年考入北京大学地质系，现任北京大学中国经济研究中心教授，兼任中国证券市场研究设计中心（联办）研发部总经济师。

## 4. “电信专家”的外衣

1998年夏天，周其仁应邀到世界银行总部参加一项有关基础设施融资的研修项目，碰巧赶上美国电话电报公司与美国第二大有线电视公司合并。两家公司都是国际巨头，采取何种方式合并引发了周其仁的浓厚兴趣。

之前，美国的电信业，长话跟市话是分业经营的，长话是处于三足鼎立状态，美国电话电报公司、美国世通公司和SPRINT公司竞争，而市话由处于“自然垄断”[①]地位的贝尔营运公司独家经营。

美国电话电报公司董事长在完成收购时宣布，要投巨资将有线电视网络改造成双向通信宽带网络，以整合长话、市话资源，抢占市话市场，占据“三网合一”（电信网、计算机网和有线电视网）的制高点。

周其仁从这一事例中意识到，“自然垄断”是在一定的需求和技术假设基础上才存在的，技术创新可以打破这一市场垄断，反之，打破垄断的需求，也会成为驱动企业进行技术创新的动力。

回国后，周其仁就这一问题发表了《三网合一，数网竞争》一文，恰逢中国为了WTO的入门条约，正在酝酿中国电信业的改革开放，这篇文章以“第三只眼睛”的舶来视角来看国内改革，如同久旱之甘霖，而周其仁也顺理成章地坐上了“电信专家”的坐席[②]。

他主张破除原有的电信市场行政干预格局，全面引入市场竞争机制，在体制

① 自然垄断是经济学中一个传统概念。早期的自然垄断概念与资源条件的集中有关，主要是指由于资源条件的分布集中而无法竞争或不适宜竞争所形成的垄断。在现代，这种情况引起的垄断已不多见。而传统意义上的自然垄断则与规模经济紧密相连，指一个企业能以低于两个或者更多的企业的成本为整个市场供给一种物品或者劳务，如果相关产量范围存在规模经济时自然垄断就产生了。

② 周其仁自称，“被人们当做一个中国电信问题专家，对我来说是一件意外的事情”。从美国返回北京后，他见到《财经》主编胡舒立，建议报道AT&T收购TCI的故事。胡舒立采纳了这个建议，并邀请周其仁来写。《三网合一，数网竞争》就是在这种情况下写就的。周其仁事先不知道，为对付WTO的入门条约，国家有关部门当时正在酝酿电信产业的又一波改革，电信问题自然成为社会热点，所以他的那篇文章才把他推上“电信问题专家”的位置。

上鼓励原电信产业以及破垒以后加入的民间或者国外电信业进行技术创新，用市场竞争的力量推动电视、电话、网络的“三网聚合”。

这无疑是对传统自然垄断行业引入竞争会导致重复建设的“规模不经济”[①]理论的重大挑战，同时也触及了处于垄断地位的电信行业的利益。开放电信市场可能有损民族电信产业，将中国电信市场拱手让于国际电信大鳄的言论更是把电信业是否开放提到了“保家卫国”的政治高度。

对此，周其仁的看法是，开放以后，在市场的自主调节作用下，重复建设的边际会自动控制在与租用已有网络的平衡点上。只要明晰产权，投资者自负盈亏，使投资行为变成市场行为，而不是行政干预，这个平衡就很容易实现。

此后，周其仁一发不可收，发表多篇探讨电信改革的署名文章。针对外界热议的国际竞争对手威胁问题，周其仁认为，国际电信经营公司不可能有这样的地位，首先是电信行业所固有的规模经营特征。更重要的是，在自由竞争的条件下，没有行政壁垒介入，垄断是不易形成的。退一步讲，即使国内市场最终被国际电信公司占领，最终受益者也会是老百姓。

事实上，中国的电信经营之所以处于垄断的绝对优势地位，就是因为行政权力的直接干预所导致的，这种垄断不仅使电信丧失了技术创新、服务创新的意识和动力，更重要的是巨额的浪费和亏损最终都要老百姓买单。显然，中国政府是没有动力为国际电信公司进行以行政权力为主导的保驾护航，因此，担忧是不必要的。

今天，高额的电话初装费已经成为历史，电信、联通、移动等电信行业的竞争经营模式，以及零星存在的网络电话等民间电信经营活动，正印证了周其仁当年的论断。在产权明确界定基础上的竞争机制是电信业良性发展的保障，这一方面我们还有很长的路要走。

周其仁在这方面一直在不遗余力地呼吁，并提出在法律体系方面应该倾向于保护自由创新，坚决反对靠行政力量消灭因技术创新而崛起的竞争对手的市场干

---

① 规模不经济，来自规模经济的一个概念，指随着企业生产规模扩大，而边际效益递减，甚至跌破零成为负值。造成此现象的原因，可能是内部结构因规模扩大而趋向复杂，这种复杂性会消耗内部资源，而此耗损使规模扩大本应带来的好处相互抵消，因此出现了规模不经济的现象。

预行为。

周其仁因为对电信改革的呼吁和阐述，一夜之间由“农村问题专家”摇身变为炙手可热的“电信专家”。媒体穷追不舍，每个记者见到他就问手机何时开始单向收费等问题。

对这样的追问，周其仁只能苦笑。后来他以调侃口吻回忆说：“我研究了十多年的农村问题，从来没人说我是农村问题专家。1996年正碰上中国电信改革，写了几篇文章，反倒成了电信专家。有时候这事还真是难说。我常说这鸡叫也天亮，鸡不叫也天亮。我只不过是天亮前叫了两声的鸡。”

不难发现，周其仁电信改革的建议，是基于产权明晰基础之上的市场化，剥离“电信专家”的光鲜外衣，他依旧拥有固执的产权改革的棋手本质。

## 5. 探寻农村土地问题

电信改革吵吵嚷嚷的背景下，周其仁从未放松对农村问题的关注和研究。期间，他研究的兴趣点转移向农民收入方面。

作为一系列中央农村政策制定的参与者，周其仁对农村问题并不陌生。然而，1995年回国以后，他观察到一个奇怪的现象——改革开放以来，国民经济得到空前的发展，但是占人口绝大多数的农民收入并未得到根本性的改观。

为什么频出的粮价保护、巨额财政补贴并没有奏效？这些问题像磁石一样，深深吸引着周其仁。

为了探寻问题的根源，周其仁开始回顾历史。研究发现，早在“一大二公”的高度计划经济时代，就出现了为了避免饿死人而出现的“自留地”，顾名思义这块土地的产出可以由农户自由支配，正是这块自留的土地在当时成为了很多人赖以生存的“救命田”。

根据早年在黑龙江务农的经验，周其仁知道农民在自留地上和公家地里的劳动状态截然不同：在自留地上积极劳作，在公家的地里却是“磨洋工”。究其缘由，周其仁得出一个结论，这一切都产生于一个根本性的问题——土地的产权界定。农村家庭联产承包责任制就是在集体所有土地的基础上，承认了农民的劳动所得，并且赋予其对部分劳动所得的自由支配权。

中国土地的改革正是遵循了逐步界定土地的产权而提高劳动生产效率的原则。要解决农民收入问题，还需要由这一模式出发。按照张五常的产权理论，产权可以分为三个方面的内容，即使用、收益及让渡，前提是这些权力的行使不能受到外界因素的干预。产权的三个方面界定得越清晰，生产效率就越高。

周其仁继承了这一理论，他认为农民收入得不到根本性的改观，正是由于那些所谓的保护性政策的存在。

表面看来，粮价保护似乎保护了农民的劳动所得，而事实上却干扰了粮食市场的自由交易。政府高价收购的最终结果是增加了权力寻租空间，让利于小部分市场投机分子。由于权力和中间商的串谋，导致“有价无市”，结果农民卖不出去粮食，不得不以低价卖给中间商，中间商再卖给政府，而农民并没有在终端享受到政策的优惠。为杜绝这一漏洞，政府垄断了粮食收购权，谁知却使情况变得更糟，以粮食为主要原料的产业受到抑制，直接结果就是食品价格进一步上升，加重了非农人口的生活负担，同时抑制了该类产业的发展，直接减少了粮食的产业需求量，这样的后果不仅对农民无益，对整个国民经济的健康发展都是贻害无穷的。

进入21世纪以来，城镇化浪潮迭起，全国各地掀起楼房建设热，楼价步步攀升。与此同时，社会上也出现了“钉子户”现象。随着原有的城市拆迁已经不能满足日益增长的房地产建设用地需求，农民也逐步加入到捍卫自己土地的抗议队伍当中，有些地方甚至因此发生了暴力冲突事件。

农业用地在向工业或城镇用地的转化过程中，价值会上升数百倍，而这一转化过程需要政府主导，即征收农业用地，向农民补以三年的土地收入或者其他形式的补偿，有些则以行政力强行征用。政府拿到地以后转而将其推向工业或城镇用地的二级市场，以此来推动地方城镇化的进程。

对此，处于劣势地位的农民是无能为力的。周其仁认为，自农业改革以来的土地集体所有制，虽然在一定程度上扩大了农民对土地的使用及收益权，但是根本的权利让渡权并没有落实，集体是一个比较空泛的概念，一旦发生了土地产权的转移，那么在集体的口号下，受益的往往是少数集体的当权者，而大多数的农民将会因此受到利益上的损失，甚至白白失去了赖以生存的土地。

如何改变这一现状，周其仁在世纪之交提出农村土地私有化的大胆设想，给农民以土地的让渡权，并且以地契形式对这种让渡进行法律上的保护，取消原来由政府主导的土地征用一级市场，让农民具备土地市场的议价权，从而用产权让渡的权利寻租代替由政府行政力为主导的权力寻租，以维护农民利益。

虽然随着改革的不断深入，人们的意识发生了巨大的转变，然而就当时的情况来讲，还没有完全脱离束缚，而且土地是关系国家兴衰存亡的大计，所以他的主张遭到很多人的反对。

近几年来，川渝地区的土地改革政策给了周其仁很大的启发，透过对这些现实情况的深入研究，周其仁提出了利益均衡的渐进式农村土地改革方式。

运用土地级差将土地分成若干类型，运用村庄民主评议的方式对土地进行确权，并发给农民地契，然后再集体将城镇化需要的部分土地集体出让，然后以契为凭进行收益分配，从而统筹城乡共同发展，有效解决了征地矛盾。与之相配套的，是政府要做好建立保护耕地机制、统筹规划土地级差应用等方面的服务性工作，降低对土地市场的干预，使我国的城镇化建设健康发展。

周其仁认为，这种方式如果在全国范围内有效推行，还需要在一些敏感方面进行深度调整，如何从卖地财政中脱离出来，发展土地、资源等税收型财政，是我国土地转型的一大问题。

## 6．倡导公司兴城镇

随着我国改革开放程度的进一步加深，缩小城乡差距的任务日益紧迫，城市化进程紧锣密鼓地开展也是大势所趋。

然而在政府主导的模式下，我国的城镇化建设进程是建立在对农地占用的建筑扩展基础上的，这显然违背了城镇化的本质——由于经济资源在空间上的集聚而自然形成的——势必造成土地资源以及各种投资性资源的浪费，甚至会出现城市化了街道和楼房，却没有城市化经济的现象。

2001年，周其仁通过对改革开放以来一些重要城市发展过程的研究，提出要用公司和市场作为城镇化进程的主导力量。

要实现这一规划，第一步要做的就是政府退出城镇化相关领域，将自己掌控下的城建类公司推向市场，但是这会产生一个问题，那就是政府退出了城镇化建设领域，谁来负责整体规划？对于这一问题，周其仁提出可以依照法律程序建立一种城镇公司，让其按照法定程序专门负责设计和规划城镇建设的一系列问题，并且由该公司出面进行招标各类专业公司进行城镇化建设。由于脱离了行政权力的依托，公司必须从市场的角度考虑问题，自负盈亏，以“看不见的手”作为规划建设的主导，从而避免“前任投资失误，后任不认账”，以及招标过程中伴随政府主导城市建设而产生的权力寻租等一系列问题。

遗憾的是，周其仁的这些理论并未被采纳。以行政权力为主导，受地方政府政绩工程的驱动，在没有明晰产权定位的基础上强征农民耕地进行城镇化建设的事情仍不鲜见。随着房地产价格的不断攀升，这类行为愈演愈烈，产生了非常恶劣的社会影响。

另一方面，空城频现，高楼林立的繁华下，根本就没有与之配套的经济基础。河南商城数以千亩的土地被圈占闲置，大约半数以上的楼房并无人居住，这个国家级贫困县的GDP上升了，经济却陷入了重重困境。“以地养城”的城镇化发展模式为我国经济的均衡协调发展敲响了警钟。

周其仁多次提出要兼顾城乡利益，统筹发展。他主张在土地产权改革的基础上，用经济发展的手段促进城市化进程，并力主在天津、重庆等一些重要城市进行改革实验，充分发挥经济主导地位，以投资与兴办产业来拉动城镇化。本末倒置的结果只能使权力寻租行为加剧，农民利益受到更大的侵犯。

## 7. 提倡教育学券制

农村教育问题是我国教育体制改革面临的一个重大课题。上世纪末，我国完成了全面普及九年义务教育的任务，然而教育费用仍然是农村家庭的主要支出，因交不起学费而辍学的学龄儿童在偏远山区占有相当大的比例。

2000年11月，浙江省湖州市长兴县考察团到美国加州的罗斯密学区进行教育考察，适逢当地有关教育学券制的政治宣传，考察团受到很大启发，回国后进行了结合长兴县实际的规划申请，次年5月就下达了相关文件，教育学券制得到了施行。

作为农村教育学券制改革的倡导者，周其仁对这件事情产生了极大的兴趣，他专程走访了长兴县，并且与时任该县教育局局长的熊全龙进行了深入交谈。

学券制①首先是由美国著名经济学家米尔顿·弗里德曼提出来的，公立教育有着巨额财政拨款的资助，而私立教育相对就没有这方面的优势，但是教育质量却正好相反，往往是私立教育要好于公立教育。

表面看来，这与常理不符，追究起来却也不难明白，公立教育在享受财政优势的同时也享受了一项重要的资源，那就是家庭相对贫困的学生，他们无力支付私立教育昂贵的学费而不得不选择公立教育。一方面有财政支持，一方面又有生源，公立教育失去了竞争，处于一种垄断的地位，也就失去了提高教育质量的动力。而私立教育本身就处于不断的竞争当中，稍不留神可能就会被竞争对手取代，在这样的条件下，努力提高教育质量是他们不二的选择，正是由于这种反差，不合常理的现象才习惯成自然了。

正是基于政府投资教育的初衷，弗里德曼提出不要将教育经费直接投资给教育机构，而是以学券的形式发给有学龄孩子的家长，让家长以学券的形式向自己所选择的中意的学校支付教育费用，从而在学校之间形成竞争机制，提高教育质量。

长兴县的做法正是对这一理论的中国化实践，在周其仁看来，这有着重要的制度创新意义。

---

① 学券制，在中国地区又称为教育券制。这是美国经济学家米尔顿·弗里德曼提倡的一种资助制度，主要目的在于，在维持政府对教育补贴的同时引入市场竞争机制，从而提升教育的质量。运作方式：（1）政府向家长发出学券，学券金额等于政府每年补贴个别学生的金额；（2）家长自由地选择符合要求的学校，不论公立或私立都可以；（3）家长用学券缴付学费，学校有权收取学券以外的额外费用，有关费用由市场机制自由决定；（4）学校收到学券后，凭券向政府索回现金。根据以上运作方式，好的学校由于生意好，收取较多的学券以及学券以外的现金，因而生存下来。不好的学校因缺乏消费者，最终因经营不善而被淘汰。

在我国，由于公办占统治地位，学龄儿童几乎没有对教育资源的选择权，划片招生制度的推行，将学生牢牢拴在了与家临近的学校里，如果不想被学校捆绑，那么就必须支付高额的择校费作为选择学校的资格条件。而事实上，对于绝大多数农村家庭来说，这根本是不可能实现的，本来正常学费的缴纳已经困难，如果还要交一部分数额不菲的择校费更是难上加难，于是就出现了张五常所谓的“到餐馆吃饭，付了钱却没有对菜的选择权”这样一种现象。

2006年，农村义务教育实现全免费，这对于广大农村低收入家庭来讲无疑是一件好事，然而在教育资源稀缺的广大农村，依然还存在无法进行自主选择教育资源的问题。

加上近几年随着经济的发展，农村剩余劳动力进城务工人数的增多，子女教育问题随之而来，义务教育免费必须在户口所在地才能实现，这让许多在城市打工的农村劳动者长时间与子女分离，出现了孩子只会叫爷爷奶奶而不会叫爸爸妈妈的让人心酸的场景。

周其仁所提倡的教育学券制，如果能普遍得到应用，同时开放教育地区性以及准入限制，对增加教育资源的供给，引入优胜劣汰机制应该是提供了一种新的视角。

## 8. 主张国有股减持

改革开放之前，我国基本上就没有企业债券和股票，资本交易市场更是无从谈起。直到1984年，随着企业经营自主权的扩大，产生了以债券和股票筹集资金的方式。伴随着中央《关于经济体制改革的决定》的发布实施，我国的股票流通市场才算初步形成。

1990年，上交所和深交所的相继挂牌，象征着我国的股票市场开始了新的篇章，逐步走向了法制化和规范化的发展轨道。在这一时期，包括以后相当长一段时期内，上市公司的股票是分为两种的：一种是流通股，即上市公司股票中可以在股票市场进行交易的部分；与之相对的就是非流通股，也就是由国家或法人持有暂时还不能够在二级市场进行交易的股票。

中国股市股权分置①，即存在流通与非流通两种股票的现象，主要是由于国有股限于意识形态的约束，以公有制为主体的思维定式绝对不允许国有股全面上市流通，可以说，股权分置是我国改革开放特有的历史产物。

这样安排的本意是保护国家对国有上市公司的绝对控股，同时也担心资本市场无法承担全流通的市场压力。客观地讲，在资本市场建立的早期，股权分置极大降低了国有企业上市所遇的观念碰撞和利益分配掣肘，承担了很好的缓冲作用。但不难发现，这种安排只是权宜之计，导致“同股不同权，同股不同利”，大股东与小股东利益不一致，市场供需失衡、企业管理僵化等问题，不仅制约着资本市场的规范发展，对企业健康经营也形成障碍，令市场各方叫苦不迭。

随着金融市场的发展和完善，金融体制改革的深入，股票全流通的预期日渐加强。但每次有传言或者些许行动要进行国有股减持时，都会带来股票市场的阶段性震荡，一减就跌仿佛成了中国股市基于股权分置的一个共同思维定式。

周其仁认为，这样的现象是“按市价减持”造成的，长期的股市两重天，导致流通股的资本溢价远超非流通股的股票价值，如果按市价减持，股民会选择用脚投票的方式进行经济表决。很明显，他们认为减持以后的国有股票已经不值进仓的价格。所以，无论再好的形式，只要宣布按市价减持，股票就会应声下跌。

如此一来，国有股何去何从，就成了中国股改必须跨越而又难以跨越的一个障碍。

对于这一困境，有人提出停止国有非流通股向二级市场公开减持，将部分国有股改由社保基金持有，并由其管理和取得分红收益，另外还可以继续以原来公有对公有的协议转让方式进行减持。

对于这一方案，周其仁持不同态度。他认为这种转让只是将股权由一个部门转向了另一个性质接近的部门，并没有从根本上解决问题。要想解决这一问题，就必须面对向公开市场减持这一问题，而目前此路又行不通。

---

① 股权分置由来已久。资本市场建立之初，上市公司主要是国有企业，控股股东是国家或代表国家的各级资产管理部门，它们持有的股权叫做国有股和法人股，大约占2/3，这部分股权不能像普通股那样上市流通，即股权分置。

周其仁提出单独就国有股建立一个与A股市场不相关的交易市场，同股不同市，同时在法律和政策上明确个人和非国有机构可以进行国有股交易，发展一个规范自由的股票市场。周其仁的这一方案似乎无人关注。

2002年6月，国务院发文通知停止在国内证券市场减持国有股，并废除了国内上市公司《减持国有股筹集社会保障资金管理暂行办法》中有关利用证券市场减持国有股的规定。

2004年1月31日，“国九条”发布，承认了中国股市的股权分置问题，并表示要积极稳妥地解决这一问题。

此后，国有股的减持问题一直被搁置。一直到2009年6月19日，国务院出台新的决定，要在境内证券市场实施国有股转持，即继2006年5月《首次公开发行股票并上市管理办法》新老划断后，凡是在境内证券市场首次公开上市发行股票的含国有股份的公司，除了国务院特殊规定外，都必须按照首次公开发行股票数量的10%划转全国社保基金理事会持有，并且社保基金必须履行原国有股的禁售期义务。

也就是说，周其仁的国有股减持设想一直都处于理论状态，并且直到今天，国有股减持的工作都没有什么实质性的进展，政策股市依旧存在。

## 9. 人力资本的产权

脱胎于计划经济体制之下的国有企业改革举步维艰，而不改革就意味着劳动生产率低下、亏损甚至破产，给国有经济乃至整个国民经济的发展都会带来不良影响。

早在1979年，老一辈经济学家董辅礽[1]就提出要国企改革就是要让经济企业组织代替计划体制下的政府企业组织，放开企业的经营自主权。我国的国企改

① 董辅礽早在20世纪50年代和60年代，便提出了关于再生产数量关系的数字模型，被誉为“中国经济成长论的代表”。在改革开放初期，他提出了企业改革的方向应该是“政企分离”、“政社分开”的政策性建议。

革正是遵循了这一原则，对国有企业不断地进行放权让利，虽然取得了不少的成就，然而有一个问题却未曾根本解决，那就是国企工作人员的积极性难以调动，人的创造性无法发挥。这与国有企业“铁饭碗”的用工机制有着莫大的关系。

周其仁认为，人力资本，即人的质量，其中包括心理、态度、知识、能力等方面的内容，它们在国有企业的发展中起着关键作用。如何使一个企业充满活力，首先就是要充分发挥和利用人力资本。然而，在原有的用工机制下，是非常不利于人力资本发挥作用的。限制人的流动、限制工作岗位等等一系列的限制条件，导致人力资本产权的残缺，从而出现人力资本的贬值。

在任何体制下，不管是自由的市场经济还是高度集权的计划经济，每个人作为一个能动的、特殊的个体，其人力资本都是私产，奴隶主可以强迫奴隶工作，但是无法强迫奴隶充分发挥自己的能力，可以将人作为私有财产的年代尚且不能，更何况已经进入文明时代的我们。所以说，国企改革的关键就是产权问题，包括实物产权和人力资本产权。周其仁认为，公有制企业制度的最大缺失就是忽视了人力资本。

而如何充分发挥人力资本的作用，方法有强迫式的，像奴隶主的鞭子；有信仰激发式的，比如某宗教信徒因为信仰而奋力去完成一件事情等。事实上，这些都无法从本质上解决人力资本的问题。强迫会产生“不尽力”式抵抗，另外强迫的监督成本也是相当高的；信仰并不是一个普适的法门，在中国，很多人是没有信仰的。

周其仁认为，调动人力资本最有效和持久的方式是交换，也就是根据市场的原则，将人力资本作为一种商品，用相应的等价物去进行交换。而这其中就产生了一个问题，那就是人力资本如何定价。一般来讲，人力资本可以分成两个方面进行考量，一个是能力，即综合自己已经掌握的知识进行发挥和应用的本领；另外一个就是意愿，也就是我愿不愿意去做这些事情的主观能动性。能力又可以分为技术创新能力和企业家能力，这些都是很难进行量度的。正是由于这些考核的困难，所以出现了对称这些信息的文凭证书等证明，文凭证书造假也应运而生。假如能力方面没有问题，那么要发挥人力资本的作用，还涉及意愿的问题。对于国有企业如何充分利用人力资本的问题，周其仁给出的药方就是要将企业目标与个人目标在最大程度上进行统一，具体操作起来就是不仅要给予国企更大的利润分配权和自主管理权，更重要的是要大胆地把国企推向市场，放开对人力资本产权的约束，进行人力资本定价，给国企工作人员以股份、期权、管理层收购等让企业与个人目标相一致的激励方式。

周其仁的这些主张最终得到了认可。进入21世纪，尤其是2002年国家鼓励民营企业参与改制国有企业以后，国有企业出现了大批的民企并购、管理层收购、职工持股等市场化改革方式。

## 10．周郎之争

2003年，民营企业格林柯尔公司以2亿多现金收购国内著名冰箱生产企业——安徽合肥美菱股份有限公司——20%的国有股份，一跃成为美菱第一大股东。格林柯尔掌门人顾雏军也一举成为美菱董事长。

一时间，全国上下对国有资产的私有化几乎达到了疯狂的程度。海尔、宇通客车、四川长虹、哈药、TCL、伊利、张裕等大批本土重要企业都摇身变为私有企业或者卖掉了大量国有股份。在一片叫好声中，香港经济学者郎咸平不失时机地站出来大声疾呼：国有资产流失！

2004年8月9日，郎咸平在复旦大学进行演讲，首次针对这一问题表态。演讲的题目颇具看点：《格林柯尔：在“国退民进”的盛宴中狂欢》。

郎咸平声称，自己的团队经过3个月调查研究，发现顾雏军先后收购科龙、美菱、亚星客车和襄轴等四家公司，号称投资41亿，其实只有3亿多。郎咸平不仅指出顾雏军在收购活动中卷走了国家财富，还用“七板斧”[①]的比喻讲述顾雏军是如何用区区3亿多的资本将价值40多亿的国有资产纳入囊中的。是时，在郎咸平的言论中，被“炮轰”的企业家并不只顾雏军一个，还包括海尔的张瑞敏、

① 郎咸平表示，顾雏军通过“七大板斧”——安营扎寨、乘虚而入、反客为主、投桃报李、洗个大澡、相貌迎人以及借鸡生蛋手法，成功将巨额国家资产纳入囊中。这些运作手段往往是通过介入被收购公司管理层后，大幅提高企业运营费用，提高公司亏损幅度进而压低收购价格来实现的。

长虹的倪润峰、宇通的汤玉祥等一大批参与管理层收购的企业家。

对于这样的指责，顾雏军当然无法忍受，当时就跳了出来，直接回应郎咸平。顾雏军的律师要郎咸平对自己的言论负责，并称如果在8月17日前没有满足他所提出的包括道歉在内的三项要求，将采取一切必要措施。郎咸平拒绝了顾雏军的要求，并向记者公开宣称要维护自己作为一个学者的学术自由以及发言权，绝对不允许任何人以威胁或者其他行为来强加干预。

此事引起媒体极大关注。一时间，“郎顾之争”成为社会热点。透过论争，人们看到国企改革的吊诡与神秘。尽管顾雏军最终锒铛入狱，但这桩公案并未了结，继而引发各界对国企改革的大论战。

按照郎咸平的观点，之所以会出现国有企业改制的MBO（管理者收购）浪潮[①]，究其根本，是因为国企老总缺乏信托责任。国有企业长期的低效率形成了一种思维定式，那就是国企必定是没有活力的，做不好是理所当然的，而做好了反倒不应该了，做好的国企老总觉得国家对不起自己，要通过占有国有资产的方式进行补偿。

郎咸平认为，要抛弃这种固有思维。作为代理人的国企老总，做好了是应该的，做不好才应该感到羞耻，没有国有企业的平台，国企老总也就失去了发挥的平台，以做好来作为侵吞国有资产的理由本身就是缺乏信托责任的体现。他主张可以给予成绩优秀的国企老总高的年薪和少量期权股份，但是绝对不能将国有企业进行私有化，从而导致国有资产的大量流失。

起先，周其仁静静观察，并不愿卷入这场论战，他认为辩论的最重要价值在于通过辩论达到思想提升的目的，并不是挑别人的毛病。但是随着事态激化，对“国有资产流失”的辩护变成了对“产权改革路线”的质疑，作为研究产权改革二十余年的经济学者，周其仁无法坐视不理。

一出场，周其仁就以其一贯严谨冷静的风格和学术声望，成为了“倒郎派”

① MBO（Management Buy-Outs）即“管理者收购”的缩写。经济学者给MBO的定义是，目标公司的管理者与经理层利用所融资本购买公司股份，以实现对公司所有权结构、控制权结构和资产结构的改变，实现管理者以所有者和经营者合一的身份主导公司重组，进而获得产权预期收益的一种收购行为。

的重要代表。

周其仁认为，国有企业存在两个重要问题，一个是对人力资本产权的忽视，另外一个是行政权大于经营权，没有自由的市场契约体系，其中最直观的体现就是所有权缺位。国家或集体是一个非常模糊的概念，模糊之下，又加上行政性的计划经营模式，国有企业即使付出巨额交易费用，也难以形成对人的激励体制。郎咸平所谓的信托责任，其委托人根本就不是一个可以实际考察的概念，模糊的公有制产生了模糊的所有权，模糊的所有权导致根本就不存在最终的所有者，那么信托责任也就无从谈起。周其仁强调产权是一项具有高度排他性的制度安排，产权问题的模糊和妥协只能导致交易费用的增加，企业运行效率是无法根本性提高的。

在产权界定问题上，周其仁并不否认存在“侵吞国有资产”行为。但因噎废食似乎也大大不妥，如果重新回到产权模糊的公有制时代，岂不是历史的倒退？如果不从产权明晰上入手，改革就只能停留在阵痛阶段，无法彻底推行。至于保护国有资产，法制的重要性不言而喻，要用一个法制化的环境确保产权和自由市场的有序运转，从而消除权力寻租的不良事件发生。

尘嚣远去，余音缭绕，国企改革何去何从，如今仍是一道无解难题。谁对谁错，恐怕只有历史能给出答案。

## 11．医疗改革的是与非

进入新世纪后，周其仁开始频频对公众问题发言，涉及课题远远超出其起家的农村问题范畴，包括电信改革、教育改革、国企改革等。他没有经济学家高高在上的面孔，俨然一个公共知识分子。

随着“看不起病，住不起院，买不起药”现象的普遍出现，医疗改革逐渐成为备受争议的热门话题，也自然成为周其仁研究、关注的焦点。

长期以来，由于医护人员的工资收入水平偏低，为了提高收入，不少医院借助市场化的契机，通过制度的调整，实行了“以药养医”[①]等一系列提高医护人员收入的策略，从而增加了部分医务人员为了提高收入而多开药品以及其他寻租行为发生的机会。正基于此，有些学者将“看病贵，看病难”的问题归于医疗服务的市场化，呼吁建立公共医疗的社会福利体制。

周其仁不赞成这种看法，他通过数据举证，从1978年到2005年的27年间，国家卫生费用增加了77倍，个人开支增加了198倍，而同期的医院、诊所、医生以及护士等医疗资源的供应增加却只有一两倍。从数据中不难看出，并不是所谓市场化导致医院的看病难和看病贵，而是医疗资源的供给严重不足所致。

那么，供给严重不足增加供给不就解决问题了？事实上，每年都有数以十几甚至几十万计的医科学生毕业，人力资源供应不可谓不足，另外政府也大力鼓励私有医院的设立，这岂不是悖论？

周其仁发现，允许私有医院设立的政策确实有，并且法律上不存在障碍，但私立医院跟公立医院有一个重要区别，即定性差异：公立医院属于事业单位，非营利性质，不需要交税；而私立医院在性质上属于企业营利机构，在营业税、增值税和所得税三大税种方面负担就大得惊人，毋庸说其他的各种税费了。生就不平等的竞争地位和委曲求全的寻租空间，形成了强大的进入壁垒，这就是为什么私立医院虽受到政策鼓励，却寥寥无几的原因。

医务人员的供应方面，由于其几乎垄断的市场地位和行政管制特征，医院领导的任命都脱离不了政府的行政任命或间接干预，更不要说其他医务人员了，这就是为什么如此多医科学生毕业了，但真正从事医务工作的却并不多的原因。甚至还出现“劣币驱逐良币”现象，没有门路的优秀毕业生失去了进入医院工作的机会，也就失去成为优秀医生的可能，造成医务人力资源的巨大浪费。

在周其仁看来，公立医院本身处于一种非常尴尬的境地——一方面，由于市场化的呼声使公立医院逐步减少财政补贴的直接享用；另一方面，又要负担部分不需患者开支、不受货币购买力约束的高端公费医疗。困境中寻找出路，低收入人群自然就成为医疗改革的买单者。

---

① 以药养医是以药品的高利润拉动医院的经济效益，维持医院的正常运转。

对此，最直接的措施是药品价格管制。但奇怪的是，管制反而使情况变得更糟，本来作为医院负担的一个出口的“以药养医”被堵住了。供给面严重不足的情况下，有着旺盛医疗需求，那么医疗“红包”等一系列丑闻层出不穷也就不足为奇了。

周其仁认为，在供需平衡的条件下，“红包”无可厚非，某种程度上这是对高超医术的一种补偿，性质同于“妙手回春”之类的匾额。但问题是，现在供需并不平衡，这样不仅增加了交易费用，还挫伤了那些道德高尚的医务人员的积极性，使医务人员工作质量的提高受到阻碍。

鉴于以上种种问题，周其仁主张开放医疗市场，采取针对性强的刺激医疗服务措施，解决医疗供应供给不足的问题才是根本所在。否则，财政上的大手笔补贴，只会让医疗服务面临更加严峻的供不应求局面，形成恶性循环，导致政府卫生开销更大，而看病更难。撤出政府行政干预，放权市场才能彻底解决医疗问题。

## 12．后危机时代的建言

经济学家总是有种种美好的愿望和构想，然而，现实却不能尽如人意，反而一再朝着相反的方向运行。

改革并非一帆风顺，也不可能一蹴而就。对于现实问题的思考解答，千人千面，没有定论。这就注定“摸着石头过河”发展模式的长期存在，然而，对中国这样一个国情复杂的大国，许多问题是前所未有的。某些时候，人们连石头在哪里都不知道，何谈摸着石头过河？

新世纪第一个10年即将结束时，中国和世界遭遇了一场严重的经济危机，给经济学家带去诸多难题。

让我们把目光投向那段不堪回首的岁月。美国房地产市场的次级贷款犹如一颗埋藏已久的定时炸弹在2007年轰然爆炸，掀起轩然大波。2008年9月15日，华尔街百年老店雷曼兄弟申请破产保护，成为在金融危机冲击波中倒下的第一枚多米诺骨牌。上世纪30年代以来最为严重的大萧条来临了。

金融危机迅速蔓延，席卷全球各国：冰岛面临破产；比利时全国陷入瘫痪；百万英国人破产，每户家庭蒸发6万英镑；德国人也未能幸免。西方世界引以为豪的自由主义市场经济遭受质疑。“与他国相比，中国固若金汤。”德国之声的播音员在电波中不无期待地评论，“中国虽不是金融危机的救世主，但已成为世界经济的中流砥柱。”

这样的评价显然过高估计了中国经济的风险抵御能力。全球一体化时代，任何经济体都不可能超然物外，“蝴蝶效应”带来的风吹草动可能在一瞬间放大为全球风暴。严重依赖出口拉动的中国经济并非德国人想象中那么不可动摇，世界经济的连锁反应很快就漂洋过海来到了中国。

股市最先摧折，狂跌不止，连带波及实体经济，传至企业界，制造业不断告急。民营经济发达的浙江、广东等省份，中小企业开工严重不足，出现大面积倒闭。浙江台州，5 371家上规模企业中，亏损1 111家，亏损面达20%。飞跃集团资金链告急，缝纫机大王邱继宝忍痛割让69%的股权，造成企业界巨大惶恐。

中小企业饱受折磨，大型企业也危机四伏。各行各业你中有我、我中有你，彼此牵连，一方受挫，波及八方。钢铁、煤炭、石油、基建等行业纷纷采取保守的过冬政策，导致整体经济运行疲软不振。

从2007年后半年开始，居民消费价格指数步步攀升，形成了官方宣传的“结构性通货膨胀”。而从2008年后半年开始，随着经济发展减缓迹象的日益明显，11月，中央出台了4万亿的经济复苏刺激计划。

在此之前，周其仁曾提出“保经济不能松货币”的观点，他认为政府可以使用多种政策帮助企业解决实际问题，但总量绝对不能动，要把着眼点放在加大改革力度上，增长绝对不能靠票子去拉动。货币投放量的增多势必造成下一轮的通货膨胀，这对于经济的发展是十分不利的。制造业的危机主要源于国际市场的影响，只要将一部分对外贸易转向对内，中国不但可以保持较高的经济增长速度，对全球经济的回暖也可以起到促进作用。扩大内需就成为重要的经济刺激方案。

回看2010年后半年全国范围内出现的通货膨胀问题，周其仁的预见不是没有道理的。

如何治理当下的通货膨胀成为一个热门话题，央行已经多次宣布加息，一年期定期存款利率已经由原来的2.25%调至3.25%。那么加息以及后续的一系列宏观调控政策究竟能不能解决通胀问题，现在还是个未知数。

周其仁认为，除了多发货币引发通货膨胀之外，还有一个原因就是中国相对滞后的汇率机制改革。制造业在国际竞争力不断提升的情况下，形成了巨额外贸出超，被动在国内市场投放了大量货币。

由于货币具有黏性，可能在短期内集中于个别市场领域而不会迅速在整个市场扩展开来，所以这些问题并不是一蹴而就的，而是在后危机时代集中爆发的结果。

在物价飞涨之际，各种意见不断涌现，究竟如何治理，周其仁提出价格管制是最要不得的措施，因为管制下的货币会寻找新的出口，最终只能是按下葫芦浮起瓢，不能解决根本性的通胀问题。他主张应该把经济体内原本不是商品的资源动员到市场上来，靠新增的商品和劳务吸收过量的货币。

除此之外，周其仁还主张调整国际贸易现状，大量进口外国货品，通过国际市场转移一部分通胀压力。

由于本轮通胀始自农产品，所以很多人将矛头指向了农民。周其仁认为这纯属无稽之谈。

改革开放到今天，中国经济已成为一个循环系统，没有哪一个行业能对整个经济体产生根本性的影响。周其仁认为，不是农产品和食品价格上升造成了通货膨胀。准确来讲，恰恰是农产品和食品的价格上涨反映了通胀。现有价格统计体系内，食品所占比例较高，一旦食品价格飞涨，物价指数就会显著上升，因此才造成了农产品导致通胀的认识误区。回归问题本质，真正的原因是货币的供给量增大，导致了各个经济环节的价格上升，农民也是受害者。

市场化明显加深的今天，任何一方都无法独善其身，任何以偏概全的说辞其实都不足为据。

## 产权改革干将

秋叶繁多，根却只有一条。在青春说谎的日子里，我在阳光下招摇，如今我萎缩成真理。

——叶芝《随时间而来的智慧》

两千多年前，滕文公询问孟子治国之策，回答中有这么一段，“民事不可缓也……民之为道也，有恒产者有恒心，无恒产者无恒心。”孟子所谓“恒产”，用经济术语来表示，便是人所熟知的产权。

今日之中国，产权问题依旧是一扇脆弱的玻璃门。无论改革名头如何换转，抑或经济现实怎样迷离、复杂，抽丝剥茧，所有问题的背后其实都有一条明晰的主线——产权。

任何一个经济体系，产权可谓一切经济活动的土壤，让市场行为有据可依，也让商业经营变得有意义。从本质上讲，人性利己，所作所为的出发点几乎都是源于此，所有权则提供了心理保障。很难想象，在一个产权混沌不清的社会，人们怎么可能还有动力去劳动，去进行商品生产、交换。

正因产权之关键，它才成为人们争执不下的焦点，引发种种问题，从而导致产权研究的长盛不衰。

经过2 000多年的推进，中国的现实似乎并没有像孟子预想的那般美好。“文革”时期上山下乡，周其仁置身黑龙江农场，目睹农村经济之凋敝、农民收入之低微、生存之艰难、农业发展之落后，来自大上海的城市青年对国计民生问题有了最直观的感知，产生改变现状的宏愿，并一生为之奋斗。

哲学家喜欢教育人们透过现象看本质，一切问题背后都存在遥相呼应的根源。如果把产权问题比做经济本源，那么产权不清导致的经济混乱、商业消极、资产流失等问题都能找到答案。

周其仁自称“老土”，与土地亲近的10年，让他洗脱知识分子身上的清高和傲气，变得脚踏实地。大学毕业后，他因缘巧合结识农村问题研究专家杜润生，还未毕业就进入农村发展研究所，从而有机会将所学理论付诸实践。

那一时期，下乡考察几乎成为周其仁生活的主题，即便阅读外国刊物，也常常是在考察途中完成。凡此种种，赋予其学术研究十足的现实风格。经济学家历来重视调研，但像周其仁这样推崇实地调查者并不多见。或许正因如此彻底，他才能敏感而执著地抓住产权这条“隐线”。

与大多数经济学家不同，周其仁并不是一个安心学术研究的学者。他总是被现实社会的各种问题所吸引，期望解开其中的枷锁，而产权视角则成为他攻克难关的一把秘密钥匙，屡试不爽。

对中国落后的现实，尤其是中国农民收入的微薄，周其仁始终无法释怀。海外求学时期，周其仁的研究方向即为产权理论，他希望用西方经济理论来解读中国的发展难题。这种“问题主导”的求学方式，令其思路更为直接简洁。

某些时候，频繁的发言往往带来一种假象，让人们产生错觉，误以为他是某个领域的行家里手。比如他对电信改革、教育学券、农村土地、人力资本等问题的发言就产生了这种效果，使他这个农村经济学者看起来不那么纯粹，有越俎代庖之嫌，被人质疑。

但周其仁总是不屑一顾地把各种非议抛于身后，笔耕不辍，数年间出版了《中国做对了什么》、《病有所医当问谁》、《世事胜棋局》、《挑灯看剑》、《收入是一连串事件》等著作。几乎每部书稿出炉，都能引起热议，其中不乏畅销之作。经济学家当中，视角大开大合、触类旁通者并不少见，但如此这般连年高产者委实不多。

在圈子内、学校里，因其不同一般的行为，周其仁得到一个绰号“周奇人”。他对此毫无反感，欣然接受，有时候甚至自得其乐，拿来调侃一番，显得童心未泯。身在香港的张五常对这位同行敬重有加。张五常素有狂生之称，让他看上眼的人寥寥无几，对周其仁却相知恨晚。

有趣的是，张五常和周其仁的经历颇为相似，都是在初中毕业后中断学业，都没有接受高中教育，都有7年的劳动生活。或许正因如此，他才能理解周其仁。有一次，他这样说："打猎也是农业，但比种植或饲养更刺激精彩。其仁打猎，每天在荒山野岭奔走50公里（我是坐着下钓的），有期望，锻炼了耐性，激发了好奇心。"

一时保持新鲜感并不困难，难的是时常保持探索事物的好奇心。在这一点上，周其仁与张五常有相同之处。

1985年，周其仁从一位朋友处偶然获得一本小书，很快被其观点吸引，爱不释手。这本小书就是张五常的《卖橘者言》。关注真实世界的经济现象乃是张五常的研究特色，周其仁品读良久，大有相见恨晚之意。借由张五常，周其仁又对英国经济学家罗纳德·哈里·科斯产生兴趣，后者也是尊重现实世界的学者，甚至将现实中的经济学与"黑板经济学"[a]截然对立，令周其仁甚为佩服。

周其仁常这样教育学生，"要知道，事实有了，观点是可以批量生产的"，"真实世界才是经济学唯一的实验室"。在他眼中，正处于转型期的庞大国家，不可避免地会产生各种矛盾，提供了最直观的研究案例，调查、解读、研究这些现象，恰恰是了解国家转型变迁的便捷通道。因此他数十年如一日地调研，足迹遍及乡野与城镇、田间和企业，掌握大量一手资料，鞭辟入里，观点往往一举切中要害，屡试不爽。

周其仁把自己摸索的这套治学模式称为"经济解释"。不同于传统的"理论研究"和备受追捧的"经验研究"，"经济解释"是一项艰难复杂的工作，正像周其仁评价张五常时说的，除非足够固执，否则不可能花费几十年的时间在经济理论和现象之间来来回回。

回顾人类发展的历史长河，真理总是蕴涵在现实之中，发掘方式有很多种，而最直接的却只有一个。正如爱尔兰诗人叶芝在诗中写的，"枝叶繁多，根却只有一条。在青春说谎的日子里，我在阳光下招摇，如今我萎缩成真理。"也许只有当人们足够成熟，才能如此沉静地发声。

① "黑板经济学"是指新古典（微观）经济学理论成立的前提条件过于抽象，不能解决实际经济（社会）问题。罗纳德·哈里·科斯曾把西方20世纪初形成的主流经济学称为"黑板经济学"，这种经济学只注重抽象的演算，忽视现实的经济现象，就如同闭门造车。行为经济学家和科斯一样，从反思和革新"黑板经济学"的过程中发现了自己的崭新道路。

# 第三章

## 厉以宁："一生治学当如此"

一个立志学工报国的青年，由于历史琴弦的跳动，与经济结下不解之缘，穷其一生为之奋斗。

岁月奇巧耦合的背后是穿透时间的种种必然。在国势盛衰面前，任何个人愿望都渺小得不值一提，只有容身于时代潮流当中，个体选择才可能淬火成金。

回顾一生，厉以宁见证国家改革复兴的艰辛历程，以“非均衡经济理论”阐释中国经济的懵懂，用股份制设想改造江河日下的国企，人送绰号“厉股份”，但也因此不断被卷入企业改制的争议中。

然而，时过境迁，面对社会转型波澜壮阔的图景，他又慨然上路，是非成败随人评议……

## 人物简介

厉以宁，祖籍江苏仪征，1930年生于江苏省南京市，经济学家，北京大学教授。

1951年考入北京大学经济学系，师从著名经济学家陈岱孙、罗志如、赵迺抟、周炳琳、陈振汉等，毕业后留校工作。历任北大经济管理系主任，工商管理学院院长，光华管理学院院长，并在全国人大专业委员会担任职务。

厉以宁是国企改制的代表人物。上世纪80年代，他在国内较早提出对产权不清晰的国有企业和集体企业进行大规模股份制改制，被冠以“厉股份”之称，近年来频频对民生问题发言，因而又被称为“厉民生”。

在许多热点问题上，厉以宁的发言颇为大胆，引来不少质疑。譬如，为人诟病的经典语句有：“中国的贫富差距还不够大，只有拉大差距，社会才能进步，和谐社会才能有希望”，“中国目前为什么穷人上不起大学？是因为收费太低”，“房价涨得快是好现象”，“很多人失业不是坏事”等等。

除了经济学方面的建树，厉以宁对文字情有独钟，尤其擅长古典诗词创作，2004年获得福冈亚洲文化奖。更鲜为人知的是，厉以宁的学生中不乏李克强、陆昊这样的高官。

## 1. 文学青年的报国梦

1930年11月22日，在江苏一户厉姓人家，一个男婴的诞生让全家顿时忙碌起来。男孩被取名以宁，“以”是排行，“宁”则为南京简称，他是这个家庭的长子，自然格外受到疼爱。谁也没有想到，这个襁褓中的孩子会在几十年后的中国变革中，激起阵阵波澜。

厉家清贫，在当时算是草根阶层。厉以宁祖父厉存礽是名私塾先生，穷困潦倒，体弱多病，40岁出头便去世了。厉父厉佩之只读完小学，便到粮店做学徒、店员，厉母也是出身贫寒之家。不过厉父颇具经商头脑，与人合伙做生意，家境渐渐好了起来。即便如此，厉以宁的童年也并不安逸。

上世纪30年代的中国风雨飘摇，“九·一八事变”后，伴随日本全面侵华战争的爆发，国内局势一片混乱。动荡岁月、民不聊生，厉以宁在举家辗转中度过童年时代。4岁那年，他随着父母来到上海。

当时的上海已是一个灯红酒绿的大都市，名流云集、群星荟萃，各种思想交汇激荡，文化兴盛一时，教育水平亦走在国内前列。厉家住在威海卫路沧州坊后来又搬到建国西路，厉以宁先后在上海中西女中第二附小、渭风女子小学读书，

1941年以优异成绩考进闻名上海的新式学堂——上海南洋模范中学[①]。

不过，厉以宁的学业很快又因战火而中断。1941年冬，太平洋战争爆发，日军占领上海租界。

隆隆炮声中，一切都改变了。为躲避战乱，厉家开始不断迁移。父母读书不多，或许有感于斯，反而对子女教育异常重视。颠沛途中，厉以宁先后就读于扬州震旦中学、湖南雅礼中学[②]和扶轮中学。这几所学校当时均负盛名，这种教育背景也让他打下牢固的知识基础。

中学阶段的厉以宁还未表现出过人的理性思维，而是对文学非常痴迷。他阅读广泛，从古籍诗词到时兴小说、杂文，均有涉猎。初二时还曾用“山外山”的笔名创作了不少小说。大多是以其亲身经历为题材，加以文学化叙述，在同学中屡屡引起共鸣，在校报发表后不断连载，让厉以宁很是兴奋。如果不是一次偶然经历，厉以宁或许可以成为一名作家。但在现实刺激下，理想慢慢发生了转变。

十几岁的少年，把经历写进文章发表，也许只是出于窥视世界的好奇与分享见闻的冲动。至于改变现状，不仅无从顾及，恐怕也想不了许多。当时，厉以宁尚处于世界观的形成时期，于懵懂中似乎认识到社会的某些弊端，但在方法论上却是一片空白。

但他已经开始思考对策。抗战胜利后，厉家重返南京，厉以宁到南京金陵大学附中读书。这所中学云集了许多优秀的理科教师，他们在教授科学知识的同时，也在潜移默化中熏陶感染厉以宁，使他确立志向。

厉以宁渐渐对化学产生兴趣。他最先流畅地背诵下元素周期表，因为成绩优异，还被推选为化学课代表。

---

① 上海南洋模范中学（简称“南模”）是中国人自己创办的最早的新式学堂之一，创建于1901年，其前身是南洋公学（今上海交通大学）附属小学，为中国“公立小学之始”。1927年前附属于大学，1927年改为私立南洋模范中小学。

② 雅礼中学是一所历史悠久的百年名校。100年前，科举废弛，新学兴张，美国耶鲁大学民间团体雅礼协会远涉重洋来到长沙，于1906年11月16日在长沙西牌楼创办了“雅礼大学堂”。“雅礼”之名既来自《论语》“子所雅言，诗书执礼”，又是“Yale（耶鲁）”之音译。此后，雅礼中学历经长沙私立雅礼中学、湖南私立雅礼中学、解放中学、长沙市第五中学，校名几易，1985年8月复名为“长沙市雅礼中学”。

有一次，学校组织去参观化工厂，这是厉以宁第一次如此近距离地接触现代工业。庞大的厂区、轰鸣的机器、错综复杂的管路、高耸入云的烟囱、灌装完毕的各种产品。面对此情此景，他不禁联想到连年战争导致的工业落后、经济萧条，越发觉得要想拯救贫弱的中国必须首先发展工业，从此立下实业救国的志向。

参观回来，厉以宁暗下决心，立志成为一名优秀的化学工程师，学习更加勤奋。报考大学时，有同学劝厉以宁学习擅长的文学，他却认为，文学只是自己一个人的爱好，而科学则可以改变整个国家的面貌。日后一次记者采访，谈及此事，厉以宁感慨万千："那次参观给我留下了深刻的印象，使我了解到化肥生产对于中国农业发展的重要性，于是决心走工业救国之路。"

天道酬勤，1949年2月，厉以宁被免试推荐到金陵大学读书。这所学校是美国基督教会在中国创办的14所教会大学之一，在体制、机构、课程、方法、管理等方面借鉴西方现代教育模式，办学起点很高，师资力量强大。一心实业报国的厉以宁选择了向往已久的化工系。

然而，正当他翘首以盼，准备入学之际，命运之船又转了舵。1949年4月，南京解放。10月，国民党政权被推翻，新中国成立。历经8年抗战、3年内战，国家终于迎来和平时期，百废待兴，人们的建设热情高涨。

建设大潮中，厉以宁内心很不平静，不甘心在大学里做一个不问世事的书生，而要加入其中。1949年12月，19岁的厉以宁告别熟悉的南京城，前往湖南沅陵开始最初的职业生涯。

就这样，厉以宁的化工之梦戛然而止，接下来迎接他的会是什么呢?

## 2. 沅陵岁月

沅陵县位于湖南省西北部，怀化市北端，沅水中游，东与桃源、安化为邻，南接溆浦、辰溪，西连古丈、泸溪，北与张家界交界，素有"湘西门户"之称。

厉以宁对沅陵并不陌生，1943年，全家因躲避战乱曾来此暂居。恰逢雅礼中学从长沙迁来，厉以宁求学其中，结识何重义、蔡士德、赵辉杰等一干至交好友。也是在这里，厉以宁与他未来的夫人何玉春相识。

时隔6年，故地重游，别有一番滋味。1949年的沅陵，民生凋敝、百废待兴，与高楼林立的南京城有着天壤之别，但年轻的厉以宁却不以为意。因缘巧合，他的第一份工作是县教育用品消费合作社会计，不过当时的厉以宁或许不会想到自己的一生将会和数字、经济为伴。

选择沅陵，意味着告别化工梦，厉以宁为此沮丧了一段时间，但很快，豁达乐观的他甩下思想包袱，投入工作当中。有着年轻人的求知欲和好奇心，再加上刻苦勤奋，天生就对数字敏感的厉以宁很快就熟悉了会计科目，工作有条不紊。随着工作的深入，他逐渐认识到枯燥数字背后的意义。

大多数时候，个人命运并不掌握在自己手中——尤其是在那个政治热情高涨的年代——常常随时局起伏。1年后，厉以宁调到县修建委员会，担任事务员，参与沅陵湘西剿匪胜利纪念塔的修建。相比会计，这份工作可以接触许多现实问题，但仍无法让厉以宁满足。

20岁正是充满梦想的年纪，身处偏僻的沅陵，厉以宁时常感到苦闷、压抑。这个心怀抱负的青年开始厌恶这种一成不变的生活，每当入夜，思绪就会飘向更广阔的天地，思考人生的出路。

不经意间，一个念头出现在脑海中：参加高考。工作、生活的不如意一再加强这种心理暗示。时值普通高校招生考试制度建立阶段，许多人通过高考改变命运，这给身在沅陵的厉以宁带来了希望，让他燃起了深造的热情。1951年，厉以宁决定离职，全力准备高考。

一个偶然的机会，厉以宁得知雅礼中学的好友赵辉杰考入北京大学历史系，于是将参加高考的愿望告诉他，并委托他帮忙报考。在专业选择方面，赵辉杰颇费了一番心思。作为至交好友，他当然知道厉以宁在文学方面的专长，但考虑到当时社会对人才的需要以及他的会计工作经历，赵辉杰认为经济学专业最适合厉以宁，于是就为他填报了北大经济系，作为第一志愿。

多年后，厉以宁回忆起这段往事，深有感触地说："至今我越来越觉得赵辉杰代我填报的第一志愿是最佳选择。"可见厉以宁对就读经济系的喜爱以及对赵辉杰的感激。后来赵辉杰去兰州工作，送别之际，厉以宁特地填词一首，来表达自己的感激之情：

**天仙子·送赵辉杰同学去兰州**[①]

把手送君西北去，莫问边城晴或雨，祁连山下过春风，休犹豫，请记取，塞上也能飘柳絮。

人世悠悠长几许，往事只当初写序，黄河润笔著新篇，惊人语，千万句，留待他年杯酒叙。

视角拉回，1951年全国普通高校招生考试湖南考场设在了省会长沙，7月开考，厉以宁从容应答，最终以优异成绩被北京大学经济系录取。9月，厉以宁从沅陵来到北京，开始求学生涯。

## 3. 求学北大

当时的燕京大学还没有并入北大，厉以宁第一年进入的是北大沙滩校区，住在北大沙滩校区北河沿北大三院。由于条件所限，图书馆等设施还不是很完善，因此上完课后就回宿舍。

1952年夏季，全国高等院校院系调整，北京大学的医、工、农学院以及其他部分学科或分出去单独成立高等学校，或并入了其他院校。清华大学、燕京大学文、理、法各院系以及其他大学有关系科并入北京大学，由著名经济学家马寅初[②]担任校长，北大也从沙滩迁到位于北京西北郊的原燕京大学校址，即“燕园”。

---

① 载于1958年《厉以宁诗词选集》上卷。

② 马寅初（1882年~1982年），汉族人，中国当代经济学家、教育学家、人口学家。新中国建立后，曾担任中央财经委员会副主任、华东军政委员会副主任、北京大学校长等职。1957年因发表“新人口论”被打成右派，十一届三中全会后得以平反。他一生专著颇丰，特别对中国的经济、教育、人口等方面有很大贡献。

院系调整后，北京大学成为一所侧重于文理基础科学的综合性大学，勤奋学习、刻苦钻研的精神蔚然成风。

陈埭孙和徐毓枬两位教授共同开设的《经济学说史》受到广泛好评。两位先生从古希腊、古罗马时代早期经济学雏形讲起，一直讲到剑桥学派马歇尔“均衡价格论”到凯恩斯的《就业、利息和货币通论》，可谓旁征博引。厉以宁对这门课颇感兴趣，但是觉得经济学理论流派丰富、内容纷繁复杂不好把握，于是另辟蹊径，将授课内容编织成提纲，沿着教学内容主线，参阅《大英百科全书》中的条目来落实要点。这样，通过不断的积累，厉以宁对经济学发展史以及现代经济学的发展和内涵有了更为精准的把握，这为厉以宁未来经济学教学和研究奠定了扎实的基础。

当时，经济系学生全部住在未名湖北岸的全斋，住宿和上课都在燕园，因此厉以宁有很多时间去北大图书馆读书，几乎上完课就一头扎进书海，手不释卷。很快，他便引起北大图书馆副馆长梁思庄[①]的注意，原来厉以宁涉猎非常广泛，阅读西方文献时每遇到问题，就跑到工具书阅览室查阅资料。

梁思庄非常好奇，因为一般情况下，经常翻阅工具书的都是高年级学生、研究生或者是教师。通过与厉以宁沟通，梁思庄得知个中原因，不禁对这个年轻人喜爱有加。由于厉以宁并不太熟悉工具书的使用，梁思庄给了他悉心的指导，特别是百科全书的使用，这让厉以宁受益终生。厉以宁至今还记得她的一句教诲：“要学会用大百科全书，这是做学问入门的捷径。”

在工具书的辅助下，厉以宁学习效率迅速提高，这让他腾出时间做一些自己喜欢的事情。专业学习之外，厉以宁萌发了研读外文著作的兴趣，并进行了大量英文、俄文著作的翻译。

在北大的4年中，厉以宁翻译了几十万字的文稿。他与好友赵辉杰共同翻译了《赫尔岑和奥加略夫的经济观点》一书，以及车尔尼雪夫斯基的几篇较为著名的经济学论文。在编译过程中，厉以宁敏锐地认识到当时在农村所实行的土地归集体、农民集体劳动的绝对平均主义的弊病，这种平均只能给农村经济的发展埋

① 梁思庄，梁启超次女，著名的图书馆学家。

下隐患，而不能给广大农民带来生活水平的提高。

经济系专业课中，有一门是《国民经济计划》，由罗志如[①]先生主讲。厉以宁对这门课非常感兴趣，一方面是因为罗教授介绍的波兰经济学家奥斯卡·理沙德·兰格[②]的理论引人入胜；另一方面，在大三的时候他开始阅读很多关于西方学者和兰格论战的资料，所以对苏联的社会主义经济学和西方经济学思想有更为宏观和清晰的把握。由于表现突出，厉以宁被任命为这门课的课代表。罗志如先生对他悉心栽培，经常把英文书刊借给他阅读，使其思路顿开。

正是从这时起，厉以宁开始对兰格理论进行探索，后来他在一次座谈会上说："正是罗志如老师使我最早模模糊糊地感觉到，在苏联式的计划经济与西方传统的市场经济之间，还存在着第三条道路，似乎兰格就是这条道路的代表。"现在看来，兰格理论对厉以宁的学术观点有很大的影响。

北大秉承"爱国、进步、民主、科学"之校训，得以避开复杂的政治环境，保持活跃自由的学术氛围，不被教条主义和政治运动左右。此外，学校大师云集，经济系更是汇集马寅初、陈岱孙、陈振汉等大批杰出的经济学人，丰富的学术思想交织碰撞，令人如沐春风、心向往之。在这样的氛围中，厉以宁惜时如金，不断学习，使知识体系更为完善、经济学认知日趋成熟。

经过4年耕耘，1955年夏，厉以宁从北大毕业，他期望从事经济学理论以及具体经济问题的研究。正当踌躇满志的厉以宁准备在经济学舞台上大显身手时，一段插曲让这位北大骄子沉寂了很久……

---

① 罗志如，四川省江津县人，1927年毕业于北京大学英语系，钻研智力系数、统计学，攻读寿命统计。1929年入中央研究院社会科学研究所工作，又转学心理派的社会学和社会调查。1934年，赴美国哈佛大学心理派的社会学和社会调查，获哈佛大学哲学博士学位。继而赴苏联、瑞士考察。回国后，历任资源委员会经济研究员、中央大学经济系教授、重庆大学教授兼法学院院长。1950年后，任北京大学经济系教授。其主要论著有《统计表中之上海》、《生命表编制法》、《资产阶级国民收入理论批判》、《凯恩斯主义》等。

② 奥斯卡·理沙德·兰格，波兰经济学家、政治家、外交家。在20世纪30年代的兰格论战中他把奥地利学派的经济学大师哈耶克搞得丧失了一流经济学家地位，并自愿退出这一学科。他的兰格模型提供了一种崭新的体系，他把经济计量学应用于计划社会主义国民经济，把控制论方法应用于经济研究方面，著有大量经济学著作，去世后进行了国葬。

## 4．在经济系资料室的那些年

厉以宁毕业时满心期待，期待着为刚刚起步的经济建设贡献微薄之力，谁知却被分配到北大经济系图书资料室。这份工作轻松有余而激情不足，并不是厉以宁那样的年轻人所喜欢的。

对于厉以宁进资料室的原因，有两种说法。其一，来自外面的传言，据说厉以宁当时认为自己口才不是很好，不适合教学岗位，经济系鉴于他在读书期间就从事过西方文献的翻译工作，就将他分配到图书资料室，从事图书资料的编译工作。另一种说法则与当时的国家形势息息相关。政治运动的热情开始激荡，理想主义的光芒消退，“百家争鸣、百花齐放”的喧嚣归于平寂，知识分子纷纷钻进书斋，不问世事，明哲保身。

虽然这份工作与其初衷相违，但厉以宁并未因此而感到失落，相反，他以最大的热情投入到了新的工作和学习中。早期院系图书资料室的工作与现在不同，管理员除了管理图书借阅之外，还要从事相关资料的收集、整理以及编译工作。这部分工作庞杂、枯燥，但意义重大。面对资料室内收藏的大量外文著作、期刊、论文，厉以宁就像初到燕园一样，如饥似渴地研读起来。

转眼到了1957年，形势急转直下。“反右运动”如洪水来袭，全国55万名知识分子被划为右派。厉以宁的老师陈振汉、罗志如、徐毓枬等几位教授起草的《关于经济科学繁荣的意见书》遭到激烈批判。

其实，那篇意见书所提出的主张，在40多年后的今天看来仍有可取之处。可就是因为这一点，他们的学生厉以宁也因“同情”右派观点而挨整，并且被罚坐冷板凳——在北大经济系的图书资料室工作长达20年。然而时过境迁，去追究这里的功过是非显然已经没有任何必要了。

现实吊诡让人不免失望，一片喧闹声中，厉以宁置身资料室，反而有了难得的清静。时间流逝，随着知识的积累，他开始自己创作。当时，北大经济系有一个内部刊物《国外经济学动态》，很受人们欢迎。鲜为人知的是，其中90%的稿件是由厉以宁一人编写的。这份工作是胡代光教授为厉以宁争取的，他后来曾感慨地说："那时多亏了胡代光先生，我才没有浪费太多的时间。"

事实上，经济学领域的创作，厉以宁早在大学二年级的时候就已经开始。1952年，他曾经在当时重要的财经报纸《经济导报》上发表题为《波兰经济的新面貌》的署名文章，对经济学理论初窥门径。这篇文章主要探讨了计划经济的部分优点，而对其弊端，厉以宁还没有认识到，后来他谈及此事还自嘲幼稚。

20世纪50年代末至60年代初，短短的几年，厉以宁译著达到几十部，他还翻译了很多重要的经济学论文，譬如波良斯基的《外国经济史·封建主义时代》、琼图洛夫的《外国经济史》、惠勒的《美国自动化经济问题》以及后来的罗斯托夫采夫的《罗马帝国社会经济史》等。

翻译经历为厉以宁积累了珍贵的经济学史知识。特别是在翻译过程中，需要参读大量的参考文献，这让他对当时西方经济学理论的发展和现状有了深入了解，同时也使他认识到了资本主义经济学成果对于探索解决社会主义经济问题的重要参考价值，并使得他对社会主义经济现象中所蕴涵的问题有了准确的把握，这为改革开放后他所提出相关经济理论奠定了基础。

1962年之后，整风运动暂时平息，北大教研风气日盛，厉以宁结合几年研究成果先后发表《1933年以前美国政府反农业危机政策的演变》、《美国罗斯福新政时期的反农业危机措施》、《美国边疆学派安全活塞理论批判》等重要论文。他本来想沿着这个方向对美国边疆学派相关理论作进一步探讨，但1966年"文化大革命"如暴风骤雨般来临，作为斗争的对象，厉以宁的家被查抄，包括上述文章在内的许多手稿、笔记丢失，他在这方面的探索被迫停了下来。

20世纪60年代至70年代，可以用颠沛流离来形容厉以宁的经历。"文革"中，一开始他就被造反派认定为"牛鬼蛇神"大加批判，他数次被批斗、抄家、隔离审查，这种生活一直伴随他到1972年。

与此同时，由于妻子何玉春在辽宁鞍山工作的原因，使得1958年结婚的厉以宁与妻儿两地生活达13年之久，可以想象他承受的压力有多大，但这一切并没有动摇他对经济学的执著。

20世纪70年代初，凯恩斯经济学理论在中国逐渐兴起，厉以宁认识到其重要意义，率先开始研究，因此可以说厉以宁是研究西方经济学非均衡理论的最早的践行者。这段经历为日后他提出著名的厉以宁“非均衡理论”奠定了坚实的基础。

1970年12月，在凛冽的寒风中，何玉春带着孩子到他被监督劳动的地方——江西南昌鲤鱼洲农场——团聚，虽然条件极差、物质匮乏，但这让久经磨难的厉以宁得到了莫大的安慰。

1971年9月，“林彪事件”发生后，厉以宁携家人随着北大的大批教师回到北京，虽然大部分教师很快回到了大学，但他和妻子仍然被分到大兴劳动，4个月后才回到北大。之后4年多的时间他并没有正常工作，而是被派往京郊各县继续劳动和接受再教育，直到“文革”结束，他才回到学校开始正常工作。

20年的磨难，20年的思索，这段充满悲情的经历让厉以宁深刻地认识到了社会主义经济体系存在的重大缺陷，他结合自己的经济学积累，开始了新的思考……

## 5. 从三尺讲台到改革前沿

1978年，十一届三中全会在北京召开。会议从根本上打破了长期“左”倾错误的严重束缚，重新确立了解放思想、实事求是的马克思主义思想路线，特别是作出了把党和国家的工作中心转移到经济建设上来的战略决策。从此，中国开始了改革开放之路。

改革开放让中国的经济发展迎来了春天，也让厉以宁迎来了他事业上的春天。

1979年，厉以宁走上北大讲台，先后开设《西方经济学概论》、《经济发展的国际比较专题》、《社会主义政治经济学》等十几门专业课程。学识渊博、风趣幽默的他很快得到了学生的认可和喜爱，清华、人大的很多学生也慕名而来，几乎堂堂爆满。后来，为解决课堂座位不足的问题，不得不采取“票证制”，凭票入内。

从教期间，厉以宁笔耕不辍，著作、论文的创作过程让他对中国经济有了更具前瞻性的了解。

从20世纪70年代末到80年代末这10年间，厉以宁的研究成果呈爆发式增长，推出众多颇有影响力的专著，如1979年的《论加尔布雷思的制度经济学说》、1984年的《关于经济学问题的通信》、1986年的《体制·目标·人：经济学面临的挑战》、1987年的《经济体制改革的探索》等。这些专著倾注了厉以宁半生的心血，包含了他对中国经济状况和主要问题的深度思考。

其中，1984年由罗志如教授和厉以宁共同著述，由厉以宁独自执笔完成的《20世纪的英国经济——“英国病”研究》被誉为我国经济改革最具参考价值的著作。这本著作也被认为是厉以宁早年经济学理论成果的浓缩，因此也是经济学人学习厉以宁相关经济学理论的必读之作。

改革开放后的中国，经济环境异常复杂，围绕经济体制改革以及经济发展方式的争论正式展开，作为经济学家，厉以宁自然无法置身事外。

纵观我国改革开放初期的状况，经济体制改革大致可以分为三个阶段：1978年到1984年着力进行农村经济改革；1984年到1987年侧重于城市经济体制改革；1987年之后侧重于建立社会主义市场经济体制。

改革第二阶段，围绕改革模式曾有过激烈争论。当时，厉以宁对社会主义社会中计划与市场的关系有了更深入的认识，他认为传统的社会主义计划经济模式不能实现对资源的合理配置，即便是兰格理论中所倾向的改良后的计划经济模式也不能解决中国发展建设中所面临的经济难题。

他对所有制的问题也有了新的认识，认为过去的公有制模式制约了中国的发展。虽然公有制是巩固我国社会主义性质的重要基石，但要想让我国经济更快更好地发展，在相当长的一段时间里，非公有制形式的存在是十分必要的，是对社会主义公有制的有力补充。这一观点奠定了厉以宁后来的非均衡理论的基础，并在国有企业改革过程中为股份制的推行奠定了理论基础。

虽然在上个世纪70年代末到80年代，厉以宁已经形成对中国改革独立的较为成熟的见解，并成为中国经济学领域的翘楚，但在当时他的观点并没有被充分的重视，改革过程中各方仍然为如何进行价格体制改革争论不休，那么在这个时候是坚持自己的主张还是选择妥协呢?

## 6．非均衡理论的诞生

所谓改革，就是破旧立新，这注定是一个艰难复杂的历程。虽无前例可循，但也不乏逻辑性，总体来讲，中国的改革开放由易到难、由浅入深逐级推进。

改革之初的第一阶段改革是以农村家庭联产承包责任制为核心的农村经济改革。此间改革涉及人数最广，着重解决农村经济桎梏，但对国民经济并不产生巨大影响，许多困扰经济发展的制度性弊端非但没有得到有效的遏制——譬如影响面广泛的价格问题——反而随着改革推进屡屡形成掣肘。

到了1984年，农村经济大有起色，城市经济形势依然严峻，改革开放的焦点由农村转向城市，价格体系改革成为当务之急。

9月初，一些中青年经济工作者在浙江省德清县莫干山举行了一次别开生面的会议。会议主题是讨论后续改革问题，《经济时报》、《中国青年》等媒体到场。因为是第一次完全由中青年学者参加，是他们“第一次集体发声”，又被称为“第一届中青年经济科学工作者讨论会”。当然，就像其他历史性瞬间一样，这次会议被打上地名烙印，就是中国改革史上赫赫有名的“莫干山会议”。

会上，一些北京学者透露了一个消息，即当时中央高层对于进一步改革的分歧在于价格的改革，这样就让价格专题讨论变得十分激烈。

具体来说，观点分为三派，即：以田源[①]为代表的宏观调控派，以张维迎为代表的市场调节派，以及以华生、何家成[②]、蒋跃、高粱、张少杰等人为代表的国家调控和市场调节相结合的双轨派。由于当时国家资金实力有限，所以完全实

① 田源，河南开封人，1954年生人，获武汉大学学士、硕士、博士学位，毕业后留校任教。1983年，调任国务院发展研究中心，曾到美国科罗拉多大学和芝加哥期货交易所学习，回国后在物资部任对外经济合作司司长，中国中期期货经纪有限公司创始人。

② 何家成，上世纪80年代毕业于中国社会科学院研究生院，获得经济学博士学位。1985年获得孙冶方经济学奖，1986年被授予“国家级有突出贡献中青年学者”称号。80年代中期起，先后在中央国家机关、地方政府和企业工作。曾任国家国内贸易局副局长，主管企业改革和发展工作。研究领域：计算机应用、信息化。

施国家调控无法实现，而放由市场自我调节所面临的风险又很大，最终折中的价格双轨制得到了与会人士的广泛赞同并上报了中央。

起初，价格双轨制凭借其优势稳定了经济发展，但随着改革的不断深入，作为一种过渡性的价格政策，它的弊端逐渐凸显。价格双轨制盛行，催生大量投机倒把分子（俗称“倒爷”），极大地干扰了正常的经济秩序。因此，价格改革成为共识。但在具体操作时，究竟是围绕价格体制改革入手，还是从所有制体制的改革入手，人们各执己见、莫衷一是。很长一段时间，价格改革骑虎难下，无以为继。

1986年，一个名为Mr. Stock的人出现在《纽约时报》一篇报道中国的文章中，这个称呼让世界知道了一位中国的经济学家——厉以宁。

改革开放，大道朝天，政治雷区让人避之不及，最大的雷区当属所有制问题。如果倡议所有制改革，势必会遭到严厉批判。早在1980年，厉以宁提出以股份制方式来改造微观经济的主体，从而促进就业，并实现对国有企业的股份制改造，但由于股份制被认为是走资本主义道路，这一提议并没有被高层接受。

上世纪80年代中后期，随着改革的推进，诸多问题纷至沓来，价格和所有制改革之争再次被推上历史的舞台。

国家在政策上倾向于价格体制改革，甚至制定了一系列相应的政策。1986年，邓小平会见来访的纽约证券交易所董事长约翰·范尔霖时，赠送给对方一张飞乐音响股票，这是新中国发行的第一张股票。

这件事坚定了厉以宁的信心。不久，在北京大学举行的名为“改革的基本思路”的演说中，他再一次强调，股份制改革才是中国国有企业改革的必由之路。

由于所有制改革涉及到社会主义、资本主义的路线之争，因此厉以宁这些具有前瞻性的思想在当时并没有被充分重视。直到1992年，“邓小平南方视察”讲话后，国有企业改革才大刀阔斧地推行。

直到这时，厉以宁那颗悬着的心才落下，价格和所有制改革之争告一段落。

长达10年的改革之争最终促成了厉以宁的专著《非均衡的中国经济》，该书于1998年被评为“影响新中国经济建设的10本经济学著作”之一，承载了厉以宁对中国经济的深度思考。

在这部学术作品中，厉以宁从市场经济出发，阐述了在经济改革过程中，资源配置的市场调节与政府调控问题，如何在经济发展非均衡的情况下来解决供求矛盾，以及如何调整产业结构从而建立新的社会主义商品经济的问题等，利用股份制改造重塑微观经济实体的观点就蕴涵其中。

## 7.《证券法》出台始末

伴随国企改革的深化，股份制改革在经过数年争论后最终被社会广泛接受，改革最终目标确立为建立社会主义市场经济。但是，这个过程面临诸多问题，首当其冲的就是监管缺失。

由于监管机制不完善，国企改革矛盾重重，主要表现为：国有企业法人不明晰，就是所谓“所有者虚置”，这样就降低了企业竞争力，致使多数国企面临经营业绩差、巨额亏损等现象。

另一方面，国有企业的所有权问题日益引起重视。在当时，个别国有企业的高层管理者在改革之初实际上掌握了企业大部分的剩余控制权及部分剩余索取权，而这种权利也被人们所认同，但当时并没有相关的立法对这种权利予以保护，因此国有企业出现了乱象，投机倒把、倒卖诈骗国有资产等不正之风日盛。而这些矛盾要想从根本上解决，就一定要加强立法。

1992年6月，在北京一次会议上，时任七届全国人大常委会委员长的万里提议，讨论制定《证券交易法》的相关事宜。鉴于该法专业性很强，建议由时任七届全国人大常委会委员、七届全国人大财经委委员的北京大学厉以宁教授，负责组织《证券交易法》起草组。

这样一来，厉以宁从股份制倡导者转变成了监督者。当时，这部法律的制定可谓是一波三折。

由于缺乏立法经验，人们对于证券业立法过程的复杂性没有充分估计，甚至曾有个别领导认为有1年时间起草小组就能拿出草案来提交到全国人大常委会去审议。这一情况很快由国家体制改革委员会的一位同志以简报的形式上报到了国务院，得到江泽民、李鹏、朱镕基等众多高层领导的圈阅，可见当时中央对这一法案的实施是多么关注。

主持起草工作时，厉以宁的全国人大代表任期已不满1年，1993年3月，他离开了人大，后任全国人大法律委员会副主任委员。角色转变，厉以宁的立场和职责都发生了很大变化，他需要维护的是人大常委会法律工作委员会的集体意见，正是这样一次会议的争论使《证券法》一度搁置。

事情的缘起是1994 年 3 月底，全国人大法律委、全国人大财经委以及全国人大常委会法工委在空军招待所联合召开一个座谈会，讨论由全国人大常委会法工委做出的《证券法(草案修改第四稿)》。

与会者发现，讨论的第四稿与以前人大常委会两次审议的草案稿相比有大幅修改，或者说是根本性修改。于是，围绕《证券法》中要不要对一级市场证券发行行为进行规范展开了激烈的辩论，最终由于分歧严重而使《证券法》的颁布被迫搁浅。虽然厉以宁后来又主持召开了法律修改会，但由于分歧严重，草案最终还是没能定稿，从此被搁置，由此荒废3年多的光阴。

然而，分歧并不能阻挡经济的洪流。伴随着国民经济的迅速发展，以及股份制的进一步深化，证券市场内部欺诈、内幕交易乱象丛生，让《证券法》再一次成为了讨论的焦点。

在草案搁置的3年里，围绕草案的调查、研究、讨论一直没有停止。1997年，亚洲金融危机爆发，《证券法》的出台成为当务之急，中央再一次将草案的审议提上了议事日程。

恰在此时，1998 年3月，厉以宁当选了九届全国人大常委会委员，重新回到人大财经委任副主任委员。同年9 月，在全国人大委员长办公会议上，重点讨论了准备再次提交审议的草案。最终，这部历经风雨的法律终于在1998 年年底通过。

20年风雨历程，《非均衡的中国经济》的著述、《证券法》的颁布都倾注了厉以宁的心血，也显示了他深厚的理论积淀。

投身改革、积极参与改革进程的同时，厉以宁敏锐地意识到人才——特别是经济、金融和管理方面的现代化人才——将是未来中国经济发展的瓶颈，因此植根于北大沃土的他，非常重视本领域内人才的培养。说到这儿，我们不得不谈一谈北大光华管理学院。

## 8．风雨光华掌舵人

说到北大，就不能不提到光华管理学院，甚至在很多人眼中，光华就是北大的一块金字招牌。

北京大学光华管理学院成立于1993年，前身是1985年成立的北京大学经济管理系以及管理科学中心。1993年，在上述机构基础上，成立了北京大学工商管理学院。后来北大工商管理学院与光华教育基金会签订合作办学协议，台商尹衍梁在1996年出资1 000万美元，资助兴建光华管理学院。而这所饮誉海内外，被誉为中国最优秀的商学院的掌舵人就是厉以宁。

光华建院之初，厉以宁团队确立了要建设国际一流水平的商学院的目标。为了学院建设，厉以宁一方面承担核心课程的讲授，指导应用经济学领域的研究生，一方面笔耕不辍，深入钻研，结合光华的人才优势，通过合作的方式将自己的研究视野放大，丰富自己的经济学理论体系。

在厉以宁的主持下，北大光华管理学院同世界各个顶级商学院——哈佛商学院、耶鲁商学院、新加坡国立大学商学院、中欧商学院等——展开了广泛的交流与合作，并同国内的企业展开战略合作，为广大企业培养了大量优秀的管理人才。十几年的风雨历程，光华管理学院目前已经发展成为国内首屈一指的商学院，为祖国的经济领域培养了一大批优秀的人才，他们有的已经成为了经济学研究领域的耀眼新星，有的成为了政府的重要决策者，有的则成为著名企业的掌门人。

作为中国首屈一指的经济学家，厉以宁身上的担子一直都是沉甸甸的。上世纪80年代至今，他曾历任第七届、八届、九届全国人大常委、九届全国人大财经委员会副主任委员，中国民主同盟中央委员会副主席，中国国际交流协会副会长，中国企业投资协会副会长，中国环境与发展国际合作委员会中方委员兼环境经济专家组组长，中日关系史学会会长，国务院学位委员会经济学评议组成员等社会职务。

同时，在校内，他又是北京大学社会科学学部主任、校学术委员会委员、校学位委员会委员、光华管理学院院长、教授、博士生导师、管理科学中心主任、《北京大学学报》副主编等。

尽管如此，厉以宁一直谨记一个教师所肩负的职责，每个学期不管他怎样忙碌，都会在北大开设经济学讲座。这些课程有些是本科生的课，有些是研究生的专业课程，还有企业家培训班的课程。

他是北京大学讲坛上最受欢迎的教师之一。更难能可贵的是，已经年过七旬时，他还经常带领研究生团队远走边远地区，支援当地教育工作。他们通过讲学、调研等活动促进各地区之间教育的交流。到目前为止厉以宁和他的团队在贵州毕节地区、湖南莜县等地，做过的报告有几百场之多。

在MBA中国网，记者问及厉以宁教育管理体会时，他仍然谦逊地说："我感到自豪的不是我个人做了些什么，而是我们形成了一个团队。对光华管理学院的新班子我是满意的，新任院长张维迎教授开拓性强，肯动脑筋想问题，想光华应该做什么、怎么做。新任党委书记、副院长陆正飞教授很年轻，课讲得好，能团结人。还有武常岐、徐信忠两位副院长，这两个人工作踏实、认真，一个管MBA（工商管理硕士）、EMBA（高层管理人员工商管理硕士），一个管EDP（高级经理人发展课程）。"

作为光华的创始人，我们有理由相信厉以宁完全有资格去肯定自己，但他并没有这么做，而是去肯定一个团队，这也正是他能率领北大光华团队将光华管理学院打造成全国最杰出的商学院的原因。

所谓"师恩难忘，师恩难报"。厉以宁80大寿时，他的100多名学生结合自己求学时的感受，写作出版了《我们的老师厉以宁》一书，为其几十年来的艰辛历程作出了最好的注解和证明。即便如此，厉以宁依旧自谦地说："在北大，我首先是一名老师。"

## 9. 从“厉股份”到 “厉民生”

俗话说，人为名声所累。一旦个人名誉日隆，很可能成为被名声支配的傀儡。这样的事情一再发生，让人们看不清头衔下面的真实面孔。于是，这个时代就在浮躁喧嚣中，越走越远了。

在学界，厉以宁因倡议推进股份制改革闻名，被称为“厉股份”。然而，这称谓虽然响亮，却不能概括厉以宁的全部学术生涯。随着改革开放进程加深，新的问题不断涌现，厉以宁的视角也从股改上升到更为高远、庞杂的社会民生问题，不惜冒犯舆论，屡屡对热点问题发言，时有惊人之语。

1980年，在“解决就业问题座谈会”上，厉以宁强调“充分就业是国家宏观经济发展的第一目标”，引起热议。实际上，研究经济体制改革期间，厉以宁就关注就业问题。改革开放初期，基于解决广大下乡返城青年就业问题，厉以宁提出股份制改革。当时，就业压力进一步加剧，厉以宁提出消除“零就业家庭”(指的是父母、子女均待业)——政府有责任采取税收、补贴等优惠政策帮助此类家庭至少一人实现就业，要加大就业培训、再培训，鼓励人们去各类企业工作。

在厉以宁看来，解决就业问题的途径之一是教育，而教育不仅与就业直接相关，更关乎国运民生。

1986年，在国家教育发展研究课题报告中，厉以宁提出一个令人无法忽视的观点：教育不平等引起就业不平等，就业不平等引起收入不平等，收入不平等引起生活不平等，导致下一代又不平等。这一问题的根源在于教育投入的不平等，因此国家有必要加大教育投资力度。厉以宁甚至建议教育经费应该占到国家财政支出的4%以上。

厉以宁的这些观点十分激进而大胆，但并不是毫无依据的，而是基于近10年来的现实考察得出的。

伴随产业结构升级，企业对用工的要求越来越高，务工人员特别是广大农民工，由于教育水平所限成为就业市场的弱势群体。这些人大多数从事着技能水平要求低、报酬和福利差的低端工作，而技术型人才极度缺乏，造成了企业在人才上的瓶颈。厉以宁认为，这些问题的根本就是教育投入与分配不均衡。于是，在媒体面前，他一直呼吁教育应该向弱势群体倾斜。

对弱势群体的关注成为厉以宁的习惯。2008年，在一次访谈节目中，当被问及改革开放30年来，中国经济发展有哪些不足时，厉以宁坦言："改革开放30年最遗憾的事情之一就是社会保障制度推进得极慢。一定要推行社会保障制度的改革，让更多的人能享受到改革开放成果。比如说教育的保障，比如基本医疗的保障，比如说养老的保障，还有生活最低标准的保障，包括廉租房的保障。"这些话实际上道出了广大民众的心声，一时应者如潮。

与此同时，社会上备受关注的小摊贩和市容整治的问题也进入了厉以宁的视野。2009年两会上，他表示："城市应该放宽对小摊贩的管制。在当前情况下，就业问题这么重要，给人家开条路，给小摊贩留条路，不要让他们整天躲来躲去的。""通过增加环卫工人和交通协管员，可以解决小贩带来的卫生与交通问题"。这一论调也引起了广泛的争议，其是非功过，时间最终会给我们一个答案。不过，这也从侧面让我们看到了一位高居象牙塔顶端的教授的民生思想。

21世纪第一个10年，厉以宁研究重点开始华丽转身，他的视角从解决股份制改革过程中的问题，逐渐转向了关于就业、教育、医疗、房地产、可持续发展等关系民生的热点领域。

在广泛考察、调研的基础上，关于民生问题的《中国住宅市场的发展与政策分析》，《中国城镇就业研究》，《中国的环境与可持续发展：CCICED环境经济工作组研究成果概要》等作品相继出版。

经济快速发展的同时，及时建立一套完整的社会保障体系，一直是厉以宁的夙愿，因为这将涉及就业、教育、医疗、养老等诸多实际问题。例如：贫富差距进一步加大、就业日益困难、农民工权益不能得到充分保障等。

目睹种种怪现状，厉以宁屡屡大声疾呼："贫富差距扩大是不利于我们建设一个和谐社会的，一定要推行社会保障制度的改革，让更多的人能享受到改革开放的成果……"

如果说用"厉股份"来概括改革开放头20年的厉以宁，那么，现在我们称他一句"厉民生"又何妨呢？

## 在诗书与经济间穿梭

人的一生可能燃烧也可能腐朽，我不能腐朽，我愿意燃烧起来！

——奥斯特洛夫斯基

人的一生有多种可能性，就像一个魔方，每个选择背后都牵系着一种排列组合，所不同的是，拼魔方可以重来，而人生却不能——一旦上路，就不能回头。

蓦然回首，厉以宁的一生不禁让人心生感慨。年少的他，志存高远，本来是个慷慨激昂的热血青年，文笔飞扬，书生意气，虽有以文救国之志，却因祖国遭日寇铁蹄，梦想在辗转奔波中成为泡影。

正当国家驱除鞑虏、百废待兴之时，国民党悍然发动内战。虽然国家最终一统，新中国重新屹立东方，但人们命运的轨迹被打乱、重组，厉以宁的学工之梦也随之破灭。

奥斯特洛夫斯基用激昂的笔调写道：人的一生可能燃烧也可能腐朽，我不能腐朽，我愿意燃烧起来！对于厉以宁来说，不甘腐朽的冲动催生了一个又一个美丽的梦想，在现实的碰撞下，文学梦和化工梦最终破灭，一片孤寂之中，经世治国思想露出微光，承载起前者使命。

在国势面前，个人命运如蝼蚁一般不值一提，就在厉以宁为前途冥思苦想时，时局转换，给他带去一丝希望。

1977年末，恢复高考重燃了人们内心的火焰，厉以宁也不例外。朋友的审慎抉择、自身的刻苦勤奋，终于成就了他的北大之梦。4年的孜孜以求，本想投身科研，大显身手，然而政治纷争却又让一颗明珠暂时遮掩光华，20年光阴在批判、下放中度过。

纵然风雨如晦，也不能折去思想对腾飞的渴望，在北大经济系资料室，厉以宁编织着对未来的希望。

改革开放，卸下千斤重担，厉以宁重获事业的春天。在价格改革与所有制改革的抉择上，他力推股份制，因此被人们誉为“厉股份”；在就业均衡上，他敏锐地意识到教育对就业的影响，大力呼吁国家加大教育投入，不惜引人侧目。

为改革开放皓首穷经的厉以宁，也会为社会的弱势群体发声，不断倡导教育改革、呼吁建立合理完善的社会保障体系、探索解决城乡二元结构矛盾的出路。

时间匆匆流逝，如今已过耄耋之年的厉以宁，用30载光阴见证改革轨迹。而今民生日盛，他感到丝丝欣慰，而不健全的社会保障体系所引起的社会问题，也给他留下了些许遗憾。

曾有人问及厉以宁怎样评价自己的一生，他用一首词作出回应。

**《破阵子·七十感怀》**

往日悲歌非梦，平生执著追寻。
纵说琼楼难有路，盼到来年又胜今，好诗莫自吟。
纸上应留墨迹，书山总有知音。
处世长存宽厚意，行事惟求无愧心，笑游桃李林。

也许在灵魂深处，这个身披经济学家外衣的老人，始终未曾放下少年时的书生大梦。

# 第四章

## 张培刚：发展经济学奠基人

斯宾格勒在《西方的没落》下卷开首写道："黄昏时分，你看到花朵一朵接一朵在落日中闭合，此时，你不由得会产生一种奇异的感觉——即面对着茫茫大地上这盲目而梦幻般的生存而产生的一种不可思议的恐惧感。"

这些句子总是让人无端地想起张培刚。这位经济学者曾品尝少年成名滋味，又放弃大好前程回国。人生沉浮荣辱，很多时候只是因为机缘巧合。对张培刚来说，偶然窥见的经济真谛令其小负盛名，但后半生的颠沛流离竟也多半是出于一个意外的决定……

## 人物简介

张培刚（1913年～），湖北黄安（今红安）人，发展经济学[①]的奠基人。

1934年武汉大学经济学本科毕业，即被选送到当时的“中央研究院社会科学研究所”任助理研究员，从事农业经济研究工作；7年后，考取清华“庚款留美公费生”。用4年时间取得哈佛大学经济系研究生学位，就读期间师从熊彼特、张伯伦、布莱克、汉森、厄谢尔、哈伯勒等人。

20世纪40年代中期，张培刚完成哈佛大学博士论文《农业与工业化》，获得1946至1947年度最佳论文称号和“大卫·威尔士奖”。这一论著被列为《哈佛经济丛书》入选作品，于1949年由哈佛大学出版社以英文出版。因该文是世界范围内第一部以农业国的工业化问题为主题的论著，所以张培刚迅速蜚声西方经济学界，奠定了发展中国家经济发展即农业国工业化的理论基础，并被誉为“发展经济学的创始人之一”。

1946年张培刚回国，担任母校武汉大学经济系教授兼系主任，此后经济研究被政治斗争打乱，中断数十年。

20世纪80年代，西方发展经济学开始走下坡路，而世界上多数发展中国家和地区并未发展起来，走出阴霾的张培刚再次扛起开拓创新的大旗，提出创立新发展经济学的思想，引导发展经济学走出困境。1992年，他主撰的《新发展经济学》将发展经济学又推向了一个新阶段。

---

① 20世纪40年代后期在西方国家逐步形成的一门综合性经济学分支学科，主要研究贫困落后的农业国家或发展中国家如何实现工业化、摆脱贫困、走向富裕的问题。

## 1. 乱世与理想

1928年，中国旧历为戊辰年，是国民党政权存在的第17个年头。当时国内军阀混战，局势动荡，战火连绵不绝。元月，蒋介石当选北伐军总司令，陈毅、朱德等共产党人转入农村发动革命。4月，蒋介石率军北上，攻陷济南。毛朱会师井冈山。6月，张作霖死于皇姑屯，北洋政府倒台……

政权交替，于当时的百姓乃是惯常之事，他们所愿无非吃饱穿暖，求得安身之所，对更替并不在意。所以战事一过，人们便读书、学习、工作，仿佛什么都不曾发生。

9月，刚成立的国立武汉大学[①]开学。樱花默默，一干青年学子意气风发地走来，当中一人眉目清秀但面色凝重，似心有郁结。看其年龄，不过十五六岁，然心事重重，但难遮掩逼人英气。

此人来自湖北乡下，姓张名培刚。他从小生活在农村，读书之余做些农活帮衬家计。自打进入武汉三镇，大都市车水马龙的繁华，让来自清静之地的他颇有

① 溯源于清末湖广总督张之洞奏请创办的自强学堂。1913年，国民政府建立国立武昌高等师范学校，1928年定名国立武汉大学，是近代中国首批国立综合大学之一，也是湖北第一所高等学府。1930年，该校因战事迁往四川乐山。

些不习惯。但他天性笃定，既已入学，便立定心意，不受干扰，很快在珞珈山下悠游自得起来。

张培刚一入学就成为武汉大学一位小有名气的人物。这个朴实少年15岁便考入文科预科班，而当年文科预科班仅录取了他一名学生，可见录取比例之低，更见此人头脑之聪颖。

张爱玲曾经说过："对于中年以后的人，十年八年都好像是指顾间的事。可是对于年轻人，三年五载就可以是一生一世。"这句话对张培刚尤其适合。大学时代对任何一个人来说都是一个分水岭，对张培刚来说更是如此。

大二那年，张培刚选择了经济系。那时候，武大经济系最著名的教授是任凯南①，他曾游学欧洲，对英国经济颇有研究。当听到英国工业革命缘起于"圈地运动"②时，出身农民的张培刚压抑不住愤怒：一个国家的工业发展，如果以牺牲农民利益为代价，也太残酷了。如果中国的强大也依靠这种"羊吃人"的模式，那么对已经处于水深火热的中国农民来说，显然过于冷漠无情了。

一定要找到一种既不损害农民利益又能实现工业化的发展模式。抱着这个直接又不失单纯的想法，张培刚在追寻中读完大学。1934年，张培刚毕业，怀着"为改善农民生活、改进农业耕作而努力"的美好愿望，成为当时"中央研究院社会科学研究所"的一名助理研究员，从此开始农业经济研究。

书生意气，纸上得来终觉浅，非得亲身实践不能如愿。为充分了解经济民生，张培刚开始频繁考察，几乎所有省份都去过。无数农村、城镇留下了他的足迹。日复一日，知识分子的理想主义随时间磨洗，沉淀成对凋敝国势的思考。基于对农村和农业的考察，他先后撰写了《清苑的农家经济》、《广西食粮问题》、《浙江省食粮之运销》和《中国粮食经济》等经济学著作，此类论文更是不计其数。

---

① 任凯南，湖南汨罗人，1884年生。自幼聪明好学，曾考取秀才，是品学兼优补禀生（第一等秀才）。湖南高等实业学堂毕业后官费留学早稻田大学。1915年，考入英国伦敦大学，攻读经济学，6年后取得经济学博士学位。学术造诣深厚，在伦敦时已赫赫有名，回国后被聘为国立武汉大学筹备委员会委员、武大经济学教授，后任武大经济系主任，兼任武大法学研究所经济学部主任，在经济学界与马寅初并称"南任北马"。

② 14至15世纪，在农奴制解体过程中，英国新兴的资产阶级和新贵族通过暴力把农民从土地上赶走，强占农民土地及公有土地，剥夺农民的土地使用权和所有权，限制或取消原有的共同耕地权和畜牧权，把强占的土地圈占起来，变成私有的大牧场、大农场。这就是英国历史上的"圈地运动"。

长期的一线研究坚定了张培刚大学时形成的认知：一定要寻找出一条既不损害农民利益又能实现工业化的发展道路。这个认知，既是他传奇一生的原点，也是他波澜壮阔的命运转折点。

## 2. 就读哈佛

1941年春，28岁的张培刚通过层层选拔，考取清华第五届“庚款留美公费生”[①]，前景豁然开朗。

这届留学生约有百人，多为理工背景，张培刚考取科类为工商管理，是通过筛选的两名文科生之一。武大建校以来，还是第一次有学生入选“庚款留美公费生”，一时间，张培刚名声大振，成为武大校友圈内一位小有名气的人物。

初夏，张培刚从云南转赴重庆，搭乘航班飞抵香港，从维多利亚港乘坐邮轮起程前往旧金山，历经数月终于抵达麻省康桥[②]，入读哈佛大学工商管理学院。

哈佛工商管理学院，即今日哈佛商学院，是培养职业经理人、商业精英和企业领袖的学府，在世界上鼎鼎有名，很多人趋之若鹜。然而，张培刚却并不感到得意，反而在1年后做出一个令所有人困惑不解的举动：申请转到哈佛大学文理学院经济系，主攻经济史、经济理论和农业经济等课程。后来谈到当初的动机，张培刚解释说：“（当时我想的是）像中国这样经济落后的农业国家，如何才能实现工业化，改变经济落后的面貌，达到先进工业国的程度。”

此话不虚，放弃成为商业领袖、超级富豪的机会，选择更为严谨、沉闷的经济学，正是基于对国家落后的痛心疾首。在张培刚看来，只靠个人单枪匹马的奋斗，顶多会成为一名事业有成的企业家，造福一方百姓，于国事无多大裨益。农

① “庚款留学”是美英等国出于自身利益考虑，“退还”《辛丑条约》中强加、多收的“庚子赔款”，用于培养留美、留英中国学生的特殊留学活动。1908年，美国国会通过法案，授权罗斯福总统退还中国“庚子赔款”中超出美方实际损失的部分，用这笔钱帮助中国办学，并资助中国学生赴美留学。这项措施为中国培养了大批优秀人才，如胡适、竺可桢等。庚款留美是民国时期最著名、竞争最激烈的公费留学考试。

② 张培刚回忆说：“我在哈佛的时候，住在Cambridge。因为英国也有一个Cambridge，翻译成剑桥，所以我就把哈佛的Cambridge叫做康桥。”实际上，许多哈佛留学生都把此剑桥称为康桥。

业衰落、工业凋敝的中国，需要的不只是实业家，更是走出困境的经济理念、制度和思想。于是，他毅然转投经济系。

张培刚无疑赶上了一段好时光，哈佛经济系正值黄金时代，汇集了众多蜚声国际的经济大师，如主讲微观经济发展理论的熊彼特、“垄断竞争理论”创始人张伯伦、创建“投入—产出”分析理论的里昂惕夫和“美国凯恩斯”汉森等。一流学者的执教，使哈佛经济系风气开明，人才辈出。

浸淫哈佛，名师指点，从沉闷国度走来的张培刚视野迅速拓宽，以更加专业、理性的视角审视背后那个经济凋敝的祖国。身处工业发达的美国，张培刚时刻思考中国的出路，农业与工业二者的交锋与碰撞常常出现在他的脑海中，使他不知不觉进入了发展经济学研究的前沿佳境。

## 3．一夜成名天下知

时间到了1944年冬天，张培刚即将完成学业，整日为博士论文奔忙，无暇顾及他事。

一天，两位中国留学生风尘仆仆从国内赶来，初来乍到，没有预订房间，因此无法入住宾馆。经人指点，他们去求助宾馆二楼的胡博士。胡博士问，“你们是从哪个学校来的？”他们说是武汉大学，胡博士又问：“那你们是否知道张培刚？他在这里很有名气。”一名叫谭崇台①的学生说，“只是知道他的名字，却并不认识。”胡博士就给他们开了一封介绍信：“Walter Hastings Hall 8号，张培刚。”两名学生懵懵懂懂，下楼后才想起所谓的胡博士就是大名鼎鼎的胡适。

第二天，谭崇台拿着胡适的介绍信，兴冲冲地去找张培刚。见了面，发

① 谭崇台，1920年生于四川成都，少负才名，19岁考入武大经济系，毕业后在湖南某矿场做过1年的会计。适逢民国教育部举行公开留学生考试，谭崇台考取财经类第五名，一口气向哈佛、耶鲁、斯坦福、哥伦比亚等6所美国名校提出申请，3所高校当即答复，谭最终选择了哈佛大学经济系。谭很早就知道张培刚，“武汉大学多年间考取庚款留美的就只有他一个人，而清华、北大考取庚款的则不少，正由于此，武汉大学经济系一直引以为骄傲和光荣。”哈佛就读期间，谭崇台与张培刚结下深厚友谊，日后也投入发展经济学领域。谭崇台比张培刚小7岁，后来他的妹妹谭慧成为张培刚的妻子。

现这个人一身土气，很质朴，根本就不像个洋博士，一点架子都没有。这让谭崇台既好奇又不解，想不通张培刚凭什么吸引风度翩翩的胡博士，同时又发现哈佛校园的中国留学生个个“洋味十足，架子很大”，与张培刚形成鲜明对照。

谭崇台在心里对张培刚有莫名的好感，武汉大学校友在哈佛时不时地聚会，张培刚也多次参加，两人交谈甚欢，只是谭崇台对张培刚的学术“并不理解”，谈及这些常无言以对。

此时，张培刚把论文对象锁定为农业与工业化。为了有一个安静的环境，深入了解两者关系，他特地在哈佛大学图书馆申请了一块不足6平方米的空间，每天至少学习12个小时，先后阅读180多名经济学家的200多本著作。“看的参考书超过任何写这类书的人，英文、法文、德文他都读过。”9个月后，长达20多万字的英文论文《农业与工业化》问世。

时间悄然而逝，一天，谭崇台在华盛顿短住，偶然得知经济学界赫赫有名的“大卫·威尔士奖”颁奖，获奖者正是张培刚，他在1945年写成的博士论文《农业与工业化》为其赢得这一奖项。

尽管对张培刚的学术研究不了解，谭崇台还是为他感到高兴，因为这是哈佛大学建校300多年来第一次有中国人获得这一奖项，直到1969年诺贝尔经济学奖设立，“大卫·威尔士奖”一直代表着世界经济学领域的最高荣誉。这意味着张培刚的研究走在世界前列，意义不言而喻。

事实上，张培刚执著一念的研究在不经意间成为发展经济学的奠基之作。他之前，世界上从来没有任何一部书、一篇文章提到农业国的工业化问题，更没有人尝试用一种系统的方法来探讨农业和工业化之间的关系。

在《农业与工业化》一文中，张培刚至少有三大创举：第一，运用一般均衡分析方法、局部均衡分析方法和区位理论分析法，建构一种全新的方法体系；第二，系统阐述了农业与工业在工业化进程中的关系，对农业与工业化进程在不同时期的动态变化进行分析，首次提出工业化理论和战略方针；第三，第一次用现代经济学理论和方法探讨农业国的工业化问题。

论文刊出后，好评如潮。后来，哈佛大学出版社编辑《哈佛经济丛书》，专门将张培刚的《农业与工业化》收录其中。此书畅销世界，引起全球学术界重视，该文因其开创意义，被称为“发展经济学”的奠基之作。

此书出版60周年之际，哈佛大学出版社总编辑迈克尔·费希尔特意发来贺电：“张教授的著作是该丛书中最具影响力的巨著之一。此书被誉为发展经济学的奠基之作。哈佛大学出版社发表如此具有深远与持久影响力著作的机会屈指可数。因此，作为此书的出版者我们深感自豪。”

时隔60多年，谈到得奖后的心情，张培刚说：“那时唯一的感觉就是高兴。让我高兴的不仅仅是个人的努力得到认可，更重要的是觉得中国——我们的祖国——得到了认可。我可以跟洋人比，不比你差还要强过你。”

现在听来，此话未免小气，但回到那个百废待兴、国弱民穷的时代背景下，就不难理解话语背后的家国情怀了。事实上，报效祖国正是张培刚选择经济学的初衷，他要建立适合中国的经济理论，实现国富民强的历史使命。《农业与工业化》一文，恰恰体现了知识分子对现实的追问。

然而，谁也不会料到，这本备受好评的论著和前途大好的作者，在未来的岁月将经历怎样的波折。

## 4. 漫漫雄关心如铁

时间回到1945年夏天，张培刚奔波于图书馆与公寓之间赶论文。一天，一位特殊客人登门拜访。

来者是在美讲学的周鲠生[①]，张培刚就读武大时的教务长。原来，周鲠生不久前接到民国政府教育部任命，回国接替因病辞职的校长王星拱，主掌武汉大学。周欣闻武大学子海外求学者众，遍访学人，期望他们回国执教。这番前来，正为此事。

① 周鲠生，湖南长沙人，原名周览，后发表激进文章改名周鲠生，曾在多所大学任教，为国立武汉大学筹建者之一，后任武汉大学教授兼政治系和法律系主任、法科所所长，1939年赴美从事讲学、研究活动并任旧金山国际联盟组织中国团顾问。1945年夏再度回国，担任武汉大学校长，期间广揽贤才，使武大师资力量迅速壮大。

张培刚对母校感情颇深，对教书生活也并不反感，而且希望将自己所学传授于人，为国家培养经济人才，于是和周鲠生约定，抗战胜利后回武大任教。说通张培刚，周鲠生又去拜访“哈佛三杰”中的另外两人，韩德培和吴于廑①。张培刚看着他远去的背影，对未来充满憧憬。

两人的约定很快便有了结果。1945年8月，日本裕仁天皇以宣读“终战诏书” 的形式宣布无条件投降。于是，长达8年的抗战宣告结束，举国欢庆。可是内战阴云密布，国家形势仍不明朗，海外留学生都在观望、犹豫。

冬天，张培刚提交论文，然后用1个小时的时间通过了论文答辩，顺利取得哈佛大学经济学博士学位。这意味着求学岁月即将结束，未来何去何从，回国还是留下？当然，张培刚并没有忘记那个执教武大的美丽约定，但是因为交通阻隔，不能立刻成行，只得暂居美国。

张培刚第一次以轻松的视角打量异国。留学数年，他除了作研究，还有一个爱好，就是听交响乐，尤其喜欢听贝多芬。哈佛1年学费400美元，生活费90美元，他每周都会省出些钱去买星期天上午的学生半价票。完成学业后，他终于有时间放松身心，顺便思考未来的职业了。

岁月如梭，1946年倏然而至，春夏之交的一天，张培刚与赴美考察的孙公度会面，后者时任民国政府资源委员会经济研究室主任。他得知张培刚的情况，决定聘请他担任经济研究室专门委员，在美国从事国民收入和农业机械化问题研究。张培刚欣然接受，但这份工作并未持续太久。

8月，随着交通恢复，张培刚起程回国，来到阔别十多年的珞珈山下。故地重游，不禁感慨万千。遥想当年，张培刚第一次迈进武大校门，还是一个15岁的懵懂少年，而今已过而立之年，学业有成，身后这个灾难深重的国度仍笼罩在炮火硝烟当中，看不到光明的未来。无论如何，张培刚还是留了下来，在武大经济系做了一名教书匠。

---

① 关于“哈佛三杰”有不同指称，上世纪20年代，吴宓、陈寅恪和汤用彤最先被称为“哈佛三杰”。40年代，张培刚、韩德培和吴于廑也被称为“哈佛三杰”，三人后来一起回武大任教，又称“珞珈三杰”、“珞珈三剑客”。其中，韩德培所学为国际法，吴于廑所学为经济史，就是前文所述与张培刚一起考上庚款留学的另一名文科生。

转眼到了第二年，张培刚论文获奖的消息传回国内，一时引起学界轰动。特别是张培刚留美考试指导老师陈岱孙获知此事异常高兴。

陈岱孙也是庚款留美就读哈佛，当年博士论文也曾入选“大卫·威尔士奖”，但最终被同班同学张伯伦获得。今天看到自己的学生摘得这个奖项，也算了却了多年的夙愿。有意思的是，张培刚同时也是张伯伦的学生。

名声大振的张培刚很快成为武大的学术明星，在他的号召下，众多留学精英来到武大经济系执教，谭崇台也追随而至，武大经济系实力大增。据说，当年很多学生报考武大，就是冲着张培刚这个名字而来。

这段时间算得上张培刚人生中少有的得意时期。学术上被认可，个人声誉日隆，执掌武大经济系大旗，与国内号称经济学第一学府的南开大学不分高下。然而，张培刚却无法高兴起来。

1947年的中国不太平。国民党政府先后通知中国共产党驻南京、上海、重庆等地担任谈判联络工作的代表全部撤退，宣告国共谈判完全破裂；上海各校学生进行反内战宣传示威，示威运动迅速扩大到国民党统治区其他大中城市；刘伯承、邓小平率领晋冀鲁豫野战军主力4个纵队13万人，在鲁西南张秋镇至临濮集间强渡黄河，揭开了人民解放军战略进攻的序幕。

张培刚心里不快活，“国家这个样子，将来怎么样，前途茫茫。我以为那个时候正当受苦，中国穷，国家有难，我回来是共赴国难的。”可是，战争阴云让他感到绝望，现实掣肘难以施展经世济民抱负，不得已之下，他接受联合国聘请，到泰国担任亚洲及远东经济委员会顾问兼研究员。

国家前途最晦暗的时候，也是知识分子内心最绝望的时候。虽然身在异国，张培刚却做不到了无牵挂、置身事外地旁观，而是时刻关注着祖国。

1949年，随着战事推进，国内局势日渐明朗，张培刚心中又生出一丝希望。

## 5．生不逢时的预见者

国民党军队溃败，一场持续3年的战争终于到了见分晓的时候。

新中国成立前，张培刚辞去月薪600美元的亚洲及远东经济委员会顾问兼研究员工作，并婉言谢绝张伯伦邀请他去哈佛任教的机会。“因为中国穷，国家有难，我回去是共赴国难的”。他从曼谷专程回来迎接新中国的诞生，不料却迎来了30年的曲折人生。

任何一个时代，外部环境总是会对内部局势造成莫名的影响，甚至决定国家道路的取舍。

对于一位经济学家来说，1949年的世界似乎异常的迷离。放眼望去，资本主义国家正在遭受经济危机之后的大萧条，而以苏联为首的社会主义国家接连取得胜利，在两极格局中苏联占上风，它所倡导的计划经济模式在社会主义国家大行其道。在意识形态的驱动下，新中国以追随者的姿态，完全照搬了苏联的经济模式，决定首先搞重工业，牵系国运命脉的农业被放置到从属地位。

这样的背景下，张培刚提倡的农业工业化理论根本没有生存空间。加之建国之初盲目排斥资本主义国家的一切事物，张培刚这个“从头号资本主义国家美国回来的”、“学的是资产阶级的东西”、“不是马列主义”的博士自然毫无用武之地。满心欢喜回国的他，被现实泼了一盆冷水。

为响应国家工业发展的号召，张培刚这个丝毫不能发挥专业技能的名校博士，因为“人还可靠”的缘故，被任命为华中工学院[1]第三校建设规划办公室主任。办公室主任，名头听起来还算光鲜，但其实是每天与沙石砖瓦为伴。当时华中工学院的校址还是一片农田和坟场，张培刚每天不但要为申请物资而奔波，还要承担挖坟掘墓者的恶名，天天游说当地的农民迁坟，整天灰头土脸而又背负极大压力。

---

① 华中工学院，即今天的华中科技大学，是集中南方的几所大学——武汉大学、湖南大学、广西大学和南昌大学——的机械、电机、动力等工科院系的师生和设备于1953年建立起来的，1988年1月更名华中理工大学。2000年，与同济医科大学、武汉城市建设学院合并成立华中科技大学。

一连几年，张培刚像一颗螺丝钉，让去哪里就去哪里，几乎一天到晚都奔波在灰尘四起的工地上，久而久之落下肺病。不过除了身体上的疲累，张培刚更多的是心里的迷茫，但是对于工作，他从来无愧于心。华中工学院第一期工程投资1 400多万人民币，全部归张培刚一人统筹管理，后来修建长江大桥，投资手笔更大，达6 000多万，仍是他在管理。“在这方面他们是信任我的，觉得我不会贪污。”

斗转星移，张培刚在办公室主任的岗位上任职数年，无大功也无小过，日子过得安稳却不称心。1956年的一天，正当张培刚在建筑工地劳作时，两位寻找“世界发展经济学之父”的智利教授从遥远的南美来到北京，各个部门四处寻找，要求拜见“Pei kang Chang先生”。

接待者从没听说过这个名字，不知道谁叫“背钢枪”。智利人在北京苦寻无果，辗转到武汉，这才找到张培刚。

因为怕给国家丢面子，校领导将张培刚一家重新安置在一个临时招待所中，并找来一些经济学方面的书籍将他的房间“装饰”一番，还不忘嘱咐张培刚：“不要说是从事工地建筑工作，而要说在教学。”

张培刚多年没有见到国际同行，对当时世界上的学术大事更是一无所知。面对远道而来的智利人，张培刚能说些什么呢？为了避免不必要的麻烦，他稍微应酬了几句就将客人打发走了。

其实，不要说“担心被安上间谍的罪名”而匆忙应付，即使大家真有坐下来谈论学术的勇气，又能谈些什么呢？这时候的张培刚已与学术研究隔绝多年，根本不知道发展经济学已经在国外悄然兴起，更不知道《农业与工业化》已经在南美出版了西班牙文版本。

两位智利学者此行的目的，就是想知道张培刚此刻正在做什么。因为张培刚在《农业与工业化》序言中曾经提到，还会对某些问题进行深入的研究。在假装住宅的招待所，智利学者请教张培刚：农业国工业化的进一步发展方向该如何确定？张培刚有些迟疑，因为对于这个被迫放下好久的课题，他似乎已经有些陌生了。最后，他不得不以“我暂时还没有工夫去研究这些问题”应答。

不过张培刚看得出来，这两位智利学者心存疑惑——一个扬名哈佛的经济学博士，难道房间就这么小、就只有这几本经济学书吗？如果他们知道这个相当于拿了诺贝尔经济学奖的经济学家竟然一直在从事繁重的体力劳动，做着完全与其能力无关的工作，他们也许会更吃惊。

多年之后，香港经济学家张五常听说这段历史，大发感慨："被委任为校园建筑管理者，说来好听，其实下等。大材何止小用，浪费了一个顶级人才。"张五常此时为张培刚鸣冤叫屈，但他并不知道，张培刚此后的际遇更令人唏嘘。

人们恐怕无法想象，在国际上享有盛名的张培刚，在原本正当壮年、最富创造力的黄金时代，履历上却只有简单的几十个字："1957年，张培刚任政治经济学教研室主任，10年。'文革'期间在咸宁劳动，被批斗。"除此之外没有更多介绍，张培刚原本那些济世救国的伟大抱负，更是没有一丁点实现的迹象。

我们国家历来把知识分子放在顾问的地位，像张培刚这样的经济学家，理应受到国家的高度重视，他所研究的课题也理应受到国家的大力支持。但造化弄人，像大多数超越时代的天才一样，张培刚的悲哀不是没有发挥自己的潜力，而是他的成绩不为时代所理解。

1957年，整风运动开始。张培刚的自我反省是：搞基建是不务正业，希望回到教学研究岗位中去。这个还算合理的理由被批准了，此后10年他就成了一名政治老师。

实际上，张培刚的主要"工作"是上山下乡接受再教育。白天，他推着400斤左右的粪车劳动，或者推那种专门磨小麦粉的磨。晚上，张培刚则在水塘边的大枫树下教大家识字、读书。

劳动固然是一件值得称赞的事，但对于这个闻名国际的经济学家来说，从事体力劳动岂止是大材小用？简直"浪费了一个顶级人才"（张五常语）。

1966年，"文化大革命"爆发，从"头号资本主义国家回来"的张培刚，命运更是跌入低谷。

令人感慨的是，此时张培刚一心报国济世的《农业与工业化》不但没有被认同，反而使他被当做"反动学术权威"、"走资本主义道路的当权派"而遭到完全否定。像许多知识分子一样，张培刚被批斗、抄家，珍藏多年的大量外文书籍和重要文献资料被毁。

社会地位的低下，政治上的被歧视，令张培刚心里很难过。当被问及是否后悔回国、是否还想从事经济学研究时，张培刚无奈地说："搞马列主义我们这些人可能没有太大的用处，弄得我自己也怀疑自己过去学的东西有没有用。”那么，是否仍旧希望通过自己的学问和学术思想来改变农民的生活状况呢？“没有想，觉得不可能了，已经实现不了了，已经死了这条心了。”

耐人寻味的是，此时地球另一端，张培刚的《农业与工业化》在美国再版发行。其他发展经济学家的研究也正如日中天：萨缪尔森[①]因发展了数理和动态经济理论获得1970年的诺贝尔经济学奖，1979年刘易斯[②]和舒尔茨[③]又因在经济发展方面作出了开创性研究获得了诺贝尔经济学奖。推敲他们所提的观点，竟然与张培刚在30多年前的理论有诸多相似之处。

假如历史可以改写，我们有理由相信，不必说张培刚再提出更有远见的经济学说，哪怕他只是冷锅炒剩饭，也足以令世界经济学界为之震撼；也不必说张培刚拥有多么好的研究条件，只要他的研究不被粗鲁地打断，他超越时代的学术思想也足以将诺贝尔经济学奖收入囊中；更不必说国家给予他多么高的重视，也许只要给予他的研究多些空间和理解，它带给中国经济的也许就是一大“奇迹”。可惜历史无法重来。

回首前尘，张培刚会有一点生不逢时的感觉吗？“无可奈何花要谢，再回头已白发生！”

直到十一届三中全会以后，张培刚才回归阔别了30年的经济学讲台，重新开始经济学研究。张培刚在华中工学院开设经济学专业，“我一站30多年，总算找到一张凳子可以坐下歇歇脚了。”此后数年，他把尘封30年的《农业与工业化》英文手稿译成中文。

---

① 美国诺贝尔经济学奖第一人萨缪尔森和他的导师汉森是凯恩斯主义在美国的主要代表人物。他的研究涉及经济理论的诸多领域，例如一般均衡论、福利经济学、国际贸易理论等。萨缪尔森的经典著作《经济学》以40多种语言在全球销售超过400万册，是全世界最畅销的教科书，影响了整整一代人。书中的税收理论和政策主要包括税收性质、税收原则、税收影响。1970年他成为第一个获得诺贝尔奖的美国人。于2009年12月13日去世。

② 刘易斯，著名发展经济学家，1915年出生，获伦敦经济学院经济学博士学位。任曼彻斯特大学教授、联合国总部不发达国家专家小组成员、加纳共和国总理经济顾问、联合国特别基金代理人、普林斯顿大学教授。由于在经济发展方面作出开创性贡献，研究发展中国家发展经济中应特别考虑的问题，1979年与舒尔茨一同获得了当年的诺贝尔经济学奖。

③ 舒尔茨在经济发展方面进行了开创性研究，深入研究了发展中国家在发展经济中应特别考虑的问题，从而获得1979年诺贝尔经济学奖。舒尔茨乐观地指出，农业可以成为经济增长的发动机，这已不容置疑。但是，政府必须向农业投资，这不仅要注意投向，还要对农民给予指导和鼓励。“一旦有了投资机会和有效的鼓励，农民将把黄沙变成黄金。”

## 6. 《农业与工业化》的诞生

张培刚曾公开承认：“我一共写了十多本书和多篇文章，但最值得一提的就是《农业与工业化》和《发展经济学该往何处去》。”

就《农业与工业化》一书而言，其重要性不仅仅在于为张培刚带来了极高的荣誉，更重要的是，书中所提到的很多经济理论既直接影响着世界发展经济学的研究方向，也对发展中国家经济政策制定产生了深远的影响。

《农业与工业化》一书的诞生与当时全球的经济现状密不可分。20世纪四五十年代，像中国一样，长期被西方列强欺辱的国家为数众多，譬如印度、南非、越南等，它们均为发展中国家。发展中国家虽然政治上开始独立，但经济上仍然受制于发达国家，形成后来所谓的“南北对话”。

这样的情况下，发展中国家的经济道路该如何走？这是当时一个迫切需要解答的问题。

由于发展中国家的经济发展直接影响着全球经济平衡，对全球政治格局也有至关重要的作用。因此，不只是发展中国家，西方发达国家一些有远见卓识的经济学家也对这个问题产生了兴趣，比较著名的有美国经济学家库兹涅茨[①]、刘易斯和舒尔茨等。不同的是，他们来自发达国家，对于发展中国家的经济状况的了解常常流于形式，这似乎注定了张培刚所撰写的《农业与工业化》一书更高一筹。

《农业与工业化》全书的核心和关键是“农业国工业化理论”，即农业国的根本出路在于“工业化”，先让食物、原料、劳动力等农业因素得到发展，然后带动工业化的发展。

张培刚所指的“工业化”。既包括工业本身的机械化和现代化，也包括农业的机械化和现代化。也就是说，工业化其实还包括农业的现代化，工业与农业是

① 库兹涅茨，全名西蒙·史密斯·库兹涅茨，俄裔美国著名经济学家，1971年诺贝尔经济学奖获得者。他提出的为期20年的经济周期，被西方经济学界称为“库兹涅茨周期”。他提出了国民收入及其组成部分的定义和计算方法，被誉为“GNP之父”。历任纽约国民经济研究所研究员、宾夕法尼亚大学教授、约翰·霍布金斯大学教授。

同时协调发展的，二者是动态平衡的关系。

将农业现代化有机融入工业化是张培刚独有的思想。世界其他经济学家对“工业化”的界定单纯指工业，如著名发展经济学家刘易斯主张牺牲农业来发展工业。这也是西方发达国家实现工业化的一贯做法，英国的圈地运动就是一个很好的例子。刘易斯这样界定“工业化”，自然是出于西方经验的选择，但因为发展中国家所处的历史环境、发展现状，这种界定则有待商榷了。

“二战”后，全球经济呈现明显的两极化。一方面，经过工业革命，西方诸国普遍进入工业化时代；另一方面，刚刚独立、贫穷落后的发展中国家，还处于农业到工业的过渡状态。史学家将这种经济关系称为“南北关系”，或者“南北对话”。二者其实是矛盾对立关系：发展中国家需要从工业国引进外资和开展对外贸易，很难摆脱发达国家的控制和剥削，难以实现经济独立。

在这种形势下，发展中国家若想在国内采取牺牲农业来发展工业的做法，根本没有优势可言。因为根据“后发劣势”之说，发展中国家的工业水平已经落后很多，即便如何赶超也比不上早已经完成工业革命的发达国家，以致工业发展无法摆脱发达国家的控制。如果农业发展又被牺牲掉了，这就等于工、农业这两种国民经济的支柱产业都得不到发展，经济独立肯定会难上加难。

况且，在张培刚看来，西方发达国家牺牲农业来发展工业的做法其实是一种残酷的经济发展方式。

例如英国圈地运动时，强制牺牲农业和农民的利益，将农民赶出土地，使之沦为廉价雇佣工人和产业后备军。虽然暂时满足了资产阶级发展的需要，却令无数农民流落街头，引起一系列社会问题，因此圈地运动又被称为“羊吃人”的运动。

毋庸置疑，“二战”后的社会发展已经高度文明。这种血迹斑斑的历史不该再次重演，农民不能再次遭罪，所以这个时代再靠残酷牺牲一个阶级的利益来满足经济的发展是不符合时代潮流的。

基于上述原因，不难发现，合理经济发展模式应将工农业作为整体发展，即张培刚提倡的“工业化”概念。关于这点，目前已得到学界一致认同，刘易斯也于20世纪80年代意识到了自己主张的片面性，提出“牺牲农业发展工业是错误的”观点。

张培刚的学术研究，很大程度上是基于对中国现实的分析，因此，《农业与工业化》对中国经济发展具有很强的指导意义，尤为难得的一点是，张培刚“农业国工业化理论”还延伸出另一个话题：对外开放。

发展中国家要依靠本国工、农业的共同发展实现经济独立，但不可否认，发展中国家在资金和技术方面仍然存在先天不足和后天乏力问题。在全球经济联系日益密切的趋势下，任何一国注定不可能独善其身，作为后发的农业国，因为工业化之故，势必需要从工业国引入资金和技术。

否定牺牲农业发展工业的做法之后，张培刚提出以对外开放促进工业发展的模式。遗憾的是，这个理论在当时并未引起重视，直到30年后邓小平提出改革开放。而那时劳尔·普雷维什[①]等一批发展经济学家已在张培刚理论的基础上提出了“中心—外围说”[②]、“依附论”等新观点。

日后实践证明，新中国成立到经济崛起，转折点正是1978年开始的对外开放。某种程度上，这个结果表明张培刚学术观点的超前性，而且对发展中国家的经济发展具有高度的预见性。

除此之外，《农业与工业化》中还提出许多今天仍然适用的经济学理论，如首先提高农业生产率，农业的“推力”作用、工业的“拉力”作用等等。

尤为令人惋惜的是，建国初期，这些观点因为是“从头号资本主义国家美国回来的，是资产阶级的东西”，因而没被采纳。张培刚的学术研究因此被封藏30年，国家在狂热中走了许多弯路。

历史无法改写，却总是容易引人联想。时至今日，张培刚的观点开始得到正视，人们常常在内心假设：如果建国之初决策者看过《农业和工业化》，对国家状况与发展模式有透彻把握，那么是否会出现后来的种种现象？

---

① 劳尔·普雷维什，阿根廷著名的经济学家，是20世纪拉美历史上“最有影响的经济学家”，被公认为是“发展中国家的理论代表”。普雷维什是拉美发展主义理论的创始人，是世界经济新秩序的积极倡导者。1981 年他荣获第三世界经济和社会研究基金会颁发的“第三世界基金奖”。

② 1949年，普雷维什向联合国拉丁美洲和加勒比经济委员会递交了一份题为《拉丁美洲的经济发展及其主要问题》的报告，系统阐述“中心—外围”理论：“在拉丁美洲，现实正在削弱陈旧的国际分工格局，这种格局在19世纪获得了很大的重要性，而且作为一种理论概念，直到最近仍继续发挥着相当大的影响。在这种格局下，落到拉丁美洲这个世界经济体系外围部分的专门任务是为大的工业中心生产粮食和原材料。”

## 7．工农业之争

改革开放之后，张培刚进入了经济学研究的第二个高峰，在谈及这个高峰之前，有必要回顾一下过去。

谈到中国过去几十年农业的发展实践，张培刚认为：一方面，农业和农民为国家的工业化作出了巨大的贡献，但同时农业和农民也作出了巨大的牺牲，这种牺牲致使农业发展严重滞后，极大地限制了我国工业化的进一步发展。

因此，如果不首先解决农业和农民问题，中国经济的发展就会停留在瓶颈处，难以实现更大飞跃。

牺牲农业和农民利益来实现工业化，并以此拉动全国经济增长，完全背离了“农业国工业化”精神。一个可以被称为“工业化了的国家”，工业生产总值必须占1/3甚至1/4以下，农业劳动者的总人数必须降低至国家总人数的1/3甚至1/4以下，只有同时满足这两个标准，才有资格称为工业国。

因此，中国要想成为一个工业化国家，必须在不损害农民和农业利益的前提下，确保农业生产总值和农业劳动总人数都降低到一定水平，单纯依靠重工业和工业发展来拉动国民经济增长，对中国这个农业大国来说是非常困难的——无数事实表明，纯粹靠工业的进步来减掉多达8亿甚至更多的农业人口，同时满足全中国人的吃饭穿衣问题，是件很有难度的事情。

新中国成立后，一度照搬苏联的发展模式，优先发展重工业。这样做的结果是，虽然短时间内工业产值飞速提高，但却引发了大炼钢铁、大跃进、大办公共食堂甚至60年代初的大灾荒。实践表明，这种发展模式会让大量农业劳动力迁移到效率低下的城市工业部门，久而久之不但农业荒废，还致使工业的发展后继无力，国家经济发展整体上处于非常缓慢甚至停滞的状态。

而且，对中国这个刚刚解放不久的发展中国家来说，优先发展工业不符合马斯洛需求层次理论[①]——一般情况下，人们只有实现温饱才会考虑其他，因此一

① 马斯洛是美国著名心理学家，第三代心理学的开创者。需求层次理论是说，人的需求是从低到高逐渐提升的，依次为生理需要、安全需要、社交需要、受尊重的需要、自我实现的需要。

个国家经济的发展，首先要解决人们的吃饭问题。让国民底层优先得到保证，将提高农业效率放在首位，其他问题才能逐步解决。

事实上，农业优先得到解决的意义，远非温饱可以概括，农业为人类所提供的财富，更不仅仅是“粮食”这么简单。

张培刚认为，农业对工业化乃至整个国民经济的贡献，可以归纳为“食物、原料、劳动力、市场、资金”五个方面。即农业不但为国民提供粮食，还能为工业发展提供原料。农业生产力发展到一定水平，农业还可为工业提供大量的剩余劳动力，有购买能力的农民还起着扩大工业生产市场的作用，最终还能通过向国家纳税和输出农产品的方式为工业发展提供资金积累和外汇储备。

其实人类社会就是这样进步的。纵观世界历史，无论哪个地区，最先出现的都是农业。

在产业结构中，农业是推动经济增长的第一产业，是工业化与经济发展的基础和必要条件，只有农业生产力得到提高，才会根据底层产业的边际效用递减规律推动新产业发展，才会使手工业、工业、重工业、第三产业、信息产业等产业有更好的生存空间。

总而言之，农业是基础，只有基础扎实，才能为其他产业发展提供强劲的推动力，忽略基础直接开始工业和重工业的现代化，无异于缘木求鱼，难以达到预期的效果。

另一方面，实践证明，以牺牲农业和农民的代价换来的经济增长其实是不长远的，甚至可能会出现负增长。

中国真正大规模的工业化始于1953年开始的第一个五年计划。三个五年计划之后，经历了十几年的发展，中国才逐步建立起以重工业为骨干的现代工业体系。这时候历史已经进入20世纪60年代中期，当时的中国已经通过土地改革和合作化以至人民公社化，农业的发展也仅限于此，农业比新中国成立前虽有改进，但进步并不大，农民生活水平虽然比新中国成立前好得多，但却未达到应有的程度，何况中间还经历了50年代末的“大跃进”、60年代初的“大饥荒”。

1978年十一届三中全会，中国实行改革开放，对内改革的关键就是首先注重提高农业生产率，在农村实行家庭联产承包责任制，改变以往“吃大锅饭”的人民公社制度，农民劳动积极性由此被充分调动起来，并且在改革中得到实实在在的实惠，同时国家经济也逐步恢复增长。

到1985年，农产品“统购派购”制度取消，农村多种经营及乡镇企业兴起，沿海经济发达地区的经济格局出现全新的特点：非农产业发展迅速，农民收入大幅度提高。这正是农业高度发展的必然趋势，是“底层产业的边际效用递减”的表现，可见农业发展不但满足了农民和国家的需要，而且主动为其他产业提供资金和剩余劳动力。以农业的发展来推动其他产业产值的增长，已经不再是仅仅停留于理论层面，张培刚的“农业国工业化”预言得到了证实。

对于中国这个有着13亿人口、8亿多农民的大国，采取何种发展模式，不仅关系现在，更影响未来。

然而，发展毕竟不是一蹴而就的事情。回顾以往，中国的经济建设的确走了弯路，但经过30多年的改革开放，对内调整经济结构，农业重获重视，使得中国国民经济以年均10%左右的速度快速增长，经济实力大为增强，西方经济学者惊呼：“这在人类经济发展史上创造出一个伟大奇迹。”种种迹象表明，改革开放后着重提高农业生产率的做法，已获得了很大成效。

在这个基础上，张培刚又提出新的观点：中国经济发展到了最为关键的时刻。因为在农业改造和工业化过程中，农业和农民依然面临着棘手难题，如果这些难题得不到解决，势必会影响下一步经济的增长。

张培刚认为，从1989年到1991年，中国整顿国民经济过热现象，让农村工业和非农产业的发展受到了一定程度的影响。

宏观调控波及农业，其中尤以粮食和棉花生产为重，导致农业和农村中出现一些新的突出问题，严重影响工业化进程。针对这种现象，需要大力解决“三农”问题，在国民经济中形成一种“以家庭联产承包责任制为基础、以农业产业化经营为方向”的第二次农村经济变革浪潮。

无论怎样论证农业与工业之间的关系，最终目的只有一个：工业的“拉力”与农业“推力”同时发力，使中国的经济长久持续发展。

按照张培刚的构想，工业化初期，只有“先是农业支持工业”，让农业充分发挥在提供“食物、原料、劳动力、市场、资金5个方面”的贡献，才能实现“工业反哺农业”，促进国民经济良性发展。

## 8. 关注“三农问题”

作为世界上的农业大国，可以说，不懂得中国的农民和农业，就不懂得中国。其实何止是中国，按照张培刚的理论，这句话放到世界其他农业国家也一样适用：不了解农民和农业，国家的经济发展制度就无法制定得更客观。因为在这个世界上，只要人类仍然以动植物为主要食物，农业的基础地位就不能动摇，农民这种特殊的生产力就不可或缺。

关于中国的农业，目前所面临的最大问题是“三农问题”，即农业、农村、农民三方面三位一体的问题。它们的存在也不是我国特有的现象，而是农业文明向工业文明过渡的必然产物。

从20世纪90年代起，中国经济由于产业结构的调整，致使农村工业和非农产业的发展受到了一定程度的影响，粮食和棉花的生产形势变得严峻起来，三农问题这才突出出来，成为影响我国工业化进程的重大问题，也成了中华民族走向伟大复兴的关键。

怎样解决“三农问题”，张培刚给出两个方向。首先，农村剩余劳动力和非农产业问题是症结所在。

建国初期，重工业得到优先发展，农业则处于从属地位，农业劳动生产率一直得不到有效的提高。在广大农村，人民合作社盛行一时，按人口领粮食，结果之一就是导致农村家庭为了领得更多口粮狂生孩子，农业人口激增，以致目前农业人口约占总人口2/3的比例，与工业化国家标准人口比例——农业人口占总人口1/4，有相当大的距离。这一事实意味着，中国要实现工业化，必须首先解决转移庞大的剩余劳动力这个巨大的难题。

到了20世纪90年代，改革开放已经取得了一定的成就。这时候，中国的农业生产力已经得到显著的提高，农业已经不需太多的劳动力就能养活整个国家和人民，于是一部分劳动力开始分离出来。一部分农民开始投资乡镇企业，开始做生意，开始进城务工，大约4 000万农民被城市吸收，成为非农业劳动力。但对于

2/3的总人数来说，这个数字小得几乎可以忽略。

由此可见，中国农村剩余劳动力的出路不能单纯依靠城市的吸收，应该还有更高层次的产业来吸收多余劳动力。

张培刚大胆畅想，农村剩余劳动力的转移方向应该与中国经济的高层次发展有关。如果农村乡镇企业能进一步发展，并且引起农村的初步城镇化，那么将会有一大批农业劳动力被吸收，并且能为整个国家经济的发展创造更多的效益。

如果此举成功，不仅解决了剩余劳动力的问题，同时可以有效缓解乡镇企业的人力成本问题。

张培刚认为，乡镇企业是中国农民的伟大创举，政府应该认真研究乡镇企业发展的经验和问题，重新调整乡镇企业的产业分布、产品方向和技术结构，做一些有助于提高乡镇企业生产力的工作，使之向着一种工业化的模式发展。

比如，可以试着往农产品深加工方向转化，或者让农业产品像工业产品一样，实现产前、产中和产后一系列服务。这样做的最终结果，就是确保乡镇企业逐步工业化，剩余劳动力逐渐非农业化，一举解决掉农村剩余劳动力和非农产业两个问题，使中国的工业化向前再迈进一步。

另外，为了实现农业工业化的均衡发展，张培刚建议，国家还要着重于调整乡镇企业的布局，不仅花大力气投入东部沿海或者其他较发达的地区，还要对其他落后地区投入一定的资金、技术和人才，帮助中部和西部建立适合他们本地的乡镇企业。这样才能合理引导和组织全国剩余劳动力的有序流动，避免劳动力过于集中和不均衡，影响国民经济的整体腾飞。

## 9. 牛肚子理论

从改革开放到20世纪90年代，东部沿海地区城市建设初见成效，不但有了大上海的吸附能力和辐射能力，而且形成环渤海、长三角、珠三角等经济区域。1999年，国家本着利用东部沿海地区的剩余经济发展能力，提高西部地区的经济和社会发展水平、巩固国防的目标，又提出了“西部大开发”战略，这样，唯独人口众多、承东启西、贯通南北的广大中部地区陷入尴尬。

东部地区炙手可热，西部大开发提上议事日程，唯独广袤的中部地区备受冷落，这意味着什么？

早在1988年，在青岛召开的中华外国经济学研究会华东分会的年会上，张培刚就根据自己参加农业劳动的经验，提出了著名的“牛肚子理论”——放牛的时候，一头大牯牛不慎掉到泥潭中，人们很难将它拉出来。大家手忙脚乱地牵牛鼻子、拽牛头，通通不管用，牛身依旧越陷越深。这时候，有人拿来几根粗木杠，垫在牛肚子下，然后几个人一使劲，就将这头大牯牛拉出了泥潭。

如果将中国经济比做一头陷入泥潭中的牛，那么东部沿海开放城市就像牛鼻子，西部地区就是牛尾巴，广大中部地区就像庞大的牛肚子，承载着整个身体的重量。若想将这头牛拽出泥潭，单独牵牛鼻子、揪牛尾巴是不管用的，要想法在牛肚子下面用力，只有将庞大的牛肚子顶起来，整头牛才能走出泥潭。

也就是说，中国经济若想起飞，只抓东部沿海和西部是不行的，不能忽视广大的中部地区。因为中部经济是避免中国经济陷入泥潭的支点，中部经济的崛起才能带动“牛尾巴”和“牛头”，进而促进整个国民经济的腾飞。

由于丰富和发展了区域经济理论，张培刚的“牛肚子理论”一经推出就受到广泛关注，成为继东北工业带、东部沿海开放城市、西部大开发之后的又一个区域经济理论。然而，也有人质疑，“牛肚子理论”在具体的实践中是否可行。

从中国经济发展形势来看，中部地区非常尴尬，不仅得不到国家的扶助，为了支持东部和西部发展，资源还被大量占用，中部地区的人才越来越向东或向西流动。加之中部地区人口多，经济发展以传统的农业为主，不但经济腾飞较困难，而且还是“三农问题”集中爆发地带，是产业结构转换艰难的焦点地域。

广大的中部地区，正像牛肚子一样，正在逐渐陷落、下沉。因此，即使国家不实行中部崛起战略，中部地区诸多难题也迫切需要得到国家的解决。“牛肚子理论”的提出，无异于拉响中部地区的警铃，既提示中部各省认识到自己的困难，又提醒国家：如若不采取措施，中部地区的经济将与其他地区的差距越拉越大。

从中部地区的实际情况来看，如果国家能投入更多的人力、物力支持，中部地区完全可以快速跳出泥潭，提升整个国家的经济发展水平。中部地区具有自己明显的独特优势：交通发达，人口密集，经济基础良好。

就交通来说，广大中部地区承东启西、贯通南北。如河南的郑州，汇集京广线、陇海线两大铁路主干，东西可以输送能源，南北可以运送工农业产品，交通非常便捷。还有湖北的武汉，号称华中地区最大都市及中心城市，便利的水运让它享有“东方芝加哥”的美誉，让它成为中国近代工业的摇篮，另外还承载着丰厚的文化意蕴。

就人口方面来说，中部地区完全有成为劳动密集型工业产地的潜力，可以为本地区乃至全国各地输送大量劳动力。当然，中部地区的优秀人才少了一些，尤其缺乏高新技术人才和高级管理人才，这是因为高级人才被早已开放的东部和逐渐发展的西部吸引过去。随着中央中部崛起战略的实施，中部各省能提供更多更好的机会，大量优秀的人才自然会被吸引回中部地区，很多本土人才也会留下来建设自己的家乡。

另外，中部地区的经济虽然处于比较尴尬的“不东不西，不是东西”的地位，但中部各省的GDP其实一直在逐年增长，各省都有一批率先发展起来、富裕起来的县市和乡镇，对整个中部地区的经济发展起着巨大的鼓舞和示范作用。况且经过20多年的改革开放，中部地区人们的观念早已随着改革开放的春风提升起来，人们脱贫致富的愿望非常强烈。

由此可见，中部地区目前虽然是问题最多、最集中的地带，但同时也是潜力最大、希望最大的经济地带。

“牛肚子理论”的提出，为中央进一步规划区域经济提出了方向，进一步明确了中央的经济规划。2004年3月，温家宝总理首次明确提出促进中部地区崛起的方案。2007年，中共中央正式成立中部崛起办公室，中部地区的崛起实践正式拉开了帷幕。相信随着国家对中部地区投入的不断加大，中部地区的腾飞为期不远，中国经济水平的整体提高也指日可待。

## 断裂的人生

人生像弈棋，一步失误，全盘皆输，这是令人悲哀之事；人生还不如弈棋，不可能再来一局，也不能悔棋。

——弗洛伊德

很多时候，一个人理想越高远，行动也就越简单，生活也就越单纯。而命运却常往相反方向行驶。

一生坎坷的张培刚，自小立下“为改善农民生活、改进农业耕作而努力”的宏愿。正是从这个愿望出发，才有了他青年时代的乡野调查，以及其前半生最光辉的哈佛生活。

不敢想象，如果张培刚没有作出回国决定，而是在联合国享受高薪，或者应张伯伦邀请到哈佛任教，他此后的人生将开出怎样的花朵。但可以肯定的是，任何一项选择都比回国令其学术生涯更为连贯、健康。但这样一来，就陷入一个悖论——与当初出发的目的相矛盾。

张培刚显然不愿放弃报效祖国的念头，于是，在几番挣扎，几经辗转之后，终于回到急需人才的中国。从此，他的命运开始被无形大手操控，在丧失理性的汪洋中随波逐流，身不由己。

张培刚的经历，如果放在那些认为“书中自有黄金屋，书中自有颜如玉”的以牟利为求学目的的人身上，是根本不可能这样随遇而安的。张培刚开始反省自己，这样剖析遭受逆境的原因：“我自己也有缺点，也有错误。就拿上世纪50年代、60年代来说，由于受到左的影响，我也曾不够公正地写过批判文章，不够客观地评价过西方经济理论。”

人们欣喜地看到，30年的基建和劳动改造之后，张培刚依然没有磨去棱角，

“不能让农民受苦”的理想犹在，晚年更是道出颇有骨气的信念：“作为中国人，我们不仅在经济上要争气，早日摆脱贫困，做到真正的振兴和发达；而且在学术上也要争气，早日摆脱落后，做到真正的独立和繁荣。”

1998年，突然有人告诉张培刚：您的博士点批下来了！这个博士点申请书张培刚已经递交了二十几年了，终于在世纪末批了下来，这时候的张培刚已经85岁了，在这个年纪成为博士生导师，在中国恐怕绝无仅有。

此时的中国，经历思想大解放之后，掀起改革开放序曲，终于在一片蒙昧中发现张培刚经济理论的现实价值。于是，无论学术界，还是教育界，甚至他所在的华中科技大学，莫不争先报道张培刚，一些人甚至开始攀亲戚。一时间，冷落多年的小房间，突然变得热闹起来。

时光氤氲，关于张培刚的评价不断涌现，有些令人振奋，有些则让人黯然。董辅礽曾如是说：“1946年我考进武汉大学经济系，结识了我人生中第一位重要导师张培刚教授，但是张老师的学术思想像一颗流星，在20世纪中叶的天空划出一道炫目的亮光之后，旋即泯灭了。”

上世纪80年代初到芝加哥大学攻读发展经济学的林毅夫，写作毕业论文时，导师舒尔茨开出一系列必读书单，其中一本就是张培刚的《农业与工业化》。林毅夫日后回忆说：“当时作为一个在美国读书的中国学生，从文献当中能看到的中国人写的著作非常少，而张培刚老师的书就像是一颗明珠，让我感到备受鼓舞，书中有很多真知灼见，令我折服。”

诸如此类的评价不乏溢美之词，但也并非空穴来风，张培刚在发展经济学上取得的成就有目共睹，就连曾经担任世界银行副行长兼首席经济学家的钱纳里来华讲学时也直言不讳：“发展经济学的创始人是你们中国人，是张培刚先生——这是中国人的骄傲。”

然而，经历大起大落的张培刚似乎已经看透世界。青年辉煌、中年沉默、老年时代重获重视的他面对外界评议，内心多了一份从容与淡定。世俗纷扰已经无法干扰他的内心。2004年夏天，张培刚写下这么一副对联——上联：认真但不能太认真，应适可而止；下联为：看透岂可以全看透，须有所作为；横批，看待人生。这既是他的生活态度，也可以说是他一生命运的写照。

也许由于这种豁达的人生态度，对于个人的坎坷与不幸，张培刚没有表现出丝毫的抱怨和牢骚，只热衷于从事发展经济学的研究，将注意力集中在培养中青年师资和研究生上。他每天的活动，除了看很多书外，就是带领学生进行课题研究，要不就是阅读武侠小说，体验“侠之大者，为国为民”的情怀。

当别人为他失去30年宝贵的研究时间而惋惜时，张培刚却出乎意料地回答：“我觉得我比起姜太公还强点，姜太公80岁遇文王，张培刚85岁得到博士点，我比他还高明点，还超过他5岁。”

没有功利心、没有个人计较的心态，张培刚遭遇磨难后不曾忘记自己的宏愿，仍然以高龄博导的身份发挥余热，为经济学界培养出更多的后来者，如目前国内经济领域响当当的人物何炼成、林毅夫、谭崇台、吴敬琏等人，都不同程度地受其指导，巴曙松、张燕生、张军扩等学生，甚至都曾到中南海为国家领导人讲过经济学方面的课。学生如此争气，为师的应该比较欣慰了。

为推动发展经济学的研究和传播，在张培刚学生的支持下，华中科技大学设立了“张培刚发展经济学研究基金会”，创立“张培刚发展经济学优秀成果奖”。90多岁一身重病的张培刚甚至在家人的搀扶下来到现场为后继者颁奖，表现出对发展经济学的重视，对后来者的殷殷期盼。

令人惊喜的是，在2006年国家社会科学基金重大项目“新型工业化道路的工业结构优化升级研究”开题报告会暨发展经济学论坛上，张培刚还以94岁的高龄表现出满怀激情的研究干劲。根据中央刚刚召开的经济工作会议提出的8条任务，他表示：“我已达94岁了，但仍然有志向和愿望同大家一起来完成这一重大课题。”这种决心和勇气，非一般人所有。

其实张培刚的努力，并不仅仅开始于成为博士生导师后。早在1978年他被借调到中国社会科学院经济研究所参与编纂《政治经济学辞典》时就已经开始了。经过30年风雨的张培刚依旧保持了对经济学研究的热情。

此后数年，张培刚不顾年迈体衰，先后写成《新发展经济学》、《宏观经济学和微观经济学》、《微宏观经济学的产生和发展》、《农业国工业化问题》（发展经济学通论第一卷）、《发展经济学与中国经济发展》、《20世纪中国粮食经济》等书籍和论文，对发展经济学的研究和传播，以及世界发展经济学的发展起到一定的推动作用，同时间接将陷入低迷的西方发展经济学推向一个新的高潮。

他历经磨难而不气馁，历经坎坷而不退缩的学者精神，不但是经济学界的骄傲，更是这个浮躁时代的珍品。有一次，一位记者采访张培刚，结束时问他：“你认为中国经济学界还能出大师吗？”

坐在轮椅中的张培刚思量许久，摇摇头，一字一顿地说：“学术风气很不好，当官的如果不带头克服掉浮躁和功利之风，很难！没个三五十年不行。”一旁的夫人赶忙暗示他。“那就再等个20年吧。”张培刚意味深长地更正道……

# 第五章

## 樊纲：用自己的声音说话

灰色的理论到处都有，我的朋友，只有生活之树四季常青，郁郁葱葱——德国诗人歌德如是说。樊纲追寻普适经济学的行为本身，正是基于对人类生活共同点的发现，冥冥之中总有一些东西不能被时间磨灭，见证着岁月的枯荣与明灭。

蓦然回首，从苦难的少年时代开始，樊纲就养成了独立思考的习惯，虽然因此付出了代价，却始终如一。

很多时候，樊纲看问题的角度和方式总是非常“另类”，更确切一点讲，仿佛他本身不在其中，而是一个旁观者，这种理性让他显得极其冷漠。人们常说，当局者迷，旁观者清，樊纲无疑是相信这点的。也许正如他自己所说，要“以出世的精神做入世的事业”，以经济学人独立的学术人格诠释着“经济学家最重要的品质是尊重科学”这一看似简单却实属不易的操守。

## 人物简介

樊纲，男，祖籍上海市崇明县，1953年9月生于北京，经济学博士，中国社会科学院研究员、国民经济研究所所长，兼任北京大学汇丰商学院教授、博士生导师，国家级有突出贡献的中青年专家。

16岁下放黑龙江生产建设兵团，后转战河北围场，9年的青春岁月用于务农。

1978年秋天，恢复高考第二年，考入河北大学经济系，4年后考入中国社会科学院研究生院攻读西方经济学。此后短暂赴美研学。1988年，获经济学博士学位，进入中国社会科学院经济研究所。

主要著作：《公有制宏观经济理论大纲》（主笔）、《现代三大经济理论体系的比较与综合》、《市场机制与经济效率》、《渐进之路——对经济改革的经济学思考》、《中国经济改革的政治经济学》等学术专著和《樊纲集》、《经济文论》、《走进风险的世界》等论文集，在《经济研究》等中国学术刊物上发表了《灰市场理论》、《论改革过程》等学术论文近百篇，在理论界产生了较大的影响；1991年获孙冶方经济学优秀论文奖。

## 1．迷茫中探索的少年

当“右派”、“走资派”、“上山下乡”这样的字眼离我们渐行渐远的时候，有谁还能记得它们曾经是一个时代的象征？

某种程度上说，新中国成立后举步维艰，天灾无法阻挡，人祸亦难平复。“大跃进”造成上世纪震惊中外的大饥荒；“反右运动”给无数无辜者戴上了“永不翻身”的帽子，后人也遭受了牵连；10年之久的“文化大革命”更是将中国的前进方向改道，推向崩溃的边缘。

从那个时期走来的人们，心头总有挥之不去的沉痛记忆，直到1978年改革开放，十一届三中全会拉开了崭新的序幕，一切才截然不同。然而，文化上的断层却给现代化建设带来难以修复的裂隙。

有一代人，他们出生在建国前后，人生最美好的时光却在阴霾中度过。社会在迷茫和混乱中向前移动，处于人生观形成阶段的少年也在迷茫中徘徊。

1968年，对中国知识分子来说，是一个重大的转折点。12月，毛泽东号召并发起了青年知识分子“上山下乡”接受贫下中农再教育的运动，正在中学念书的热血青年纷纷积极响应，放下了手头的课本，将极大的热情投入到了所谓的“农村建设”当中。

历史决定了一代人的命运，樊纲便是在那个时候第一次走出城市，来到当时东北的荒芜之地的。

樊纲1953年出生在北京一个知识分子家庭，父母都是新中国成立前大学毕业的建筑师。比当时众多的孩子幸运，他受到了浓厚文化氛围的熏陶。然而也正是这样的幸运，在当时的历史条件下导致了悲剧发生。1957年，他的父亲被划为右派，一时间，家庭的文化优势在那个知识分子的“大灾难”时期变成了沉重的包袱，樊纲在很多事情的选择上失去了优先权，几乎抹去了一切上升的可能。

樊纲是“69届毕业生”，按照当时的政治安排，都要去生产建设兵团，于是在9月的金秋时节，他和北京第十五中学的30多名满怀激情的同伴一起坐火车到了嫩江，又坐汽车颠簸到了锦河农场。

对农村青山绿水、鸡犬相闻的憧憬被满目荒凉击碎，30多个男孩子抱头痛哭。随之而来的是枯燥的开荒岁月，一干就是6年。在漫漫的历史长河中，6年也许并不算什么，但是在一个人的一生当中，尤其是16岁之后的6年，它给一个懵懂少年美丽的青春回忆无情地盖上了艰辛的印章。

那个时期没有也不允许有个人理想，尤其是“右派”子女。中学时代，樊纲就被扣上了“可教育好子女”的帽子，比起千万个不幸案例来讲，他也许还算比较幸运，但是政治上的“污点”在那样的环境中时刻向他发出警告，也给他设置了一个又一个的障碍，诸如不能参军，不能以工农兵学员的身份上大学等等。到了兵团以后，樊纲表现出了在文字方面的才华，领导几次推荐他做文书、秘书、“报道员”之类的工作，都因为“政审”失败而搁浅，他错过了一次又一次外调机会。

虽然樊纲表现出过人的才华，但在那样的环境中，“右派子弟”更多面对的是迷茫的未来，樊纲也在迷茫中期待，找寻着自己的出路。然而，独立的禀赋却给他招来麻烦。

1975年，一个难得的表现坚定无产阶级立场的机会，却因为对现实的反思，让樊纲再度受到“家庭包袱”的拖累。

当时，为响应毛泽东号召，对“资产阶级法权”进行批判，樊纲被派到师部学习马列著作，因为坚持对一些观点的看法，否定辅导员的解释，他被认为是干扰马列学习，随即被取消了原定的发言，提前回团。坚持己见这个秉性，即便在樊纲成名后也未改变，同时给他带来诸多烦恼。

四处碰壁后，樊纲作了一个现在看来对他日后发展意义深远的决定，1975年，以投靠亲友为名，他到了堂哥所在的河北省农村进行插队。对樊纲而言，这次“转插”意味着他要放弃农场国家职工的身份和待遇，由吃商品粮变为一个农民，更重要的是在东北努力和奋斗所沉淀的成本都将一并放弃，从零开始。

几经徘徊，樊纲最终放弃了东北生活，奔赴河北农村，或许就是从那时起，他又看到了奋斗的希望。

## 2．迎来生命的曙光

这次走下坡路的转换让樊纲陷入了短暂的低谷。农村落后的生产方式不同于建设兵团的机械化作业，一切都要靠人工劳作。寒冷的冬季，温饱难以为继，生活十分艰难，丧失粮食来源的樊纲要靠家里接济。没有亲人、朋友的关心，樊纲在陌生和孤寂的环境中思索着自己的人生，唯一能慰藉他的，只有50里外县城里的表哥。

正是这种环境上的转变，命运之神再一次向樊纲伸出双手。由于地处偏远，政治影响较小，“右派子弟”身份在这样的环境中被淡化，反而因为自己是北京来的知青，他还受到了些许特殊的关照，又加上堂哥的帮助，不到1年的时间，樊纲被安排在县文化馆从事群众文艺创作工作，从而有一个相对宽松的读书学习环境。樊纲十分珍惜这来之不易的机会，努力充实着自己。

1977年成为被“文革”耽误的一代知识分子的春天，这一年，中断长达10年的高考制度得以恢复。

随着“反右”以及“文化大革命”斗争中大批错案冤案的平反，知识分子终于可以扬眉吐气了。“文革”后第一次高考，570多万名考生参加考试，其中有27万余人如愿以偿。由于时代的错位，考生年龄相差20多岁，出现了中国教育史上奇特的“与叔叔阿姨同班学习”的现象。

不过，高考的恢复标志着文化断层的续接，在老77、78届中，涌现出大批改革开放和现代化建设的杰出人才。

24岁的樊纲参加了当年的高考，顺利考入河北大学经济系，开始了他的经济人生。青少年时期的“皮肉之苦”和精神压力与探索使樊纲丰富了阅历，而且得到了意志上的磨炼。在艰难时刻，也许并不清楚未来的去向，但是他丝毫没有放弃学习和求知的热情。由于对文学的热爱，他搜罗到了一切可以找到的文史哲方面的书籍，《兵团战士报》上一首小诗的发表更是激发了他对文学的极大热情。然而，在樊纲看来，搞文学创作不一定要念大学，中文系教授的是文学理论，而他对此并不热衷，所以也就放弃了以之为专业的念头，而是选择了更为实际一点的经济学研究。

4年后，大学毕业的樊纲考入中国社会科学院研究生系，主攻西方经济学。樊纲非常珍惜这个来之不易的学习机会，读研期间，阅读了大量西方经济学的经典著作，从最基础的理论开始进行细致的比较、分析和研究，奠定了深厚的西方经济学理论基础。这时的樊纲，已经脱离了少年时期无书可读的束缚，逐步走入一个更为广阔的经济理论空间。

1985年，在时任中国社会科学院经济研究所所长董辅礽的力荐之下，博士在读的樊纲幸运地获得了社科院的一个出国名额。随后，樊纲以访问学者的身份来到了美国国民经济研究局，之后又进入哈佛大学，进行西方经济学的系统学习。虽然十一届三中全会以后中国已经步入改革开放时期，但是相比自由经济的范本美国来讲，无论从学术理论还是市场经济实践上，都有很大差距。哈佛岁月对樊纲来讲，就像是一个经济学饿汉走进了自助餐厅，令人兴奋、着迷，更让人留恋和贪婪。在这段高浓缩、高强度的“思想炼狱”般的学习过程中，樊纲抓住一切可能的机会去接近、学习和揣摩着异域经济学大师的思想。

由于存在较大的差距，樊纲把标准定得很高，用一种潜在的压力逼着自己去不断学习和进步。他经常旁听西方经济学相关课程，而且不仅没有因为“访问学者”的身份而放松，反倒与班上的学生一起上课、讨论、完成作业，甚至于去参加考试。

经过系统的学习和训练，樊纲对西方经济学基本理论和方法有了更深层次的消化和梳理，打下坚实的现代经济学理论基础，这使其回国后短时间内就取得了巨大的经济学成就。

## 3．中国：归与不归

1987年，中葡两国签署联合声明，中国政府将于1999年12月20日对澳门恢复行使主权。历经磨难的东方巨人随着改革开放步伐的深入，要雄起在世界的版图之上。

发展的潮流不可逆转。随着市场的不断开放，双轨经济制度下的稀缺经济政策导致物价上升，通货膨胀日益严重。但总体来讲，国内的人民生活水平正在稳步上升，前景一片大好。相比之下，大洋彼岸的美国这些年过得并不安稳，股市震荡不安、股指下挫、危机四伏。但对于市场经济发展还不满10年的中国来说，这些市场问题似乎还很遥远。

作为赴美访问研究期满的经济学者，樊纲面前有两条路可走：要么留在市场经济成熟的美国，沿已有路径纵深发展，在跌宕起伏的市场巨浪中弄潮；要么回到经济荒地的中国开疆拓土。樊纲面临着人生中的又一次重大选择。

就生活质量和个人收入而言，中国与美国根本不在一个级别上。美国的收入可以高出国内10倍甚至更多，而且美国是一个市场自由的国度，在那里几乎一切都可以取决于你的经济地位，只要有钱，环境优美的海滨别墅、豪华轿车都可以纳入怀中。个性奔放的美国文化可以让你尽享其中的乐趣。比较而言，迫于政治和意识形态上的约束，这种情况在当时的国内几乎是不可想象的。

美国固然很好，但对于樊纲来说，要想留下来还得付出一个额外的成本，那就是中美两国的约定：访问学者期满不能留美，也不能找工作，要想取得“永久居留权”，即所谓的绿卡，必须重新申请留学生的签证，然后读书，日后以留学生的名义取得留美资格。就在樊纲出国后不久，中美又有了新的协议，规定访问学者不能直接转换身份，必须回国后才可以继续申请赴美留学。

这一道道障碍给想留在美国的国内访问学者造成了不少困难，也导致一部分人另辟蹊径，从加拿大等地重新申请学生签证。但樊纲认为，是否回国的决定因素并不在于这些障碍和可能付出的时间成本，而是在于更为复杂的深层次矛盾，这也造成了他在这一问题上的徘徊。

留在美国做什么，是首先要回答的一个问题。按照以往的经验，留在美国的学者多数在大学或者科研单位从事研究工作。美国的科研环境确实诱人，在哈佛这样的世界名校，你可以领略各个领域“明星大腕”的风采，不单是执著学术的大师，还包括政界要人、商界巨头，甚至于娱乐界的名旦花魁。一个名人聚集的地方同时也会是名人辈出的地方。在这里，光环人物失去了应有的神秘，你会感觉他们离你很近，你也可以成为他们。

30多岁才到美国的“异乡人”，必须考虑文化的融入问题，与你朝夕相处的人跟你有着不一样的童年，不一样的阅历，还有很多不同的生活背景，这个年龄选择留下，必然要承受一定的孤独。

不过，作为执著学术的科研人员，这些都不是太大的问题，改革开放以来，我国有大量科研人员移民海外，并且在相关领域作出了杰出贡献，可见这并不是樊纲所忧虑的重点。

作为一个“跨时代”的中国人，那个深埋在内心的矛盾核心其实是刻骨铭心的“中国情结”。

一个有着“上山下乡”经历，到二三十岁才得到读书机会的人，更有责任和热情，甚至于带有无奈与怨恨的冲动去打破那段不堪的回忆。尤其是作为一个经济学者，更期望倾己所学，从根本上纠正国家经济发展上的错误，将那种荒谬永远钉在历史的耻辱柱上，警醒后人。

之后一个偶然的事件，彻底消除了樊纲的犹豫，让他毅然回国。

有一次，樊纲开着车在街上闲逛，车里放着古典音乐，这个时候一个美国人对他听莫扎特的音乐表现出了极大的惊异。那一刻，美国人的态度深深刺痛了樊纲的民族自尊心，在一个听古典音乐都会被当成另类的国度，如何施展抱负？回到自己的祖国，可以有更为广阔的发展空间。

日后提起回国这个决定，樊纲略带幽默色彩地表示，唯一的遗憾就是没有拿到一个美国名校的学位。

1988年，回国的樊纲拿到中国社会科学院博士学位，同年进入该院经济研究所工作。社科院经济所是国内最高水平的经济研究机构，云集了一大批一流的经济学家。在于光远、张曙光、朱绍文等老一辈经济学者的熏陶、培养下，樊纲在经济学领域厚积薄发的优势日益凸显。

## 4. “京城四少”初露锋芒

上世纪80年代中后期，中国经济的一个显著特点就是短缺与价格管制，这也是经济改革初期的必然产物，这一状况一直持续到90年代中期才基本消失。

初出茅庐的樊纲凭借深厚的经济理论基础，研究了双轨经济制度下特权寻租而产生的“灰色交易”问题，从而提出了“灰市场理论”。在国家进行计划价格管制的前提下，由于物资紧缺，必然造成一部分人通过关系或走后门等方式购得国营商店的平价商品，而事实上，市场自由的那一部分价格是由供需决定的，短缺的必然结果是卖方议价能力更强，那些能通过旁门左道搞到稀缺物资的人就可以获得樊纲称之为“消费者剩余”的差价利润。在现实中，这种利润随着物资的紧缺程度成正比，即该物品越是紧缺，从计划市场倒到自由市场赚取的灰色收入就越多。

在意识形态束缚、封闭的社会环境下，这种观点的提出显得那样弥足珍贵。樊纲的“灰市场理论”也很好地解释了当时中国“倒爷”横行的混乱局面。

在学界很多人看来，1990年是中国经济学史上的一个重要转折点。以这一年为分水岭，中国涌现出了一大批优秀的青年经济学家。最具代表性的年轻经济学家就是包括樊纲在内的“京城四少”了。其他“三少”分别是清华大学的魏杰[①]、北京大学的刘伟以及后来从商的北京视野信息咨询中心主要创始人钟朋荣[②]。

四人当中，樊纲以传播西方经济学的基础理论而闻名，1990年，他先后出版了《现代三大经济理论体系的比较与综合》和《公有制宏观经济理论大纲》（与张曙光等人合著）。

前者所谓的三大经济理论体系指的是新古典主义经济学、凯恩斯主义经

---

① 魏杰，1952年生于西安，经济学博士。曾任中国人民大学经济系主任、教授、博士生导师，国家国有资产管理局研究所所长。现任清华大学经济管理学院教授、博导，企业战略与政策系系主任，清华大学中国经济研究中心主任。

② 钟朋荣，北京视野咨询中心主任，兼任中央财经大学、中南财经大学等多所大学教授，裕兴电子、华立控股、武汉健民等公司的独立董事，兼任三九集团、茅台酒厂等20多家大型企业和地方政府的经济顾问。

济学以及当时在我国盛行的主流马克思主义经济学。该书系统地梳理了樊纲自接触经济学以来的理论框架，并且大胆地提出马克思主义经济学与西方经济学是相通的和相互联系的，不同的是马克思主义经济学掺杂了多个角度和侧面的规定性，但事实上所遵循的经济学的一些最基本的原理和法则并无二致。樊纲试图通过此书结束由于历史和政治等多重因素形成的将马克思主义经济学与西方经济学截然对立的局面。在当时意识形态浓厚的社会氛围之下，这些理论自然为守旧派所不容，樊纲在一些场合对当时固守的马克思主义经济模式也进行了批判，他表示在苏联模式的影响下，马克思主义经济学已经被糟蹋得失去了本来的面目，经济学者最应该做的不是固守那种错误，而是要以一种全新的眼光重新看待马克思主义经济学中优秀的理论组成。经济学是一个兼收并蓄的学科，只有海纳百川、取众家所长，才能取得更大的成就。

后者的出版为宏观经济学在国内的传播起到了重要的作用，书中系统介绍了宏观经济理论，经济体系是一个各种因素相互关联和发生作用的整体，不能单单从个人、政府、企业某一方面出发就得出结论，只有综合了各种因素的联系，进行宏观把握，才不至于“头疼医头、脚疼医脚”，为制定切实有效的宏观经济政策提供了正确的思路。

包括《灰市场理论》在内的三部作品在学界引起了极大反响。1991年，樊纲因其在《经济研究》1988年第8期上发表的论文《灰市场理论》获得第四届中国经济学的最高奖项——孙冶方经济科学奖[①]。

此外，《现代三大经济理论体系的比较与综合》被誉为中国大陆第一部对各种经济理论进行比较研究的专著，而《公有制宏观经济理论大纲》更是被冠以“中国经济学近50年发展史上具有标志性意义的专著”的美誉。一时间，樊纲在经济学界乃至社会各界声名鹊起，各种各样的荣誉也接踵而来。

1992年，樊纲破格晋升为中国社会科学院研究员，还被评为国家级有突出贡献的中青年专家；次年，他成为了社科院最年轻的博士生导师之一；这期间一直

① 孙冶方经济科学奖，是为纪念我国卓越的经济学家孙冶方对经济科学的重大贡献，表彰和奖励对经济科学作出突出贡献的集体和个人，推动中国经济科学的繁荣和发展而设立的。孙冶方经济科学奖于1985年开始设立和评选，每两年评选、颁发一次，是迄今为止中国经济学界的最高奖。

担任经济学杂志《经济研究》编辑部主任，1994年到1995年，任经济研究所副所长。现任中国经济体制改革研究会副会长、中国改革研究基金会秘书长、国民经济研究所所长。

除此之外，樊纲还在北京大学、南开大学、社科院等机构任教；2004年，樊纲被法国奥弗涅大学授予荣誉博士学位，同年还被《世界商业评论》评选为2004年度“中国最具影响力的10大经济学家”之一，并于2005年再度获得孙冶方经济科学奖；2005年，《南方人物周刊》将他评选为“中国魅力50人”之一；2004年及2008年，樊纲曾连续两度被英国《观点》（*Prospect*）杂志和美国《外交政策研究》（*Foreign Policy*）杂志评选为“全世界最受尊敬的100位公共知识分子”之一；2006年8月，樊纲就任新一届中国人民银行货币政策委员会委员，成为参与央行货币政策制定的学者型“平民专家”。

一连串称号和耀眼职务，使樊纲成为众人瞩目的焦点。自上世纪90年代开始，樊纲不断发表文章阐述对社会经济的看法，由于其一贯追求的中国经济学的独立“人格”，观点中不乏犀利之词，也因此引发了不少争议。

## 5．经济学家的道德

展现未来之前，不妨先回溯历史，探查事物发展的来龙去脉。

1776年，是不平凡的一年，这一年诞生了一个世界性超级大国——美国。而对经济学史来说，这也是对后世影响深远的一年，经济学之父亚当·斯密的《国民财富的性质和原因的研究》（即《国富论》）发表。这部划时代的著作，标志着自由贸易理论的诞生，经济学作为一门独立的学科门类诞生。

《国富论》一书中提出了两个重要概念。一个是“看不见的手”，强调自由市场的主动调节作用；另一个就是“理性人”的经济学假设，也就是我们通常所认为的“利己主义”的经济学分析前提。这两种观点引发的争论至今未熄，而后一种假设更是将经济学推上了冷血、缺乏人情味的道德批判席。

上世纪90年代，樊纲公然提出，经济学家就是“不讲道德”。如果经济学家去做本应哲学家、伦理学家、文学家、政治家、牧师等等在其职业领域内该去研究的道德问题，那就是“狗拿耗子”。一石激起千层浪，观点一经提出，樊纲就受到经济学界乃至社会各界的强烈批判，骂声一片。

樊纲的这个论断主要来自于他1998年初写的一篇文章《“不道德”的经济学》。在文章中，他强调经济学的分析固然离不开道德的约束，但是道德问题应该作为经济学研究的一种“外生变量”，与社会制度因素、文化因素等经济学体系以外的给定约束一样，如果非要把道德因素引入经济学体系的内部进行研究，只能是干扰了研究结论的客观公正性。

樊纲的经济学“道德中性论”立场鲜明，锋芒直指将道德关怀引入经济学研究的传统观点，因此备受诟病。

有些人从中华民族传统文化入手，以仁爱的道德关怀为出发点，痛斥樊纲不讲道德规范的经济学研究理念。而樊纲则认为，正是因为挥之不去的道德干扰，才导致种种道德问题；正是因为“同志式”的道德假设，才让我们判断经济行为时，总是以一种大公无私，甚至“圣人”标准对其进行要求；一旦期许的人选不是“圣人”，一切希望就会落空。

与其处处报以这种道德憧憬，不如以最低限度的道德标准去做假定，只要有一个“小人”，那么在进行经济研究和制度设计的时候就要以对待“小人”的标准进行。因为，我们的制度安排只要放过了一个“小人”，而这个小人的丑恶行径因为制度的缺失而没有得到惩罚，那这种丑恶就会进一步泛滥，最终导致“劣币驱逐良币”[①]，人人争先作恶。

五千年华夏文明，君子仁义之论滔滔，我们不自觉地将道德的假设强加于人。多少个封建王朝，我们都期待着一个圣君带我们走向太平盛世，但是事实又是怎么样的呢？

樊纲坚持客观立场，敢于直言的做法让争论一波未平一波又起。随着互联网的快速发展，通过网络交流和沟通日益方便，网络也成为获取信息的重要手段。

---

① “劣币驱逐良币”是经济学中的一个著名定律。该定律是这样一种历史现象的归纳：在铸币时代，当那些低于法定重量或者成色的铸币——“劣币”进入流通领域之后，人们就倾向于将那些足值货币——“良币”收藏起来。最后，良币将被驱逐，市场上流通的就只剩下劣币了。

2006年两会期间，温家宝总理在媒体上肯定了群众通过网络言政对政府工作的重要参考意义，几乎同时，樊纲跳出来进行反对，称“网民不能代表民意”。樊纲认为民意是指大多数的社会低层次人群的意见，而这群人是被排除在了网络之外的。整天上网的人，或多或少都会代表某些利益团体的声音。所以，“政府不能仅以网上的舆论来制定自己的政策”。

逆势而上，樊纲的言论立刻受到了强烈的攻击，并与其之前的“经济学家不讲道德”的言论相结合，网络文章频出，嬉笑怒骂的口水征讨，大有“生吞”樊纲之势。

众家立场不一、观点不同并不奇怪，也可能只是樊纲的言论没有归于主流的意识当中。也正是因此，作为经济学家，樊纲在纷繁复杂、荆棘丛生的舆论大潮中一直坚持着独立的观感才显得那样难能可贵。

## 6．收入差距问题

改革开放打破了计划经济体制下绝对平均的分配理念，从“万元户”到百万富翁、千万富翁、亿万富翁到现在的各种各样的富豪排行榜，标志着社会的不断进步，同时也说明我们的收入差距正在不断拉大。

随着市场经济的进一步发展，衡量收入分配差异的基尼系数[①]在我国逐年攀升，早在2000年就超过0.4的国际警戒线，并继续上涨。世界银行相关数据显示，中国最富有的一部分人和最贫穷的一部分人之间的收入比例差距，已远超发达国家和部分发展中国家，收入差距的拉大给中国带来了许多深层次的社会矛盾。

从经济学角度看，改革开放与收入差距的矛盾正是效率与公平之间的矛盾，二者是相伴相生的。

樊纲认为，在高度集权的计划经济时代，我们几乎不存在太大的收入差距问题，但同时经济也几乎处于停滞状态。现在收入差距的拉大从一定程度上反映了

① 基尼系数，或译坚尼系数，是20世纪初意大利经济学家基尼根据劳伦茨曲线所定义的判断收入分配公平程度的指标。比例数值在0和1之间，是国际上用来综合考察居民内部收入分配差异状况的一个重要分析指标。

我们改革开放所取得的巨大成就。

樊纲指出，在经济发展的初期，即使没有腐败、特权等政治问题的存在，也不可避免地要产生收入差距拉大的问题，它几乎是与制度转型孪生的，所以才有了邓小平“让一部分人先富起来”的口号。

严格来讲，人们所不能容忍的并不是因为经济发展而自然产生的收入差距拉大，而是因为贪污腐败的制度缺陷所产生的贫富分化，这才是社会矛盾的根本来源。腐败是因为公权太多，也正是暴露的腐败问题让我们认识到了我们制度的缺陷，从这个角度讲，要想限制腐败，就必须要限制公权，有滋生腐败的土壤就不能避免腐败的产生，屡禁不止就是因为“有条件搞腐败”的人太多。对此，樊纲也提出了自己的对策，最大的目标就是要让权力重回民间，厘清政府角色，搞好定位，把属于市场的东西还给市场，只有这样才能把权力寻租的机会大大降低。如果不搞好政府职能转换，这个问题是没有办法解决的。同时，樊纲也强调，中国的改革是一个渐进的过程，改革本身就是各方面利益再分配的博弈过程，要用发展的方式去解决遇到的问题，不能就问题谈问题。

樊纲认为收入分配不均衡，国企也是一个重要因素。由于国企员工工资差别较小，但是权力差别较大，有些权力的控制者可以进行公款吃喝等个人消费，所以从收入分配上讲，国企改革也是非常必要的。

樊纲还对与收入差距相关的贫困问题做了分析，认为贫困可以分为绝对贫困和相对贫困。绝对贫困是用绝对的生活指标进行衡量的贫困，是一个静态概念；而相对贫困则是以与周围的人进行比较，自己的生活水平提高的相对速度较慢。用这两种贫困的概念解释收入差距问题，樊纲认为相对贫困并不可怕，因为绝对量是上升的，相对的量差还有利于增加竞争，提高社会效率，另外对于相对贫困的遏制，政府还可以出台比如遗产税、所得税等调节手段。他最担忧的就是绝对贫困的大量出现，这一群体主要集中在下岗工人身上，他呼吁国家要建立完善的社会保障机制，以防止曾经为国家作出了巨大贡献的人们走向绝对贫困。

对于城乡发展不均衡，城镇居民与农民的收入差距等问题，樊纲认为农民不太可能成为绝对贫困的群体。但是要想进一步提高农民收入，只有让绝大多数的农民脱离农村，变成城镇居民，中国的现代化步伐也才可能进一步加快，而解决这一问题最好的方式就是大力发展制造业。此外，这也是解决东西部地区发展不平衡的一项重要举措。

又是一次逆潮流而上，在大呼产业升级的今天，樊纲却保守地钟情于低端的制造业发展，引来不少非议。

## 7. 炮轰郎咸平

2004年的“郎顾公案”将一个经济学者引入了人们的视野，并逐步变成了众人关注的焦点，一时间名声大噪。他就是被冠以“国有资产守护神”、“中国民营企业教父”等一连串美誉，知名度堪比影视明星、几乎家喻户晓的香港自由经济学者，号称“郎旋风”的郎咸平。郎咸平以其犀利的语言风格、对各种社会现象直言不讳、充满个人色彩的评论和抨击深得内地群众，尤其是青年一代学生的喜爱。

随着国际市场的开放，人们的视野逐渐开阔，越来越多的人看到了处于产业链下游的中国制造业的弊病，已经不再为制造业大国而骄傲。走向制造业强国、发展高科技的呼声日渐高涨。

郎咸平结合自己的研究，提出了“产业链理论”，并将之形象地概括为“6+1理论”[①]。郎咸平用供应链价值工程的分析方法，将现代制造业的产业链分成7个增值环节，由高到低分别是产品设计、原料采购、仓储运输、订单处理、批发经营、零售，这几个环节的价值是逐渐减少的。按照郎咸平的划分不难看出，处于产业链最低端的生产制造不仅最脏、最累，利润也最低。他举了“芭比娃娃”为例系统说明了他的理论。

在产业链的分工当中，美国占了高端的6项，而中国只占了生产制造一项，中国制造出来的芭比娃娃卖给美国的价格是1美元，而美国商店出售的芭比娃娃却是9.9美元，美国通过产业链优势掠去了大量的资源和财富，而中国的制造业最终只不过是在“为他人作嫁衣裳”。

① 郎咸平的“6+1”产业链理论：“6”是指：产品设计、原料采购、仓储运输、订单处理、批发经营、零售，而“1”则指的是产品制造。“1”挣不了钱，“6”才能挣到钱。

以他的产业链理论为基础，郎咸平解释了中国在过去的发展过程中，以制造业为主的发展模式浪费了大量的资源，同时也造成了环境的污染，更提出了如此低端的劳作对人才的漠视。大学生找不到工作也正是因为中国根本就不需要大学生，如果长此以往发展下去，中国必然在这场没有硝烟的“产业链战争”中一败涂地。

郎咸平的观点显然与樊纲大力提倡制造业的思路相左，樊纲认为中国现在除了大力发展高科技产业以外，必须要把低端制造业的发展放在一个十分重要的地位。当前阶段，发达国家固然控制了产业链的高端环节，我们国家只是提供了大量的原材料和廉价劳动力，在生产制造环节获得“产业链价值”的小头。但正是这些低端的制造业，由于其劳动密集的发展特征，解决了大量的就业问题，为农村到城市的人口转移提供了条件和就业保障。随着经济的进一步发展，以合资和自己技术创新的方式，沿海地区已经逐步形成了自己的知识产权和品牌，也在逐步完成产业链的“上游整合”。与此同时，发达的沿海地区还可以逐步将低端的制造业转移到中西部去，促进中西部地区的区域发展，这是一个渐进的过程，在中国市场上形成完整的产业链体系也不是一蹴而就的，结合我们当前的国情，大力发展制造业就显得非常重要了。

关于制造业所持的不同观点仅仅是一种学术的不同声音，还不是两人的正面交锋，但是足见两个不同背景、不同经历和体验的经济学者看问题所持的不同角度。樊纲无疑是本土经济学者的代表，而郎咸平则更多地带有旁观者的色彩。

2008年，受美国“次贷危机”所引发的全球经济危机的影响，国内许多出口导向型的企业订单纷纷缩水以致大量倒闭，失业人口增加，出口转内需的任务紧迫。为了应对日益严峻的经济形势，增强我国经济抵御风险的能力，同时刺激经济的进一步发展，解决就业压力，国务院常务会议部署了经济增长措施，提出4万亿的经济刺激计划，主要用于基础设施建设。

11月，计划一经公布，社会上的唱衰之声就不绝于耳，其中以郎咸平为主要代表。他认为4万亿的救市计划如果投到基础设施建设上，是一锤子买卖，方向错了，钢筋水泥堆积起来的GDP并不是真正的增长，更不利于经济的可持续发展。按照他的提议，政府应该把4万亿的投资用于帮助民营经济的发展，促成民营制造业的产业链升级，提高其风险抵御能力。

此言论一出，樊纲便火药味儿十足地进行了回击，称：“一些经济学家，动不动就批中国经济哪里哪里生病了，其实他是不懂宏观经济学。”他虽然没有具体指出“一些经济学家”是谁，但很明显矛头直指郎咸平。

在樊纲看来，基础设施建设是拉动经济增长的重要方式，也是为以后经济的发展打基础的。

可能对于有些地区来说，尤其是中西部经济落后地区，基础设施的投入效率短期内很低，对经济发展的促进作用也不会立竿见影，但是基础设施的先期投入，改善了落后地区的投资环境，从长远来看，对经济的未来发展是大有裨益的。

在与郎咸平的争论中，樊纲并不孤独，汪丁丁教授也对郎咸平的观点提出了不同的看法。他认为郎过多地将市场经济发展的希望寄予政府是不对的，政府应该做该做的事情，其他的权力还给市场。其实两派的论战正反映出了“市场派”与“调控派”的意见分歧，从长远角度来看，就像有些学者所说的，也许作为樊纲一方的“市场派”更符合一个国家经济发展的长远利益。

## 8. 资本市场改革

银行坏账是各个国家的金融发展中不可避免的问题，如何有效控制坏账也因此成为银行业发展的一个重要课题。

在我国，银行的坏账与国有企业的发展有着很深的渊源。上世纪80年代末、90年代初，这个问题日益突出，一方面是国有的银行业；一方面是同样为国家所有的企业，同为一个东家，向国企贷款就好比是把钱从一个兜里掏出来放到另外一个兜里。对于银行来说，有国家担保，不用担心国企造成的坏账，即使是产生了坏账，银行也不用承担什么责任，反正自己也是国家所有的。对于企业来说，有恃无恐，除因为“大锅饭”机制造成的运营效率低下外，对于银行贷款的有效利用也没有动力，多数都用到了其他方面，甚至是中饱私囊，运用权力贷出款以后直接挪到了个人名下。

处于开放市场中的民营经济却是另一番景象。由于没有强有力的担保，银行贷款非常艰难，只有通过亲戚朋友借钱等私下融资方式进行企业的扩大再生产。

由于国家对银行业的垄断，不允许私人开办银行，单方面通过私下融资方式筹集的数额毕竟有限，所以催生了地下钱庄的交易泛滥。

樊纲认为，解决这些问题的根本方式就是金融市场的开放，允许私人开办银行，这样不仅银行本身有了发展的强大动力，一些中小企业的发展融资问题也可以解决。对于解决国有银行的坏账问题，樊纲认为大力推进银行业和国有企业的体制改革才是根本。

随着资本市场的发展，企业融资方式也有了多样的选择，起初的为国有企业筹集资金的股票市场在我国逐渐成熟起来。国有企业上市融资，起初有70%的国有股份是不允许流通的，这自然就产生了国有股一股独大的局面。

按照樊纲的理解，资本股票市场之所以活跃的一个根本动力是股东以资本为依据的投票权。对于中小股东来说，如果企业经营不好，可以选择“用脚投票”的方式撤出该企业。

而对于大股东来说，也有着努力把企业做好的动力，一方面是中小股东的选择权，另一方面也要防范由于经营状况欠佳，股价下跌而被人收购的危险。但是在我国的股票市场，尤其是以“非流通股”的存在为特征的融资方式，极易造成国企圈钱不赢利的悲剧，因为没有被收购的危险，又加上国企“政企不分”的体制性经营障碍，使得中国的股票市场处于一种不健康的发展态势，股市丑闻频出也与之有着千丝万缕的联系。

刚刚进入21世纪，我国资本市场就爆出了震惊中外的“银广夏”[①]事件，资本市场如何有效监管成为当时热议的一个话题。

樊纲认为，资本市场出现丑闻并不是我国所特有的现象，而是自资本市场诞生就频繁出现的问题，关键是如何透过丑闻有效地对市场进行监管。在樊纲看来，我国的资本市场一个至关重要的问题就是产权问题。由于大部分的资本市场

① 1994年6月上市的银广夏公司，曾因其骄人的业绩和诱人的前景被称为“中国第一蓝筹股”。2001年8月，《财经》杂志发表“银广夏陷阱”一文，银广夏虚构财务报表事件被曝光。专家意见认为，天津广夏出口德国诚信贸易公司的为“不可能的产量、不可能的价格、不可能的产品”。以天津广夏萃取设备的产能，即使通宵达旦运作，也生产不出所宣称的数量；天津广夏萃取产品出口价格高到近乎荒谬；对德出口合同中的某些产品，根本不能用二氧化碳超临界萃取设备提取。从大宗萃取产品出口到银广夏利润猛增到股价离谱上涨，是一场彻头彻尾的骗局。

运营企业都是国企，即使出了问题也无法彻底问责，最多就是开除公职之类的处罚，如果能透过产权改革，将这个责任具体到个人，发现丑闻，一罚几百上千万的，倾家荡产的压力会迫使这部分人不敢进行非法交易和操作。

虽然存在重重问题，但是樊纲对我国的资本市场改革取得的成就还是持肯定态度的。和欧美发达国家经过了上百年发展比起来，我们发展的时间是远远不足的，依照时间和成绩来进行比较，成果还是显著的。所以，他认为这些问题的解决也不可操之过急，必须坚持渐进式的改革模式，欲速则不达。

## 9．繁荣下的反思与危机中的乐观

“祸兮福之所倚，福兮祸之所伏。”老子的《道德经》一语道出了世间万事相互转化的道理，但是生于尘世之人，又有多少能从“危”中看到“机”，又有多少能在“顺”中觉悟到“逆”呢？也许前者相对于后者来说要容易一些，因为希望从来都是对抗困难的一剂良药，而沉浸在幸福之中的人们，多半不会意识到潜在的风险，人性使然。

樊纲相比大多数人来讲，可能更为理智和觉醒。

上世纪90年代，曾经出现过多次“中国经济崩溃论”。1993年大规模的通货膨胀以及1997年的亚洲金融危机，还有进入21世纪以后的国企、金融、国民收入等方面的弊病的日益显著，仿佛都给这些崩溃论调提供了佐证。

然而，樊纲却一贯坚持其冷静乐观的态度，认为中国经济还有非常强劲的发展余力，甚至喊出了“高速增长几十年”的口号。在他看来，所谓经济崩溃的各种论点都必须通过不断的发展进行解决，所以中国事实上是被逼上了高速增长的道路。一旦增长停滞，所有的矛盾都可能一触即发，后果不堪设想，所以中国必须不断发展。同时他也强调了体制改革深化的重要性，国企、金融资本市场、城乡以及区域发展等方面，还有许多亟待改革的地方。

事实验证了樊纲的推断，中国在21世纪的头10年里确实保持了一种快速的增长态势，并且随着改革进程的深入，部分矛盾也在不断解决，但是新的问题又出现了，也许真的如樊纲所言，需要用发展的方式去解决这些问题。

2008年，由美国“次贷危机”引发的全球性的金融危机给我国的对外贸易造成了巨大冲击。海外许多企业纷纷倒闭，通胀压力增大，失业人口增多，社会各界都噤若寒蝉之际，樊纲却抛出中国经济不会出大事的论断。

樊纲认为，中国经济是世界上少有的几个健康经济体，从基本面上来看，财政盈余、货币稳定、贸易顺差以及不断增长的外汇储备，又加上政府年初对防止经济过热的有效调控以及紧接着出现萧条迹象以后的经济刺激计划，所以中国经济有着强劲的后发优势，不会因为国际金融危机而造成巨大波动。未来30年中国经济仍将快速增长。樊纲也借助了危机的影响，再次阐述了自己“回归制造业”的中国经济发展理念。

日后事态的发展证明了樊纲的推断，仅仅过了不到1年，中国经济就恢复了以往的活力，持续上涨。2009年不仅实现了GDP（国内生产总值）保8的目标，各方面的发展也显现出了所谓的后发优势的活力。

然而，樊纲并没有因此而兴奋。繁荣之下，他发出了“冷静面对新繁荣”、“防止资产泡沫”的警告。

在我们的经济体制当中，还有许多不完善的因素存在，因此体制改革的力度还不能放松，要通过不断完善市场经济体制来推动发展。另外，纵观历史上经济危机的成因，多数是由资产泡沫引起的，也就是股市、楼市的泡沫，在我们这样的发展中国家，这要作为一个持久的功课来做。不过，樊纲对通货膨胀的预期并不是很强烈，他认为CPI（消费者物价指数）的上涨是由原材料价格上涨引起的，但是到消费市场的许多中间环节又会通过技术改进等方式抵消掉一部分，另外通货膨胀也不会造成经济危机，所以这一点不必太过忧虑。

2011年，通货膨胀愈演愈烈，央行年内几次加息和提高存款准备金率，膨胀的势头还是没能根本抑制，樊纲没有预见到本轮的通胀，然而通胀本身究竟是不是像樊纲所判断的那样不会造成危机，还是一个未知数。

然而，在一轮比一轮猛烈的政策打压之下，房价仍然稳步攀升确实令人担忧，外有人民币升值压力，内有躁动的消费心态，中国会不会上演上世纪八九十年代日本的悲剧，是未来人们紧密关注的事情。

## 寂寞的旁观者

灰色的理论到处都有，我的朋友，只有生活之树四季常青，郁郁葱葱。

——歌德

素有“帅哥经济学家”美誉的樊纲，在经济学研究上却是以严谨慎重而著称的，虽然有些时候这些谨慎会给人保守的印象。对于保守，樊纲有自己的看法——“先悲观的人更乐观”。

21世纪初，当互联网事业蓬勃发展的时候，樊纲给“网购”泼了冷水，坚持从经济学的基本理论出发的风格又给他扣上了“唱衰新经济”的帽子。不过，如今蓬勃发展的电子商务说明樊纲的判断也并非无可挑剔，然而他经济学研究的基本理论却始终如一；回看其以前发表的专著或论文，个中理论几乎是不需要改变的，因为他所追求的是一种普适的经济学框架。

樊纲经常自称是一个理论经济学家。在他看来，所谓的理论经济学，是超越国别、民族和利益团体，没有阶级性的基础学科。他如此执著追寻，坚信并寻找着一种解决所有问题的根本方案，这多少让他看起来有些格格不入。

在研究风气式微、学术氛围所剩无几的今日，学者们不甘寂寞，头顶各种帽子投身市场经济的洪流当中，任何一种声音的背后，都代表着一定的利益诉求，这几乎成为众所周知的事情，见怪不怪。在这个日益浮躁的时代，向来严肃的经济学也未能幸免，成为哗众取宠的手段。各种论调上下翻飞，甚至常常自相矛盾，让人们看不清本来面目。

樊纲的存在起码让人抱有一丝幻想。

樊纲追寻普适经济学的行为本身，正是基于对人类生活共同点的发现，冥冥之中总有一些东西不能被时间磨灭，见证着岁月的枯荣与明灭。

蓦然回首，从苦难的少年时代开始，樊纲就养成了独立思考的习惯，虽然因此付出了代价，却始终如一。

很多时候，樊纲看问题的角度和方式总是非常“另类”，更确切一点讲，仿佛他本身不在其中，而是一个旁观者，这种理性让他显得极其冷漠。人们常说，当局者迷，旁观者清，樊纲无疑是相信这点的。也许正如他自己所说，要“以出世的精神做入世的事业”，以经济学人独立的学术人格诠释着“经济学家最重要的品质是尊重科学”这一看似简单却实属不易的操守。

作为普通人的樊纲，也会经受世俗社会各种各样的诱惑，譬如，农场改造时期的机遇、海外留学时的去留问题。当徘徊于实事求是与歌功颂德、“糟糠”祖国与舒适美国之间时，他最终的选择已经无声胜有声。

在争议四起的时候，他大可以缄口不言，从政、从商也未为不可，当然也可以把经济学作为敲门砖。而樊纲却一再保持着“用自己的声音说话”的经济良知，不为外界影响所动摇。

马克·吐温说，“迟来的真相，就像突然击中头部的马蹄铁。”如同一位孤独猎手，樊纲旁观世事，等待那一刻的降临。然而，他更希望那一刻不要降临。

# 第六章

## 张维迎：风口浪尖上的学者

张维迎，从黄土高坡走来的农家子弟，凭借坚韧不拔的毅力和深厚的经济学功底，提出了双轨制、国企改革新思路、企业契约理论等前沿经济思想。

获得这些成就并非一帆风顺：为钱正名遭批判、顾郎之争、北大改革遇阻、学历造假等等一直困扰着他。而今，他又以“被卸任”再次成为焦点人物。

25年间，张维迎的身份经历了学生、委员、教授、咨询顾问、北大校长助理、光华管理学院院长等等变化，而不变的，是他耿直的性格和坚定的理论信仰。

## 人物简介

张维迎，1959年出生于陕西省吴堡县。为北京大学光华管理学院前任院长、经济学教授。1982年西北大学经济学本科毕业，1984年获西北大学经济学硕士学位，1992年获牛津大学经济学硕士学位，1994年获牛津大学经济学博士学位。

张维迎积极参与中国改革，以经济学家的身份建言献策。他在国内最早提出双轨制价格改革方案；他的企业理论在政企两界影响广泛。2000年，获得国家自然科学基金“杰出青年基金”。2002年，关于中国企业核心竞争力、如何做大、如何重建社会信任和企业信誉的阐述，引起人们对这三大问题的空前关注和讨论，当选为“CCTV 2002年中国经济年度人物”。2006年3月他发表了《理性思考中国改革》的长文，将有关改革的争论推向一个高潮。

张维迎并不是一个安分的学者，屡出惊人之语。1983年，张维迎在《中国青年报》发表文章《为钱正名》，提出“你能多赚钱，说明你对社会多作贡献”的观点，文章刊登后立即引发全国大批判。

2003年，张维迎主持下的“北大改革”，“终身教席”等措施引发激烈争议。2004年，他参与“郎顾之争”，随之在“国有资产流失为主题”的大论争中充当旗手。而在《理性思考中国改革》一文中，“官员是改革中受损最大的利益集团”的论调使他一夜间成为“人民公敌”。

张维迎的高调和不妥协，使其为人诟病，甚至成为大众攻击的对象。在中国经济学界，他常常引发争议。以此看来，“风口浪尖上的学者”之称，张维迎当之无愧。

## 1. 第一次扬名

如果不是那个特殊的机会，张维迎的人生或许是另一番面貌。

1982年2月23日，全国数量经济学年会在西安召开。在当时，这可谓全国级别最高的经济学术会议。政治为纲的年代，人们轻易把一切思想付诸意识形态。但由于传统经济学者基本不懂数学，一些思想激进的年轻人往往以数学为掩护，研究、传播经济理论，于是掀起一股新潮流。

这次会议实际上就是他们集中讨论的平台。后来成为国内学科带头人的许多经济学者都有参加，比如茅于轼、杨小凯、田国强、王国乡、刘世锦等。不过，在当时他们大多被主流所排斥。

后来回忆这次会议，茅于轼说："那次会议实际上是一次传统经济学和现代经济学的斗争会。"而当时，探究现代经济学是要冒很大风险的，所以他们只能以"数量经济学"[①]的名义来探讨西方经济学。

会议首先分组讨论，年过五旬的茅于轼担任小组副组长。会上，一个年轻人的出现引起了茅于轼的注意。

这个年轻人就是张维迎。那时他还只是一名经济系的研究生，本没有资格参

① 数量经济学旧称经济数学方法，是在马克思主义经济理论指导下，以质的分析为基础，用数学方法和计算技术研究经济数量关系及其变化规律的科学，是社会主义经济科学的一个新分支。

加会议，但因为导师何炼成[①]教授推荐，加之会议又是在其母校西北大学举行，于是张维迎得到一个宝贵的发言机会。

张维迎发言的题目是：马克思主义和数量经济学关系中的几个理论问题。主要讨论传统政治经济学与西方经济学的异同。来自全国各地的经济学者原本不认为这个年轻人会有什么高见，只是抱着姑且听之的态度，但直到听完发言才觉得大有是处。随后，张维迎被选为小组代表，到大会上发言。

20出头的张维迎用年轻人的口气侃侃而谈。“如果中国的经济学家不使国家昌盛、人民富强，而是死死守着那些过时的教条，那么他们的良心何在呢？”这句宏论令在座前辈皆感震惊，不禁对其刮目相看。就这样，他在圈内开始小有名气。

茅于轼从张维迎身上看到了对改革“共同的憧憬”。他在后来的一篇文章中写道：“从那时起，我就对这个年轻人有了深刻印象。”

## 2．悾偬岁月

人生充满太多不确定因素，总是被时代不由自主地推向前去……

张维迎的早年岁月，在与命运的抗争中度过。1959年，张维迎出生于陕西省吴堡县。父母都是农民，对其抱有厚望，希望通过读书改变一家人的命运，因此无论手头多么拮据，从来不曾放弃供他读书。

1976年，“文化大革命”结束。17岁的张维迎高中毕业，由于还没恢复高考，回村当了村团支部书记和民兵连副指导员，期间还给地区军分区司令员汇报过工作。因工作出色，第二年他获得地区“优秀通讯员”称号，还担任了生产队长。

① 何炼成，男，1928年生，西北大学经济管理学院教授，博士生导师。担任中华西方经济学研究会发展经济学分会名誉会长、中国《资本论》研究会常务理事、陕西省社会科学联合会名誉主席等社会职务，兼任日本同志社大学、美国西密歇根大学、德国吉森大学、武汉大学、山东大学等20多所大学的兼职教授。

如果顺着这条道路发展下去，张维迎或许可以成为一名有所作为的官员。然而，时代又一次改变了他的命运。

1977年恢复高考。张维迎萌生继续学业的梦想，或许是短暂经历的影响，填报志愿时他选择了“新闻”和“中文”，但最终却被扩招进西北大学新成立的政治经济学专业。就这样，张维迎与经济结下了不解之缘。

作为村里第一个大学生，开学前，全村人为张维迎送行，张家招待大家吃了米糕，那场面张维迎至今记忆犹新。

1978年，张维迎第一次走出农村，进入城市。这次机会成为他命运的转折点，一个新的世界在擅长思辨并以此为乐的张维迎面前打开了。

3年的大学生活，是一个知识积累和辩证思维方法形成的时期，张维迎收获了人生第一笔思想财富。随着毕业的临近，他开始考虑人生的出路——是分配回家，还是继续深造？他选择了后者。

1982年，张维迎考取本校何炼成教授的研究生。经济学界，何教授以善于识人著称，鼓励新思想，不怕离经叛道。当时全国院校经济系讲授的主要内容还是传统政治经济学，何教授却总是一有机会就向学生介绍西方市场经济思想。就是从他身上，张维迎第一次听说现代经济思想并开始思考其对中国社会的意义。

何炼成对张维迎重视有加，所以才推荐他参加1982年的那次数量经济学年会。会后，张维迎的思路更加开阔，对知识的渴求也越发强烈，开始自行组织读书班。

栗树和曾经是班中成员，与张维迎等人一起学习微观经济学并共同探讨。基于对微观经济学透彻的理解和分析，张维迎发现价格理论是这门学科的核心，他以这个核心理论为出发点，来探究经济学更深层次的内涵与价值。

张维迎的思路在学习现代经济理论的时候特别活跃，他在获得知识的同时，思考方向也从书本向社会现实转化。

20世纪80年代初，改革开放刚刚开始，人们的思想都处在似开未开的状态。纵观知识分子地位的起伏历程，这个时期正是知识分子的研究相对比较活跃的阶段。究其原因，应该是随着社会转型的深入展开，知识分子在对社会现实有进一步认识的基础上，也对自身和现实与传统的理论进行重新思考。实事求是地讲，这种认识应该是历史进步的表现。张维迎以经济学的供需原理为出发点，发表了文章《关于知识分子问题的经济学思考》，文中认为知识分子的地位取决于社会对知识的需求，若有效需求足够，那么中国的知识分子的地位自然会提升，所以解决这个问题的根本出路，在于现行体制的改革。这种有理有据的分析触动了人们的敏感神经，张维迎的这篇文章至今仍被不少人认为是当时研究知识分子问题的“里程碑”，具有重要意义。

1983年8月，还在西北大学读研究生的张维迎出事了！

当时，《中国青年报》发表了一篇题为《首都青年个体户座谈批判向钱看》的报道，在改革理念还未深入发展的20世纪80年代，这正反映了社会上大多数人的思想水平。这段豆腐块一样的文字引起了张维迎的思考，为什么中国人把钱当做万恶之源？为什么中国人“学而优则仕”，而西方人“学而优则商”？他基于经济学思维方式，大胆地提出了自己的看法。

在经济学上，钱是价值的客观度量，为了创造财富而赚钱是应该的，不该把钱看成是坏东西。他认为一切向钱看是价值观念的历史性转变，一个人越能赚钱，说明对社会的贡献就越大。

这样的论调触动了当时人们的敏感神经，在那个政治大于经济的复杂年代，为钱说话，在一部分人看来就是资产阶级自由化，与我国的国家性质不符。此文被当时某位省领导点名批评，继而引发了全省乃至全国的强烈声讨。

承受压力的不仅仅是年轻的张维迎，他的母校西北大学同样受到来自各方的批评。研究生处处长把张维迎叫到自己病床前，无比痛心地说道：“维迎啊，党和人民培养你这么多年，你怎么能写出那样的文章来呢？而且，写那样的文章也没找领导报批，成何体统啊？”

面对病中的处长，张维迎违心道歉，生生咽下了那份巨大的委屈。

身在北京的茅于轼听说了此事，写了篇题为《张维迎何错之有》的文章，四处投稿却无法发表。于是他写信给张维迎，鼓励这个年轻人不要放弃，告诉他任何微小的观念进步都要受到巨大的阻力，改革中的新观念总会被旧观念视为大逆不道。张维迎回信说，他会等到对方给他的道歉的。茅于轼回复他说，旧观念是不会给新观念道歉的，只要保守派和改革派产生交锋，新观念、改革派总是会受到批判的。

张维迎只能默默接受这一切，在心里固执地坚持着自己的观点，承受了前所未有的压力。此事导致他差点毕不了业，就连身在老家的父母都知晓了此事，伤心至极。张维迎一直都说，他受的委屈没有比这次更大的了。然而这次遭遇也使张维迎下定决心，寻找更为广阔的空间承载日益开阔的眼界。

## 3. 双轨制带来的荣耀与争议

1984年，张维迎离开西安，来到北京。

年轻的张维迎兴趣广泛，涉猎价格改革、企业家成长、宏观调控、所有制改革、外汇外贸体制改革、政府和市场的关系等等领域，任何一种社会现实，对他都有极大的吸引力。他乐于思考一切重大问题，而且让他自豪的是，跟同时期的经济学家相比，他的行文逻辑20年未变，这是非常难得的。

在价格改革方面，张维迎最突出的成就就是提出了“双轨制”。

1978年，十一届三中全会提出改革开放政策，其中城市经济体制改革是从“放权让利”开始的。但是在价格体系还没有开始进行改革的情况下，放权让利导致了一些以利益为中心的不负责任的市场性行为，进一步加剧了产业结构的失调和供求失衡，政府对价格的控制变得越来越困难，计划指标也越来越难以得到执行。到了1983年，许多经济学家和政府主管经济的官员已经意识到，不合理的价格体系已成为经济改革的障碍，影响了经济的发展进程。

当时的情况是，市场上的产品有的价格太高，但是有些产品的价格又太低。企业发现这其中的不合理，只好在有限的范围内根据需求自主定价，所以就出现了有些企业的产品供不应求，有些企业的产品大量积压的情况。而且，对企业来说，产品价格是国家所定，大家都愿意去生产那些产值高的，却忽略了那些产值低的产品，导致市场的混乱。

这种情势下讨论价格改革问题的文章越来越多，但多数观点都受当时意识的局限，认为市场价格是资本主义经济的特征，在社会主义经济中价格必须由国家而不能由市场供求决定。在这样的前提下，人们讨论的价格改革范围比较狭窄，都是要通过政府的行政手段来调整价格体系，而不是从根本上改变价格的形成机制。

经济学家之间有关这个问题的争论，基本上集中在“成本决定价格”还是“生产决定价格”上，实际上就是分不清该“大调整”还是“小调整”。

在这样的大环境下，张维迎的思想更快速地成长起来，经过几年对西方经济学的深入研究，市场经济的观念已经深入他的内心。

1984年4月，张维迎的《以价格体制的改革为中心，带动整个经济体制的改革》初稿形成。他建议参考农副产品的价格改革的办法，来制定相应的价格体制改革措施，也就是实行双轨制价格，用旧办法管理旧价格，用新办法管理新价格，最后建立全新的价格替代制度。

张维迎的这篇文章得到茅于轼先生的赞赏，推荐发表在由国务院技术经济研究中心主办的杂志《专家建议》上。

而在这一年，中国国内的经济发展极其不均衡，农村改革进行得比较顺利，在进程推进上大有起色，而城镇改革却举步维艰，因为保守势力相对比较强大，尤其是在思想意识形态上非常强势。在这种情况下，每走一小步都得小心翼翼，生怕踩到爆点，怕之前的努力全部付诸东流。在这样的社会环境之下，政府内的改革派和民间的改革者都需要谨慎，甚至借势而行。

1984年7月，张维迎在报纸上看到了经济日报社等单位组织发起的“中青年经济理论工作者学术讨论会”的征文活动，遂将题为《以价格体制的改革为中心，带动整个经济体制的改革》的论文投了出去，经过重重审核，最终获得通过。

由于这篇文章语言犀利、言论大胆，观点更是触及了当时的关键问题，所以导致初审失败。最后如果不是石小敏先生的赏识，他的文章和观念根本不会获得认可。而且，石小敏还把这篇文章推荐给高尚全先生，此时他正在组建体改所，而这也为张维迎以后进体改所提供了非常好的机会。

1984年9月，“中青年经济理论工作者学术讨论会”将论文通过的124人从全国各地召集到浙江莫干山召开会议，这次会议的宗旨是“为党和国家献计献策”，重点讨论的是城市的经济体制改革问题。

张维迎在去参加会议之前，就双轨制思路已经有了新的、更加详细的版本，这个新版本通过对不同产品的描述，对双轨制思路作了更加详尽的解释。在这次会议上，张维迎的理论给与会各方带来震动的同时，也给当时的经济界注入了新鲜血液。他的观点被部分采纳，上报给政府部门，对后来价格改革制定政策起到了重要影响。

在80年代中后期，整个中国经济基本上都是“双轨制”了，也就是计划一条轨，市场一条轨，尽管在理论上这个方法比较完美，但在实施的过程当中，出现了与提出者的初衷不相符合的现象——大面积腐败。

实际上，双轨制之所以能够推行下去，跟它能让部分官员得到一定的好处很有关系，因为他们可以利用手中的权力调配资源，从而赚取“两轨”之间的差价。以农村的价格改革为例，刚开始的时候，有些乡镇干部害怕失去特权，本是反对改革的，可是很快他们就发现，他们可以利用手中的关系和对外界更详细的了解，得到额外的好处。

双轨制滋生了太多的腐败现象，而它的创见者张维迎则遭受了广泛的批评。

出现这样的结果是张维迎始料未及的，他这样解释：“中国的渐进改革并没有一张精准的蓝图，改革的不同组成部分之间相互依赖，只能部分呈现，是摸石头过河式的‘干中学’。”

吴敬琏对双轨制的实行也有这样的评价：“双轨制的实行使部分能够从中得益的官员比较容易接受改革，确保了价格改革得以顺利进行，这是利大于弊的。”

张维迎也说：“这或许是制度改革不得不付出的代价之一。”因为改革的成败很大程度上依赖于权力部门的态度，有太多的改革理念被扼杀在摇篮之中，即使到了今天，也依然想不出比双轨制更好的办法来度过20世纪80年代那样的难关。

对于外界对他的种种非议，张维迎并不认同，在《理性思考中国改革》一文中，他这样阐述自己的观点：“评价一种变革和政策优劣时，必须考虑政策的可行性，把这项政策与替代政策相比较，而不能把现实中根本不可行的理想目标作为反对一项政策的理由。”“直觉对我们理解现象是重要的，但通常是不够的。在当前改革的讨论中，一些人全然不考虑政策的可行性，不考虑政策的激励条件是否充分，而是习惯于用乌托邦理想、‘文革’思维蛊惑人心。”

无论双轨制实行的结果如何，张维迎都凭借这个理论成功地走进了人们的视野，获得了经济界前辈的认可，被许多人视为最具发展潜力的青年学者。那一年，他25岁。

## 4．主流经济“引导者”

1984年12月，张维迎研究生毕业，进入国家体改委中国经济体制改革研究所工作。

张维迎在体改所工作了6年，期间他根据工作需要，研究过不少经济领域，像外汇、宏观调控、收入分配等等。针对中国的国情，他提出了不少建设性意见，其中很多受到国家经济政策部门的关注。

对张维迎个人而言，他最感兴趣的是企业家问题。

其实，在提出价格改革理论的时候，张维迎就讲过：“价格不是自己形成的，它的背后一定有人在活动。”他的思维自然而然转向了企业家。

张维迎或许是最早研究企业家理论的中国学者之一了，他推崇熊彼特的经济发展理论，对“正是企业家把要素组织起来进行生产，并通过不断创新改变其组合方式才带来了其经济增长”这句话十分认同。通过对中国的经济现状进行分析，他与中央党校的盛斌合作写成《论企业家：经济增长的国王》一书。

实际上，张维迎很清楚，在中国当时的政治经济环境下，根本不存在真正意义上的企业家。他认为企业家是充满不断冒险和创新精神的，而我国的企业家充其量只是官僚经理而已，他们没有冒险和创新的动力，也不用为自己的决策承担责任。

张维迎意识到，没有企业家就不会有真正的商品经济和市场价格。但是在当时的条件下，真正的企业家从何而来？在20世纪80年代中期，张维迎系统研究了企业家的职能、素质以及生存环境，提出了从“学而优则仕”到“学而优则商”转变的观点，而且论证了“造就企业家队伍的核心是改革所有制”等一系列命题。

1986年9月19日，张维迎《造就真正的企业家》一文发表在《人民日报》上，他指出：只有财产关系明确，才会有真正的企业家。因此，造就企业家的关键在于改革财产关系。张维迎发出的声音，引发了人们对企业和企业家的广泛讨论，对国家政策的制定者也有借鉴作用。

1987年，党的十三大召开，全国各大企业都开始实行承包责任制。这个政策的实施，有力地提高了企业管理者的工作积极性，对我国的经济发展起到了推动作用。

幸运之神总是眷顾勤奋的有心人，同年10月，张维迎被体改委派到牛津大学进修。在学术上，他大开眼界，深切感受到自己在经济理论方面的不足，然后义无反顾地深入进去，汲取知识的营养。

1988年底，进修期满，张维迎恋恋不舍地离开了那里，但他已经下定决心，一定要再找机会重新回来学习。1990年夏天，张维迎把工作关系转出体改委，又委托朋友办了出国手续，于9月飞赴牛津。

牛津大学4年的学习让张维迎受益终生，其中所付出的艰辛，只有他自己能够体味。对此，张维迎却并不在意，他更看重的是在牛津生活期间那种披荆斩棘后的快乐和兴奋。

“我是带着中国的问题到牛津求学的。”张维迎说。基于之前对企业家和所有制关系的关注，他把学习的重点集中在“资本雇佣劳动”这一课题上。

1994年，他关于这一命题的论文通过答辩，获得了牛津大学经济学博士学位，而论文的中文版《企业的企业家契约理论》在1995年出版，被国内经济学研究生视为珍宝，几乎人手一册。

整篇论文结构紧凑、逻辑严谨，而且充满创意，被他的导师称为是未来研究生论文的一个范本。表面上看，这是一本纯理论著作，而真正懂得的人能看出，书中的思想对中国国有企业改革具有宝贵的理论指导价值。张维迎提出了“国有资本变债权，非国有资本变股权”的思路，这个观点在政府有关部门引起强烈反响。

因为张维迎在国有企业改革研究方面所取得的成果和影响，他被国家体改委聘为“现代企业试点咨询委员”，并多次被国家经贸委和国有资产管理局等机构邀请在有关会议上作主题演讲。

1997年9月，党的十五届一中全会召开，会上明确提出：用3年左右的时间，使大多数国有大中型亏损企业摆脱困境，力争在大多数国有大中型骨干企业初步建立现代企业制度。这个重大决策大大加快了我国的国有企业改革的进度，而之后实行的股权改革、搞活经济等等，有不少与张维迎的观点一致。

回国以后，张维迎发表了大量关于企业改革的文章，他认为国有企业在两个方面存在致命的缺陷，一是在选择经营者上，二是在对经营者的长期激励上。因为国有企业领导的任命是由政府决定的，他没有发掘人才的动力，而且即使是人才，也未必能在企业领导的岗位上站住脚。因此他得出结论：国企改革的出路在于把选择经营者的权力转移，从政府手中转到资产所有者手中，也就是实行民营化改革。

1999年，他出版了《企业理论与中国企业改革》一书，把所有关于企业改革的成果都写了进去，从那以后，一方面因为时间问题，另一方面在于他认为国企民营化已经成为趋势，因此他基本没有再提过企业改革的问题。

从1984年来到北京，直到1999年他被任命为北大光华管理学院第一副院长，整整15年的时间，张维迎始终都把目光盯在中国市场经济的发展上，对中国改革开放后这关键的15年的经济政策制定，作出了重要的贡献。

尽管在这段时期，改革的现实比之张维迎的期望滞后了许多，但他的理论研究方向跟经济政策始终是基本一致的。

但是，随着国有企业改革的逐步深入，某些领域的国家垄断现象也越来越突出，而张维迎对政府管制所持的观点也越来越尖锐。

## 5. “燕园变法”和“黑钱风波”

1999年2月，张维迎成为光华管理学院第一副院长，研究方向也转到了建立市场秩序和企业竞争力上，并在这上面投入了非常多的精力。张维迎从一个经济学教授转变为北大的管理者，角色的转换使他的工作重心也随之发生了转移。

2002年，张维迎又被任命为北京大学校长助理。那时候，中国高校的教育体系出现了一系列问题，高校出现了所谓教育的变异。教育作为社会公器本有较强的公信力，学校也向来被视为“最后一片净土”，可是到了20世纪90年代，这些荣誉或者信任都已经荡然无存。

在某些地方行业风气的评比当中，教育成为人们认为的最为腐败的领域。有些大学校园乱像丛生，假文凭造成真文凭贬值，豪华的大楼与稀少的大师形成鲜明的对比，改革的呼声越来越高。

作为北大校长助理的张维迎，以“北京大学师资人事体制改革工作小组”组长的身份参与了校改，并主持起草了《教师聘任和职务晋升制度改革方案》。此征求意见稿一经面世，立即引起各方强烈反响，这就是轰动一时的“燕园变法”。

这次校改之所以被视为大逆不道，是因为其中的“不升即退”、“终身教席”等措施触及了北大校内现有的利益机制，作为科研和教学主力军的青年讲师和副教授成了愤怒的主体。

张维迎坚持自己的立场，说外面“对我的批评比我的观点还要流行”。因为不愿意让没有逻辑的观点流行，他出版了《大学的逻辑》一书，力证自己所言。

这场争论的热度在经过多次修改的正式方案出台以后才稍有降温，而对这份正式方案，张维迎评价说“很保守，很温厚，妥协了”。

在主持校改的同时，张维迎依然继续对企业和企业家的研究工作，而他在上世纪八九十年代所提出的观点，开始慢慢显现出初步效果。人们开始反思张维迎的改革思路所带来的结果，计算付出的代价。而社会不公平、工资欠付以及不合法改制等现实问题，使张维迎遭到更多的批评。

2004年8月9日，著名经济学家郎咸平发表了题为《格林柯尔：在“国退民进”盛筵中狂欢》的讲演，指责格林柯尔集团总裁顾雏军在“国退民进”的过程当中窃取国家财富。很快，顾雏军向香港高等法院递交了起诉状，告郎咸平诽谤，引起公众学者对国有企业产权改革的论战。

8月28日，中国企业家论坛首届深圳高峰会议上，张维迎在演讲中明确表示：“这些教授打着学术自由、保护国有资产、保护少数股东权益、保护小股东权益的旗号，在不遗余力地否定过去10年国有企业改革、产权制度改革的成果，否定我们的企业家队伍，这是非常非常值得我们注意的。”同时，他指责郎咸平的言论纯属哗众取宠，说他为了出名什么事都干得出来。

也就在这一天，郎咸平在北京组织了另一场会议，叫“资产流失与国有资产发展研讨会”，矛头直指张维迎：“我现在回复张维迎的话，我就是要代表中小股东来促使职业经理人必须承担信托责任。”

随后，这场争论被人为地扩大了，一派以经济学家张维迎、周其仁、吴敬琏、张文魁等为代表，另一派则以郎咸平、杨帆、韩德强、左大培等为代表，两派互相指责甚至谩骂，关系一时间非常紧张。

2005年8月，因涉嫌经济犯罪，顾雏军和他的主要助手被拘捕。

面对这样的结果，张维迎表示：“我和他不熟，企业我也不太熟。”“我从来不会评估某个企业，我所发表的看法，都是针对整体的中国改革作出的评价。”

不少人都说张维迎之所以力挺顾雏军是因为收了“黑钱”，对此，张维迎予以了否认：“我对自己的为人很自信。有人要是相信某个企业家花了8万元就把张维迎搞定了，那你就太小看张维迎了！”

这次著名的争论之后，张维迎受到了非常多的批评，尤其是网民的责骂铺天盖地，给他带来巨大的思想压力，但是这并不能让张维迎改变自己讲话耿直的性格特点。对他来说，坚持思想上的独立，比其他的利益要重要得多。

## 6．光华人事纷扰

其实早在1999年被任命为光华第一副院长的时候，张维迎就以哈佛大学和美国西北大学为参照系，草拟了《北京大学光华管理学院10年发展纲要》，提出要在10年内把光华建设成世界一流的商学院。从那个时候，光华就已经开始了改革。

2006年9月8日，张维迎任北大光华管理学院院长。此时，离光华开始改革的时间已经过去了7年，在人才引进、经济创收、论文创作等方面已经卓有成效。所以，张维迎在2007年的时候这样说："现在我敢吹牛，光华管理学院的师资队伍是全中国商学院中最强的，光华管理学院的学术文化是全中国大学里最好的！"光华的100个教员当中，有57%是海外的博士，加上几个合同制教员，海外教师的比重达到60%。在北大学术文化方面，光华是发表论文最多的文科院系。

除了这些，还有光华的"硬件"。早期的光华教师，即使是一般讲师都有独立办公室；后期，光华3万多平方米建筑面积的新楼落成后，名车将大楼团团围住。这些都得益于光华的改革。然而，光环有了，不和谐的声音也有了。

2007年6月10日，光华管理学院教授邹恒甫在他的博客上发表了一篇致教育部部长周济的公开信，信中说明了张维迎开除他的事实，并指责这是张在对其进行报复。

邹恒甫公布了张维迎在4月5日发给他的一封英文信，信中说院长会议研究决定，从5月1日起，邹不再享受学院的任何待遇，并开除他在光华管理学院的教授职务，将他的人事档案移交北大人事部。

而邹恒甫被辞退的理由是：过去几年他很少到校上课，没有承担教师责任以及过多卷入其他的学校活动违反了光华管理学院的规定。对此，邹恒甫并不认同，他说自己并不是很少上课的老师，学校里的很多教授比他上课还要少。至于过多卷入其他学校活动，他承认自己确实为几个大学帮过忙，但他并不知道这违反规定。相反，他说张辞退他的真实原因是他没有在张竞聘院长时投他一票，而且经常在公开场合反对他的观点，属于报复行为。他公开致信周济部长，就是希望能渴露中国大学存在的这种非正常现象。

这篇博客把大众的目光引到了“行政干预学术”方面。据光华一位不愿透露姓名的老师说，辞退邹恒甫是院里的集体决定，不是张维迎个人决定的。

一波未平，一波又起。

同年11月16日，又一封网络公开信直指张维迎，骂其品行肮脏，是“流氓院长”。信的署名是何志毅，他宣称张免去他光华管理学院案例研究中心主任职务的行为，抹杀了他10年的贡献，是“不尊重事实、不负责任的”，是“霸道的”。

文章措辞激烈，结尾句是“我为光华有你这样的流氓院长感到耻辱”。何志毅是光华管理学院的教授，2001年出任学院案例研究中心主任，2003年任《北大商业评论》的执行主编。5天之后，光华管理学院官网上发布“关于何志毅问题的说明”，声称免除何的职务，是为了防止何志毅继续利用案例研究中心的名义从事有损光华管理学院利益的事情。

22日晚，何志毅借感恩节之机，发表“感谢信”，信中反驳了官网上的指责，并说：“张维迎践踏了我做人的基本尊严，超越了我忍辱负重的底线。”

对于此事，北大光华管理学院党委书记陆正飞说，程序上来说对何的处理是没有问题的，这个决定是党政联席会议集体作出的，而不是张维迎个人的私事。

不到半年的时间，张维迎遭受了两次轰轰烈烈的名誉攻击，他个人基本都保持了沉默。“我如果是个普通教授，我一定要去法院告他们对我的诽谤、谩骂和名誉的侵害。但是，我是光华的院长，我要做一流商学院，没有时间跟他们扯。”

从这些话语里似乎可以看出，张维迎有强烈的事业心，而他认为，做行政工作的成本太高，耽误研究不说，还常遭人误解。所以，对这些人事的纷争，他的选择都是沉默。

## 7. 自由主义拥趸

经过几十年的研究和历练，张维迎的学术风格已然形成，而他有些偏激的言论使人们难以理解，由此引发的言语攻击，似乎成了不可避免的事情。

2008年世界金融危机到来，百业待兴，世界各国政府都积极寻求自救的方法，中国也提出了4万亿经济刺激计划，希望能平稳度过危机。

张维迎对世界各国的“救市”行为均持反对态度，“在许多情况下，政府干预越多，问题越大；问题越大，对政府的需求就越多，结果会陷入恶性循环。”“我担心，我很担心！”张维迎对中央政府的宏观调控和经济刺激政策，是这样表达自己心情的。他的这些言论被人认为是新自由主义思想，再次遭到批判。但张维迎说：“一个真正的经济学家，一定是市场经济的坚定捍卫者！”他是这样认为的，也是这样坚持的。

2009年2月底，黑龙江的亚布力很冷，而与之相应的，是孤独的张维迎。

他是首席经济学家，上台演讲的题目是《彻底埋葬凯恩斯主义》，针对政府对金融危机的反应，他提出了自己的看法。批评政府对金融危机存在“误读”，指责我国应对危机的政策其实是在延缓危机并使其恶化，称“凯恩斯主义是政府最喜欢的策略，所有政策都不考虑长期的后果，只看到眼前的利益”。

据此，他建议把国有上市公司的股票和一半的外汇储备分给老百姓：“国有上市公司拿出40%的股份，外汇储备拿出1万亿美元，两项加起来就是13万亿人民币，发到每个人手里是1万块钱，5口之家将分到5万，这会有非常大的财富效应。”

中投公司总经理高西庆[①]对此持有不同意见，当场与他争论起来。对这个

① 高西庆，法学博士，教授、博士生导师。历任中国证券监督管理委员会首席律师兼发行部主任，中银国际副董事长兼执行总裁，中国证券监督管理委员会副主席，全国社会保障基金理事会副理事长。现任中国投资有限责任公司副董事长、总经理兼首席投资官。

反对的声音，张维迎措辞激烈："有些人在公开场合所说的话都是假话。"他还建议大家"不要相信"。事实上，高西庆以中投公司总经理的身份，掌管着万亿外汇储备的运作，他对政府利益的诉求非常明显，因此他的反对理所当然。

出现这样的场面，使得这次会议较之以前热闹了许多。台下的人都开始关注事态发展，甚至有人发出了笑声。这些笑声是给张维迎的。此情此景，让张维迎稍微有些不知所措。他沉下脸来，提醒企业家们要学一点经济学知识，不要在市场经济体系当中成为瞎子。而对这些被张维迎尊称为"最宝贵的社会资源"的企业家来说，他们关心的只是争取到某些直接利益，如贷款、出口退税等等，对经济知识不感兴趣。

张维迎坚持政府应停止救市行为，并坚信"捍卫市场是经济学家的基本职责"。他的这个声音，在2009年轰轰烈烈的政府救市大潮中显得微不足道。经济学界有更多的人反对他的理论，甚至有人质问他是否读懂了凯恩斯主义。面对这样的尴尬，张维迎仍坚称："会等到他们向我道歉的那一天的。"

在那次会议前后的一段时间，张维迎发出的声音基本都是围绕着政府过多干预经济这个事件展开的。

2010年7月，张维迎的新书《市场的逻辑》出版，书中收录了一些跟改革有关的论文，还有一篇反对在社会面临经济危机时出台刺激政策的文章。

张维迎觉得，中国经济之所以出现了一些问题，跟市场改革不到位有关，跟政府不正当干预市场也有关系。如果继续这样下去，很可能会对我国社会经济的整体发展带来意想不到的伤害。

为了解释这个问题，他还做了一个比喻，说一个病人已经过量服药了，现在不但不给减少，反而继续增加，长远来看，必然会影响病人的健康。他认为，让经济自己恢复，采取无为而治才是最正确的态度。

对这样的观点我们不便评论，但是一个学者基于对自己理论知识架构的尊重，无畏于其他，仅此一点，值得尊敬。

## 8. 造假风波

2010年7月，也就是在张维迎的新书《市场的逻辑》出版后不久，他不由自主地陷入一场风波：关于他简历造假的帖子在网络上盛行开来，有人指出了关于他履历的几个疑点：

首先，获得牛津大学的硕士学位在时间上不一致。在光华管理学院官方网站上公布的张维迎的中文简介里，他是在1990年9月入牛津大学读书，1992年获经济学硕士学位，1994年获博士学位的。但是，根据牛津大学学位授予办公室主任大卫·布朗（Dr. David Brown）提供的文件，张是在1994年7月30日获得硕士学位的。而且，张的简历现在又修改为“1990.09～1994.08，牛津大学攻读经济学硕士、博士学位。”

其次，张维迎获奖信息有疑问。张在简历中称：“硕士论文曾获1992年牛津大学经济学研究生最佳论文奖”。但是根据他的一篇带有详细个人简介的论文《从现代企业理论看国有企业改革》的作者小传中，说该奖是牛津大学所设立的唯一的经济学研究生论文奖，每年仅授一名，但是在1992年，芝加哥大学的经济学家罗伯特·希默（Robert Shimer）也曾获得该奖。

最后，张维迎涉嫌编造不存在的书籍作为自己的著作。他自己提到曾出版过《中国经济转轨》一书，是与易纲、迟福林合著的，英国牛津大学出版社出版。而实际上，牛津大学的出版目录上并没有这本书，而其他二人也没有与这本书相关的任何介绍。

对此，张维迎专门写了一篇博客进行回应。就获得学位的时间，张维迎说自己在硕士毕业之后并没有举行学位授予仪式，而是在两年以后，也就是1994年跟博士学位毕业典礼一起举行了这个仪式。所以，他是同时拿了博士和硕士学位的证书。但这只是他参加学位授予仪式的时间，而不是真正获得学位的时间。

就捏造的获奖信息的传言。张维迎解释说他确实是与罗伯特·希默分享了这一奖项，并建议大家到牛津大学的官方网站上获得信息。

关于著作并不存在的问题，张维迎解释说那本书确实是有出版计划，后来因为难度太大所以终止出版。他在1995年之前的英文简历中确实列出过此书，但有注明：待出。而此书的出版终止以后，他再也没有列出过这一项。

实际上，关于张维迎的简历存疑的帖子，早在2007年就在网络上被一名名为“踏雪留伤”的网友发出，只是那时候没有引起人们多少关注。而这次之所以掀起轩然大波；则是因前面唐骏刚刚出现的“学历门”事件。

耿直的张维迎对这件事情作了如此详细、慎重的声明，从学术净化的角度来看，他恐怕是失望比烦躁更多。

尽管张维迎作了澄清，但是一个处处教育别人要“讲诚信”的老师，恰恰因为“诚信”而遭到道德拷问，对大众、对张维迎本人、对光华管理学院，都是一件极其伤脑筋的事。

虽然北大光华管理学院的工作人员否认网上的传言，并坦言真的假不了，假的真不了，学校和张维迎本人的名誉应该不会受到太大影响。但是有些网友似乎并不太关心那些澄清的证据，反而对“张维迎造假”这事本身更感兴趣。

## 饱受争议的人生

希望是附立于存在的，有存在，便有希望，有希望，便是光明。所谓天才，只不过是把别人喝咖啡的工夫都用在工作上了。

——鲁迅

2010年12月6日，北大光华管理学院出了一则人事通告，通告称在组织考察和民主推荐的基础上，学院新一届领导班子的拟聘人选如下：

院长：蔡洪滨；副院长：陆正飞（兼）、徐信忠、刘学、张志学、龚六堂、张佳利（兼），并在12月6日～12日公示。

整个名单里找不到张维迎的名字。这说明，年仅51岁、对学院建设有诸多贡献的张维迎，仅仅一届任满就突然卸任了。

在官方的声明里，张维迎任期已满，此时离职属于正常卸任。但是，就是这"正常卸任"的举动，却在社会上引起了热议。"因言获罪"、学历造假事件、学界恩怨等等猜测传得沸沸扬扬。但是这些都遭到了北大官方的否认。校方宣传方面的负责人说："这是一次很正常的换届，不只是张维迎一个人，是整个光华领导班子的调整。"之所以这样讲，是因为之前光华管理学院主管EMBA和MBA工作的武常岐、张一弛两位副院长也被同时"调整"了下来。

就张维迎个人而言，北大一名不愿透露姓名的老师说的话或许更能代表一部分人的心声："客观地说，张维迎在任内是十分敬业的，这次院长易主，可能他自己也没有想到，毕竟他才做了一届，年龄上也还可以再做一届。但现在的院长选任，民主推荐和组织考察都很重要。维迎在人际关系问题上可能得罪的人要多一些。他思想有新意，但很多观点引起了社会争议，好像和管理学院院长的身份有些偏离。这大概是他无法继任的原因。"

面对外界对此事的一连串疑问，张维迎选择了沉默。

不管张维迎的院长职位卸任是“正常”还是“非正常”，在他就任光华管理学院院长的这几年里，学院的发展有目共睹。

张维迎在北大启动了第一个EMBA（高级管理人员工商管理硕士）和EDP（高层管理培训）项目，这些项目的成功启动，对中国商学院起到了整体带动作用。张维迎第一个高薪引进人才，其中包括海归和任特聘教授的学者。这不光提高了光华在国内和国际上的知名度，对光华内部其他教授水平的提高也有帮助。除此之外，光华在国际知名学术期刊上发表的文章也占不少的比例。

他还引入多项投资，光思科公司就承诺从2008年开始，3到5年内投资2 000万美元，与光华合作成立领导力研究所，这是来自国际的最大赞助。

2010年4月，光华管理学院通过了QUIS认证，这是欧洲最大也是最权威的国际商学院的一种认证。同时，光华在招生方面的本科录取分数线也跃居北京大学第一名。

而张维迎学生的话更能反映他的秉性：“很多人说张老师不善于处理人际关系，其实不是他不善于，而是不愿意。为了捍卫他所坚持的理念和标准，他不愿意妥协。这在很多人看来是缺点，但对一个有独立观点的学者来说却是最难得的。”

张维迎还继续在学术方面坚持着他的理论，外界对他的议论也依然在继续，而对其本人的评价，需要客观和理性。其实对张维迎的分析，不可避免地要放大到中国改革开放30年的环境当中去。

回顾张维迎的个人发展历程，上个世纪80年代，他在经济界崭露头角，参与了改革的设计部分。而到了90年代，他凭借自己深厚的理论功底和强大的分析能力，成为在中国拥有改革话语权的少数知识精英中的一个。本世纪开始的几年，他是中国企业家的“精神教父”，后来言语方向转变，备受争议，直到现在他卸任光华管理学院院长的职位，回归单纯学者的身份。

张维迎的个人发展，一直与中国的改革与社会转型同步进行，而他手中关于改革的话语权，变得越来越弱，这个现象跟我国社会的情势是相适应的。现在这个阶段，公民推动社会转型的力度在加大，而如果想在这样的环境下最大限度地发挥出自己的能力，以张维迎为代表的知识精英应该寻找一种更为适合的方法。

撇去他的锋利，张维迎只是一个知识分子，一个站在理论角度上分析社会现实的学者。在这样一个百家争鸣的时代，他的存在，本身就是社会的一种进步。

# 第七章

## 张五常：西方经济学传教士

回首改革初期10年，作为一名“在野”的经济学家，张五常给中国经济开出的药方虽然并没有悉数实施——鉴于国情，有些方法确实无法实施——但透过张五常的观点，我们看到了另外一个世界，他在中国的改革开放和西方经济学知识的传播上功不可没。

在中国改革的各个岔路口都少不了张五常，他颇有一副指点江山、激扬文字的气势。然而，他本人却表示对政治不感兴趣，更不愿意成为幕僚学者，其学术研究的目的是为了一种精神的愉悦，并调侃如果要让他为了某种目的去做自己不喜欢的事情，是会收钱的，并且费用会很高。

## 人物简介

张五常，1935年12月生于香港，国际知名经济学家，新制度经济学和现代产权经济学的创始人之一。

张五常毕业于美国加利福尼亚大学洛杉矶分校经济学系，以《佃农理论》和《蜜蜂的神话》享誉学界，其中《佃农理论》获得芝加哥大学政治经济学奖。上世纪80年代起在香港报界以产权理论分析时局，引发巨大反响。

张五常对中国的改革开放和英治香港时期的自由开放极为推崇。并曾于1988年引荐弗里德曼会见当时的中华人民共和国国务院总理，据说朝鲜民主主义人民共和国经济管理阶层也时常阅读其文章。

此人一向狂放不羁，喜出狂言，经常发表一些耸人听闻的言论，在经济学圈内素有“狂生”之称，自称为“华人世界里最有影响力的经济学家”。令人不可思议的是，他出言必称自己和经济学大师科斯、弗里德曼的交情，并自称是唯一一位未获诺贝尔奖而被邀请参加了当年诺贝尔奖颁奖典礼的经济学者。

## 1．特立独行的少年

1941年12月8日凌晨，香港启德机场和停泊在海面上的英军战舰被日机轰炸，英租界下的平静生活就此被打破。在短短18天后，由于无力抵抗日本侵略者的火力进攻，英军被迫投降，香港开始了为期三年多的血腥野蛮的“日治时期”。

此时的香港政治经济一片混乱，物资紧缺、饿殍遍野，为了逃难，很多香港居民辗转到了祖国大陆，这其中就有张五常。

张五常在家排行第九，当时只有6岁多。张父文来是一个小商人，张母苏红是一个传统的中国妇女，家境还算殷实。为了分散风险，父母决定分头行动——张父与长子和两个女儿留在香港，张母带着包括五常在内的7个儿女逃难到广西。

说到张母，张五常在日后的文章中屡次提到，作为一个传统的中国女性，她的婚姻是包办的，在没有见过张父的情况下两人就结为了夫妇，并生有10个儿女。虽然不识字，可是张母有着极高的投资天赋，在日军侵略前，她不仅购买了保值的黄金，还储存了大量的食盐与花生麸，这些东西在他们逃难到广西后，救了许多人的命。

母亲对张五常的影响是很深的，1972年张五常的《儿女的产权与婚姻合约》

就是在母亲传统的三从四德婚姻观念中得到启发的，这是后话。

在那个兵荒马乱的年代，饥饿随时都会夺去一个鲜活的生命。与自己玩耍的小朋友一个个地饿死，但张五常勉强活了下来，所以说现在他对中国青年孜孜不倦的教诲和期望，是深深扎根在那个幼小内心的苦楚和无奈之上的。

那时，张五常曾经背着饥病交迫、奄奄一息的妹妹走在田野上，寻觅可以充饥的东西。这种经历培养了他与农民的特殊感情，也增长了他的农业知识，对农业和农民这种不可磨灭的印象为他后来的成名之作《佃农理论》增添了不少鲜活的现实成分。

这样的生活一直持续到1945年日本投降。此时历经战乱的张家已经败落，所幸张家父母对教育很是重视，家里的孩子没有一个因战乱而辍学。

张五常此时被送进佛山的华英学校读书，特立独行而又有极强自我创造表现欲的他学业一塌糊涂，屡次降级，并且以调皮捣蛋闻名全校，最终被华英学校开除。回到香港的湾仔书院以后，张五常依然我行我素，仅仅算是勉强毕业，后经欣赏他独特思维方式和做派的郭炜民老师推荐升入了皇仁书院。

在皇仁求学的日子，张五常的学业并不见长，又留了一级，不过其他方面略有所长，口琴比赛获过奖，还在校刊上发表过文章，遗憾的是最后他还是没有逃过因为作文考试差一分不及格而被皇仁扫地出门的厄运。

不过现在看来，也许正是这些叛逆和坎坷成就了张五常。在日后的科研工作当中，他保持了独立思考、自成一派的研究风格，因荒废学业为代价而养成的广博的爱好也为他今后的成就做了铺垫，像摄影爱好甚至成为了他初到北美得以谋生的手段。

1957年7月31日，张五常离开香港，踏上了赴北美求学之路。

## 2. 与众不同的求学之路

到了加拿大多伦多，想拿个商科文凭的张五常四处碰壁，在从香港过去的近500名学生中，竟然只有他没有一个学校愿意收。迫于生计，张五常在当地的一家摄影室当了一名摄影师。

不知是机缘巧合，还是吉人天相，在这期间他碰上了改变他命运的人——王子春。王子春觉得他是个可造之材，于是给他推荐阅读书目，教张五常英文写作和很多关于做学问的典故，并鼓励他尝试申请美国的学校。在王子春那里，张五常学到了对他影响深远的一课：写文章一定要make sense（言之有理）！

终于，美国加州大学洛杉矶分校①向他伸来了学术生涯的第一根橄榄枝。1959年秋，张五常入读本科。历经磨难的张五常此时在学业上非常用心，开始读商科，后改读经济系，1962年6月就以优异的成绩拿到了硕士学位。

此时老天却给张五常开了个不大不小的玩笑。按照校方规定，硕士毕业要继续攻读博士的学生要通过一个口试，例行公事般的考试形式，在他之前的学生都悉数通过，到了张五常这里却破了纪录，成为有此考试以来唯一一个没有通过的学生。

在这场以赫舒拉发②为主考的口试中，有关高级经济理论的提问，张五常对答如流，然而，却因为一个非常初级的问题一时语塞，最终被判不及格。本来他是没有继续攻读博士的机会的，但在几位教授的努力下，给他争取了一次补考的机会。考试之前，张五常在初级理论上痛下了3个月的工夫，补考顺利通过。这次考试与张五常日后在研究中特别注重对基础理论的把握是不无关系的。

旁听是张五常求学生涯的一大特色。其师赫舒拉发和艾智仁均为张五常旁听3年后才拜的老师。张五常觉得生平最大荣誉就是有此二师，对二人的敬佩和尊重之情可见一斑。

赫舒拉发是研究价格理论中投资理论的大家，财务学的开山鼻祖。他的课堂上可以轻松发问，气氛融洽，但并不是每个问题赫氏都会回答，他只对那些有创见的问题感兴趣，所以张五常就在课下下足了工夫，从各个角度、不同层次把要

① 加州大学洛杉矶分校，美国最顶尖的公立大学，位于美国加利福尼亚洛杉矶的Westwood。是美国商业金融、高科技产业、电影艺术等专业人才的摇篮，是全美培养尖端人才领域最广的大学。它是加利福尼亚大学系统中的第二所大学，与加州大学伯克利分校（UC Berkeley）齐名。

② 赫舒拉发，加州大学洛杉矶分校的卓越经济学教授和名誉退休教授。在剑桥大学出版社出版著作《不确定性与信息分析》和《力量的黑暗面》。美国文理科学院和计量经济学会的会员，曾任西部经济学会的会长、美国经济学会的副会长，后者曾提名他为2000年的卓越会员。曾供职于《美国经济评论》、《经济行为与组织期刊》和《生物经济学期刊》编辑部。

提的问题弄清楚，找到一个最有新意的方式以便得到赫氏的解答。

张五常在创造性的发问中与赫氏熟识了，不到1年工夫，赫氏的课堂问答竟然变成了他与张五常的二人对话。更有趣的是，有时候因为一些事情的耽误，张五常上课迟到，赫氏居然会停课等他。在旁听两年后的一次谈话中，赫氏对张五常重复地听自己的课提出了疑问，你一次又一次听我的课，难道是我的经济理论你还没有掌握？张五常的回答是，你的理论我早在书本上学完了，重复听课是要学习你的思维方式。这样的回答更能看出张五常过人的思考和学习方式，虽然两个人风格迥异，但是张五常兼收并蓄，一遍又一遍地旁听，从赫氏的言谈中汲取精髓，融会贯通，完善着自己的思维方式。

艾智仁是现代产权经济学创始人。他的课堂没有赫舒拉发那样随意，旁听生是不准发问的，并且艾智仁不在办公室接待学生，张五常就在下课时冲出教室在路上向他求教。刚开始一听到张五常的问题，艾智仁就会问他是否读过相关的文章，几次三番，在提问之前，张五常总是尽可能多地查阅相关资料，力图将问题都弄明白之后，拿出实在不明白的问题去求教。对提问的苛求完美使张五常深入到了经济理论的各个细节，在深度上把握了各种不同的观点。由于准备充分，对艾智仁提出的问题对答如流，张五常最终获得了令其他同学羡慕的到办公室单独求教的机会。

在张五常的求学阶段，不得不提到一个此时并未与之谋面，而后却一见如故、结下亦师亦友深厚情谊的人，他就是荣获1991年诺贝尔经济学奖的英国经济学家科斯①。

科斯创造了“交易成本”②的概念，并提出著名的科斯定理，“在完全竞争

① 科斯因为“对经济的体制结构取得突破性的研究成果”，荣获1991年诺贝尔经济学奖。他的杰出贡献是发现并阐明了交换成本和产权在经济组织和制度结构中的重要性及其在经济活动中的作用。科斯的代表作是两篇著名的论文，其一是1937年发表的《企业的本质》，该文独辟蹊径地讨论了企业存在的原因及其扩展规模的界限问题，科斯创造了“交易成本”这一重要概念来予以解释。其思想被概括为“在完全竞争条件下，私人成本等于社会成本”，并命名为“科斯定理”。

② 交易成本又称交易费用，交易成本理论的根本论点在于对企业的本质加以解释。由于经济体系中企业的专业分工与市场价格机能之运作，产生了专业分工的现象；但是使用市场的价格机能的成本相对偏高，而形成企业机制，它是人类追求经济效率所形成的组织体。由于交易成本泛指所有为促成交易发生而形成的成本，因此很难进行明确的界定与列举，不同的交易往往就涉及不同种类的交易成本。

条件下，私人成本等于社会成本”。张五常在硕士求学期间一次偶然的机会，从重金拍得的一本残破的期刊《法律与经济学报》上知道了科斯，之后又花了3年时间反复研读科斯的《社会耗费问题》，甚为佩服，也就是从那时起，两人的思想渐渐靠在了一起。在后来的诺贝尔领奖发言中，科斯特别强调了张五常所作的贡献，而当年被邀参加颁奖典礼的，张五常是唯一一个未曾获得过诺贝尔奖的经济学者。

## 3. “破釜沉舟”之佃农理论

张五常的博士读得似乎不如学士和硕士那般顺利，1963年之后的3年间，张五常都没有找到自己满意的论文题材。

起初的两年，张五常四易其题，均以失败而告终，挫败感使他几欲放弃学业。但与此同时，张五常搜集和分析材料的技能却得到了大幅提升。

1966年初，经过休整的张五常来到当时他所任职的长堤大学图书馆，意外地找到了一些关于台湾农业方面的资料，资料记载了台湾农业改革的详细过程和相关数据。张五常发现台湾1949年农业改革后，地主与农民的分成中，政府规定地主占有农产品的比例不能超过37.5%，但是令他难以置信的是，在这样的约束之下，农业产量还会急剧上升。在对数据进行细致分析，排除了政治宣传的可能性以后，他对这种政府管制下的效率产生了疑问，因为这与传统农业管制下的效率模型是相悖的。

要解决这一问题，首先是要建立一个无分成管制的租田理论模型，在没有参考有关理论读物的前提下，张五常凭借自己之前积累的深厚的经济学理论基础，仅用了两天时间就完成了这项工作。当他把分成管制的百分比约束加上以后，模型内部的生产竟然上升了，这正好印证了台湾土地改革管制提高生产效率的资料记载。这样的结论当然不能轻易地相信，于是张五常对理论分析的每一步都进行了详细的核查，但还是没有找到任何错漏的地方。

张五常把这一发现向同事详细解释，并与其讨论分析，最后居然得到这个理论“会引起学术地震”的评价。

在经过反复思考和推敲，确认无误后，张五常写了长达11页的题为《佃农理论——引证于台湾的土地改革》的博士论文大纲，寄到了加州大学，《佃农理论》的基本理论框架此时已经成型。在正式的论文当中，张五常通过自己的理论将台湾土改现象一般化开来，深入地研究了市场条件下的合约和交易费用的关系，开创了经济学领域合约经济研究和交易费用研究的新纪元。同时，《佃农理论》也奠定了张五常从现象入手的经济学实证研究之路。

然而这部在经济史上具有划时代意义的著作，从1969年芝加哥大学出版社出版到上世纪90年代将版权还给张五常本人的20多年里，市场销量竟还不足200册，实在令人费解。

1966年5月的一个下午，有关张五常论文大纲的讨论一直持续了5个多小时，大家莫衷一是。对于这样的结果，张五常是很沮丧的，但晚上11点多给导师赫舒拉发的电话让张五常备感欣慰，因为赫氏认为这是他所见过的自己的学生所做出的最精彩的论文大纲。

次日，张五常又接到艾智仁的电话，说他的佃农理论与传统理论是两回事，需要讨论之后再进行答复。在兴奋和期待中等了1个月，张五常接到了艾智仁同意论文写作的电话。此时，张五常并没有急于下笔，因为在他看来，理论在逻辑上没有错误还不够，要在实际当中不被推翻才算是有用。为了验证自己理论的正确性，在论文动笔之前，张五常收集了很多关于台湾农业的生产数据，运用各种假说，和学生助手一起，用了近4个月的时间试图去推翻自己的理论，都未成功。

期间，他的同事很替他担心，因为张五常在学术上非常严谨，对就是对，错就是错，所以一旦他把自己的理论推翻，就意味着前功尽弃。所幸的是，这样的事情没有发生。

1966年12月，张五常意外收到了在发展经济学方面享有盛名的杜玛（E. Domar）的新年家庭聚会邀请，杜玛对张五常的研究表示赞许，并把他的论文第一章寄给了芝加哥大学研究农业经济的约翰逊（D. G. Johnson），推荐其申请芝加哥大学的博士后。碍于论文中对约翰逊理论的强烈批评，张五常没敢立即申请。

直到1967年3月，赫舒拉发给他打电话催促此事，张五常才寄出了申请信，没想到两天后就收到了芝大系主任哈伯格（Harberger）的录用电报，为期1年。从别人口中得知，约翰逊并没有因为学术上的分歧而产生任何偏见，看了张五常论文的第一章以后，就不再考虑其他申请人，只等着张五常的申请信了，前辈的胸襟让张五常肃然起敬。

1967年秋天，张五常来到了他仰慕已久的芝加哥大学。

## 4. 如日中天时的退隐

一到芝加哥大学，张五常做的第一件事便是去拜访科斯。

科斯是1964年转到芝加哥大学的，原来的《法律与经济学报》编辑戴维德退休，科斯接任了他的工作，在芝加哥大学法律学院任教。张五常与他并未谋面，只在文章中交会，但对他颇有好感。

那天，张五常有些紧张地走进科斯的办公室，进行准备了很久的自我介绍："我是史蒂芬（张五常的英文名字），艾智仁的学生，曾经花了3年的时间读你的《社会耗费问题》。"当科斯问及该文说的是什么内容的时候，张五常一时不知从何说起，于是简单答了一句："你那篇文章说的是合约的局限条件。"是时，科斯高兴地站了起来，感叹自己终于有了知己，并邀请张五常一起吃午餐。

钟期既遇，奏流水以何惭？虽没有师生之名，张五常却常被外间误以为是科斯的学生，科斯本人不否认，张五常也很以之为豪。张五常和科斯经常在芝加哥大学校园里散步、讨论，有时候竟忘了上课的时间。受科斯思想的感染，张五常对合约的思考更为深刻了。

在美国的经济学界盛传着这样一个典故，有一次科斯到大学演讲，听者甚众，科斯直言别人引用他的思想都是不对的。到了提问时间，被听者问到难道当今世上就没有引用你的思想是引用对了的人的时候，科斯回答只有张五常。

受科斯的影响，张五常坚持认为，如果要用理论去解释这个世界，首先就要知道世界原本是什么样子的。但是这一点往往被人忽视，因为对现实世界的究根求缘代价是很大的，往往费了很大的力气，收效甚微。对于如此低回报率的研究模式，张五常却奉为圭臬，贯彻始终。

用这样严谨务实的治学精神，张五常深入分析了自己的佃农理论，提出了另外两个特别的观点，其一是佃农成分的合约内完全没有价格，只有一个百分比，其二是价外效应。张五常对这两个问题作了大量的理论和实证分析，最终认为合约的结构性是许多学者忽略的问题。

对理论的进一步探究还使张五常发现了当时公共财产和私产界定理论上的模糊之处，于是张五常给出了自己的定义，那就是私产包括三种权利：使用权（或决定使用权）、自由转让权、不受干预的收入享受权。有了这三种权利，所有权（ownership right）是不需要的。这一定义不仅被经济学界所普遍接受，还与我国20世纪80年代的经济改革政策有相通之处，其可谓对张五常这一理论的伟大验证。张五常认为，中国经济改革的历程是将“所有权与使用权的分离”贯彻到底，在此基础上确立一种自上而下的契约关系。

基于以上研究，1969年春天，张五常完成了《合约的结构与非私产的理论》，经过细致地推敲和修改，发表在了次年的《法律经济学报》上。

在芝加哥大学，张五常还结识了另外一位经济名家，并与之深交。他就是在消费分析、货币供应理论等经济学领域作出了重要贡献，并因此获得1976年诺贝尔经济学奖的弗里德曼[①]。上世纪80年代末90年代初，弗里德曼曾多次受张五常邀请游历中国，并对我国的改革开放提出建议，受到中央领导的重视。

张五常与弗里德曼相遇是在1967年圣诞节的前几日，戴尔蒙家的酒会上。当晚，由于路程不是很远，弗里德曼夫妇和张五常步行回去。路上，弗里德曼问张五常的研究情况，其思路之快，问题之犀利，让张五常很是吃惊。值得庆幸的是，弗里德曼所提出的问题张五常都作过思考，所以能够顺利答复。

当晚，张五常久久不能入睡，用心思考，终于悟出了弗里德曼的研究特点：一是对价格理论简化后的重点把握很准；另外一个就是以理论为依据，用普通知

① 1976年，弗里德曼凭借在“消费理论分析、货币史和货币理论研究”领域中的成就和对“经济稳定政策的错综复杂性的论证”获得诺贝尔经济学奖。在芝加哥大学担任经济学教授期间，将芝大经济系形塑成紧密而完整的经济学派，力倡自由经济，被称为芝加哥经济学派。在弗里德曼的领导下，多名芝加哥学派的成员获得诺贝尔经济学奖。

识浅中求解。这种研究风格，对张五常以后的经济学研究产生了重要影响。

在弗里德曼的推荐下，张五常被芝加哥大学聘为助理教授，合约为期3年。延长了留校期限，张五常也随之调整了计划安排。

在之后的日子里，张五常主动去和各位经济学大师沟通，学习他们的理论和思考方法，收获颇丰。

1969年，由于对大海的热爱，张五常放弃了“经济学的沃土”芝加哥大学，获聘西雅图华盛顿大学[①]的终身雇佣合约（Tenure Contract）。从本科入学到获得美国大学的终身教职，张五常仅用了9年时间，对大多数人来说，这是一件不可思议的事情，但是他做到了。

没有了雇佣之忧，张五常转向了以前博士论文曾经考虑过，但因为题材过于庞大而放弃的香港的租务管制问题研究。在到华盛顿大学就职之前，张五常回香港度假，调查了工厂的计件工资合约，并和租屋法庭的林志宽法官研讨了香港的租务管制。

当时香港的租务管制法律庞杂而多变，前后有30多次修改，下手之难，可以想象。而林志宽法官正好对此知之甚详，张五常就利用那段时间天天向其请教，并将其邀请到西雅图的家中详细询问。经过几个月的详细调查，张五常虽然确定了市租与管租的差距，但仍未能对管制下的租市繁荣给出根本性的解释。按照当时的“公共财产”理论，在竞争下租值是会消散的。

1972年初，也就是两年后的一天，张五常顿悟到，原来传统的“公共财产”的租值耗散理论在基础上是错的。错在了“每个人在局限下争取利益最大化”的假设。传统理论认为在没有界定产权的收入上，大家争取的利益正好等于收入，以致租值消散。然而这个理论却忽略了每个人争取最大利益的同时，在局限条件下会尽可能减少租值消散。其实，消散的租值只不过是每个人在局限条件允许下，减少其消散所剩下的最低消散。张五常发现这一理论可以作为制定价格管制

① 西雅图华盛顿大学（University of Washington, Seattle）位于美国华盛顿州西雅图，是一所建于1861年的公立大学。这是美国太平洋西北区最大的一所大学，也是美国西岸历史最悠久的公立大学，为美国大学协会的成员。建校时为私立学校，到1889年被收归华盛顿州所有。该大学主校区位于华盛顿湖和波蒂奇湾及联合湾之间，交通非常便利，从学校到西雅图市区只需要15分钟的车程。

政策的依据，用制度的形式去减少不必要的消散。张五常以此为理论基础的论文《价格管制理论》写了1年，十三易其稿，被业界一部分人认为是近代经济理论的里程碑。

回港度假期间，对计件工资合约的调查，成为了张五常上世纪80年代初科斯退休所写的《公司的合约本质》的先期材料。文中张五常提出了委托价格的概念，并强调公司的合约在本质上与市场的合约是不同的，而公司是何物则不作为研究的重点，这点跟科斯的公司理论有不同之处。这篇文章在国际上多次被引用和转载，不过这些都是以后的事情。

令人感到困惑的是，张五常如日中天的学术生涯却被他自己中断了。1967年起张五常淡出学术界，开始在美孚石油公司、美国和加拿大政府等多家机构从事顾问工作，进行石油工业的合约研究。这一中断一直持续到上世纪80年代初。

## 5. “在野”的现实经济观察家

“文革”期间，中国经济一度处于崩溃的边缘，工业技术水平低下，人民生活贫困。粉碎“四人帮”以后，未来的中国将何去何从，是每一个中国人都期待解开的谜团。

邓小平的复出让人们在疑云中看到了一丝光亮，1978年十一届三中全会的召开，拉开了中国改革开放的序幕。

1980年12月，在底特律的一次会议中，科斯约见张五常，鼓励其回国。就形势而言，中国有开放之势，如若真的要改革经济制度，张五常无疑是最有优势承担制度运作宣传的一个人，因为他是这方面的专家。而且作为一个中国人，他有语言上的优势，科斯认为他回国的贡献会比留在美国大。

这个提议正迎合了他的心思，在张五常看来，世界上再没有比当时的中国更具活力的经济学实验室了。1982年，张五常返回阔别已久的祖国，就任香港大学经济金融学院院长，并宣称要带领同事和学生做时代的先锋。

凭着自己深厚的经济学功底以及对中国经济发展轨迹的深入考察，张五常大胆预测：中国将会在体制上进行开放，允许私有经济的存在和发展，并且按照他的所有权理论进行推断，中国会走一条保持国有、部分领域让渡使用和转让权的改革道路。他的这一在当时看来几乎不可思议的预言一步步被证实了。

1983年初，农村家庭联产承包责任制在全国范围内推广，这一农村改革方面的事实验证了张五常的推断。然而，他并没有就此罢手，当年11月开始在《信报》开设专栏，用散文的形式介绍社会经济学常识，正式开始了他向中国传播西方经济学理论的传教士生涯。

接下来的1984年，张五常撰文称在农业体制改革完成后，中国将会有一个从农村到城市的大迁移过程，间接指出农村城镇化的发展道路，但这一过程的前提是要有相应的制度安排，赋予农民以地产的转让权。鉴于意识形态方面的压力，他的这一改革方案在当时并没有被采纳。然而，当我们看到今天全国各地掀起的一股股农村城镇化的浪潮，没有理由不对张五常的先见之明表示惊叹和佩服。

农村改革铺开了中国改革开放的道路，工商业的改革势在必行。然而以行政命令为指导的国有企业如何走向市场，不仅仅关系着我国经济大动脉的活力，还对“姓社”、“姓资”的体制问题提出了严峻考验，稍不留神就可能造成重大的社会动荡，改革之路举步维艰。

针对工商业改革的相对滞后，张五常大胆提出了工商业改革的三种方案：其一，由政府出面选择承包主事人，实行工商业的承包责任制；其二，股份制改革，即把股权分配给现有机构内的干部职工，由股东选择代理人进行经营；第三，以招标的方法，由国内或国外的投资者（包括企业内部干部职工）以竞投的方式取得工商机构的控制权，从而进行生产经营。

除了撰文之外，张五常还亲自到企业进行宣讲。1986年，张五常在首钢发表了题为《所有权与使用权相分离的承包制》的演讲，讲述了他基于产权理论的改革模式。

随着社会改革呼声的高涨，国务院作出《关于深化企业改革增强企业活力的若干规定》，提出全民所有制小型企业可以积极试行租赁、承包经营，全民所有制大中型企业要实行多种形式的经营责任制，各地可以选择少数有条件的全民所有制大中型企业进行股份制试点。工商业改革由此迈出了艰难的一步。

直到1992年“邓小平南方视察”讲话，确立了以经济建设为中心的发展道路，提出社会主义也可以搞市场经济的观点，并且肯定了私有经济的存在，我国的国有企业改革才如火如荼地展开。张五常提出的改革方案成为了国有企业改革的重要方式，正基于此，在多年以后，当郎咸平呼吁中断以“MBO”（管理层收购）的方式进行国有企业产权改革的时候，张五常坚决批评他完全不懂得过去20多年国企改革的艰辛历程。原来的国有企业计划经济中“铁饭碗”的用工形式，也受到张五常的激烈反对，他力陈“难以辞工”和“难以专业”对社会经济发展的危害。如今，随着经济体制改革的深入，“铁饭碗”的现象也在逐步消失，随着就业竞争的日益加剧，用工形式灵活多变，经济也随之得到了空前的发展。

张五常不断观察中国的改革发展，除了农业和工商业体制改革之外，还对其他社会经济现象提出了观点和看法。

伴随着经济制度的改革，政府和国有企业出现了不少贪污腐败问题，张五常认为不足为虑，甚至表示欣慰。他认为贪污源于管制，因为我们开放得还不够，市场经济还不够自由。如果当事双方能够自由进行交易，也就不存在贪污了。张五常主张取消可能会产生贪污的管制，这才是解决问题的根本途径。所以，最应该做的就是防止因为管制而产生的贪污利益既得者界定自己的权利，从而反对管制的解除。如果走上印度式权利界定下既得利益格局分化的腐败之路，再进行改变就举步维艰了。

在以阶级界定权利转向以资产界定权利的路途上，一个很可能发生的不幸，就是将等级特权改为贪污特权。如今回想我们的改革路径，张五常当时的话不无道理。

张五常的改革主张坚持了私有产权为核心的“自由市场”观点，着力从各个方面向中国的改革者推介明晰产权、取消管制的思路。在当时引起了很大的争议，一方面是高度集权的计划经济已经不再适应生产力发展的新要求，亟待变革；一方面是社会主义的公有体制与自由的市场经济是否兼容的意识形态上的较量。

回首改革初期10年，作为一名“在野”的经济学家，张五常给中国经济开出的药方虽然并没有悉数实施——鉴于国情，有些方法确实无法实施——但透过张五常的观点，我们看到了另外一个世界，他在中国的改革开放和西方经济学知识的传播上功不可没。

## 6. 卖橘者言

张五常在中国进行西方经济传教的重要武器是他的经济散文。自1983年在《信报》开设专栏以来，张五常已写下了多达几百万字的散文，内容包罗万象，有经济、书法、摄影、收藏和旅游等，门类庞杂，其中内容最多的，也是带有明显张氏风格的，当属张五常的经济散文。

严格来讲，用文字去解释经济并不能算是张五常的专利。早在经济学之父亚当·斯密的时代，就是用文字去叙述经济。

用张五常的话讲，他主张经济学的复古：科斯继承了经济学研究的古典风格，不仅研究方式独具一格，还在此基础上开创了交易成本理论之先河，但科斯终究是个学者，更多展现的是作为经济学家的智慧。而张五常在此基础上，凭借自己的汉语优势，在学术研究的同时，更注重于将经济学的知识通过经济散文的形式传播出去，强化了自己中国西方经济学传教士的身份。即使不能说是张五常创造了经济散文这一文体，在经济散文的发扬光大上，也无人能与之争功。

改革开放初期，以经济散文为载体，张五常屡向主政者谏言。从农业改革到工商业改革，又到贪污、通货膨胀等社会经济现象，他因其独特犀利的观点备受关注。

1993年起，张五常开始为《壹周刊》撰写专栏，同时，《经济学消息报》也频繁出现他的文章。从那时候起，张五常在中国声名鹊起，其经济散文著作多次脱销，并且每有新书，竞相购之以观其鲜成为了一种潮流。

有些学者认为经济散文是用故事的形式去讲解经济知识，而张五常的经济散文的确不是说教式的。其特别注重对经济现象的解释，研究素材均来自现实生活，其实这也是他所立足的经济学研究的目的所在。在他看来，不能解释经济现象的经济学都是不成功的。这一经济学研究宗旨，从他早年的《佃农理论》就可以看得出来，后来在香港街头卖橘、卖玉都成为他践行这一思路的逸事。

为了深入研究价格歧视的问题，张五常曾于两个大年夜奔走于香港街头售橘（盆栽小橘树）。前一天连天大雨，当晚更是瓢泼而下，损坏多半橘树，折价出售，赔了几千元。次年与3个朋友一起卷土重来，凌晨3点半竟将橘子全部卖出，略有盈余。

他们卖橘的时候，开始价格最高，随着时间推移逐步下降，最后折价出售。在信息不对称的条件下，想要卖出产品，就要让每位顾客都认为自己拿到了“特价”，而如果没有价格分歧，则蚀本的可能性是很大的。

通过这一过程，张五常指出了通常所认为的价格分歧成功实施存在的两个条件是有误的：一是传统认为需要分开市场或顾客，但同时同地将顾客分开是不可能的。而张五常认为由于信息获取代价很大，所以即便是同时同地也有可能将顾客分开。二是付不同价钱顾客的需求弹性一定有差异，付较高价钱的顾客需求弹性系数是较低的。通过卖橘经验，张五常认为不能简单这么判定，因为付钱较高的人是信息较少的，而信息的多少跟需求弹性并没有多少关系。

张五常的经济散文都是有着丰富现实意义的，像价格分歧理论他通过卖橘过程既简单又明了地向我们作了解释，并指出先前理论的不足之处。除此之外，张五常的经济散文还有一个特点就是一气呵成，行文豪放不羁，不理他人观点，自成一派。

张五常这种卓尔不群的风格引来了一些不同的声音，尤其是他曾经自称从博士毕业以后就很少看书，自己的书架上没有一本经济类书籍的说法，招来了最多非议。

然而，这种从现象入手、用浅显的文字解释经济理论的研究模式，却对我国经济学的发展产生了重要影响。有的学者称，张五常的经济散文把经济学从高高在上的象牙塔拉到了普通民众当中，使它由一门贵族学科变成了大众普及科学。就这一点，张五常“华人经济学家第一人”的美称便当之无愧了。

## 7. “最差”教授

1982年回香港教书的张五常，因天马行空、不落窠臼的教学上课风格，曾获最差教学奖“殊荣”。

随着上课铃声响起，张五常走进教室，整个教室立刻会变得鸦雀无声。他常往椅子上一坐，脚搁在讲台上，姿势不可谓优雅。张五常的课生动有趣、内容充实，他思维很快，稍不留神，精彩之处便一划而过。课堂上时而哄堂大笑，时而激烈争论，无论谁有疑问都可以举手与之讨论，气氛融洽。迟到早退者，悉听尊便。

这样的课堂不仅少有迟到早退者，往往是旁听者甚多，每次开课都会看到后来者席地而坐。在张五常看来，推荐教材、板书、讲义这些形式都是限制思维的，所以听他的课从来都会有意想不到的收获。张五常认为，上课的重点在于启迪学生思路，完善他们的思考方法，而不在于教授经济学的知识，要教会学生如何利用经济学的假设、推理和方法去思考问题、解释现实的经济生活。

在教育上，张五常主张兴趣是一切的先导，而缺乏兴趣与教师的教授方式沉闷是有一定关系的。他建议中小学生要在读物和交朋友上扩展自己的视野，培养自己某一方面的兴趣，到了大学，要根据自己的兴趣特点选择相关学问有深度的老师。他的这些主张就我国现行教育体制来讲，并不是那么容易实现的，这也是为什么张五常力主教育改革的原因之一。

不可能每一个人都能成为学术大师，在这一点上，张五常的主张是依照个人天赋勤奋钻研。学术研究的本身就是一种乐趣，应为了乐趣而思考和深入，不能抱着“书中自有黄金屋，书中自有颜如玉”这样的功利思想来进行研究。如此坚持下去，即便是平庸之辈也有可能作出不小的贡献。

在态度上，张五常强调一知半解不是学问，要从基础抓起，“知之为知之，不知为不知”，打牢基础才能够在以后的研究中左右逢源。针对青年学生浮躁的求学心态，张五常开出了药方。浮躁的原因是把学问看得太过容易、操之过急。

青年学生要把精力放在重要论著上，再三研读，反复思考和衡量。只要能非常认真地读上几十页的作品，深刻体会其各种层次的含义，浮躁的态度就会得到改正。

关于读书，张五常用自己求学时候睡在图书馆的经历，说明了青年时代读书求知的重要性和方法。要研读一个小专题，可以集中阅读这个专题方面的所有书籍，但也不必苛求逐字逐句。对于经典之作当然要细细体味，可事实上大部分的书都是毫无创意的，有无皆可，所以要学会甄别优劣。对于老师或同学津津乐道、有口皆碑的书籍，又与自己所学相关，当然不能放过认真品读的机会。总体来讲，张五常的读书方法可以概括为细寻找、勤思考、常对比、成体系。同时，他也鼓励多读自己专业以外感兴趣的书籍，以扩展知识面。

童年的苦难经历，其印象难以磨灭，又加上自己独特的求学经历，面对当前教育制度，张五常对中国青年一代的关心之情非常迫切。他曾经说过，自己只不过是运气好点，屡遇名师，如果当今中国青年一代能有他的际遇，多半是要优秀于他的。

2000年之后，张五常频繁出现在中国大中学校园，为青年学子传授他的求学、研究法门，受到异常热烈的响应，讲堂爆满，甚至有人在后面呼喊着他的名字，有人曾戏称能达到如此轰动效应的，张五常跟周星驰可有一拼。一时间，张五常被赋予了“明星教授”的光环。

## 8．数学重要性之争

同弗里德曼一样，张五常也是从事实出发去研究经济学的。但二者不同之处在于，张五常在其博士论文《佃农理论》之后几乎从来不用数学工具，这一点倒是与科斯很像，科斯的经济研究就是没有数学工具的。

在其演讲或文章中，张五常多次提到数学只是工具，不重要，甚至宣称博弈论的数学研究都是无用的，这在学界引起了很大的争论。他尤其反对搬一大堆资料数据输进计算机，然后去挑选自己喜欢的结果，张五常还对某些青年学者一开始就以主流经济学家的模型为出发点进行数学推理的研究方式进行了毫不留情的批评。

自凯恩斯以来，经济学的研究划分为两个独立的框架体系，即微观经济学和宏观经济学。微观经济学，也被称为价格理论，主要研究个体经济行为，包括个人、企业和产业的生产收入分配问题；宏观经济学，研究的是整个宏观经济的运行，用国民收入、国民总投资和消费等统计数据来分析经济运行规律的一个研究领域。

张五常不用数学进行经济研究，有他自己坚持的一套理论。他反对经济学宏微观的划分，认为经济学无非就是两个基本原理，一是自私的假说，即每个人在任何情况下都毫无例外地在有限条件下争取最大利益；二是需求定律，即需求曲线毫无例外地向右倾斜。掌握了这两个基本原理，所有的经济学问题都可以迎刃而解。所以说，从经济学是用来解释现象的功用来讲，数学是多余的。

对于经济学的研究，通常我们遵循两种范式：一种是实证研究，即研究者要亲自收集相关资料，为提出理论假设或验证理论假设而展开的研究。这种研究主张结论的客观性和普遍性，强调材料必须建立在观察和实验的经验事实之上，进而推出具有同等条件下可验证的一般结论。另一种是规范研究，关于经济目标、经济结果、经济决策和经济制度等方面的维度进行合意性研究，旨在作出经济判断。

张五常强调他所做的研究是基于实证研究范式的，但是实证并不是说一切从感性出发，而放弃对逻辑的思考和分析。在经济学界，不管是国际还是国内，对数学工具的应用都成为了一种潮流，在这个潮流之下，张五常却逆流而上，主张回归古典研究方法，这在很多学者看来，是不可接受的。

北京大学的汪丁丁从哲学的角度分析了经济学家应该如何对待数学的问题，他引用罗素的看法，作为逻辑的延伸的数学，它能够给我们的各种定理无非就是逻辑上的“永真式”，或者“同义反复”。然而，数学的功能又恰恰在于把同一因果关系的表达式转换为对特定研究者而言更加清晰的表达式，从而使研究者能够发现以前看不清楚的事物之间的关系。如果我们不借助于以代数结构为对象的数学工具的话，就无法把“知识”划分为毫无差异的一个一个的“知识单位”。对于博弈论，他认为不借助博弈论和一般均衡理论就无法把握“效率”的真实含义。

中山大学岭南学院的王则柯[①]从教育的角度提出了自己的担忧。他认为张五常的批评会给青年学者造成数学无用的错觉，由于其大师光环的感召，这种错觉会蔓延开来。青年学生一旦误入歧途，悔之晚矣，不利于经济学教育的健康发展。

经济学归于两个基本原理的论断，不少学者认为是以偏概全，抹杀了大部分经济学者的研究贡献，是不足取的。在众多批评者当中，要数北京大学中国经济研究中心博士后的夏业良最为激烈，他不仅在学术上给予反驳，还对张五常的个人行为也提出了严厉的批评和质疑。夏业良在其文章《对“张五常热”的一点冷思考》中表示并不否认张五常在经济学上作出的贡献，但是其为人“无常”，说话常常前后矛盾，并且把张五常归结为“五常”：一是常常夸大其词，二是常常炫耀自己曾与大师为伍，三是常常过于自信，四是常常突出自己鹤立鸡群，五是常常以自己预测准确而自豪。以“五常”为基础，夏业良对张五常进行了言辞犀利的批评。

对于不同的声音，张五常不以为意，既不理会，也不回应。张五常说，《佃农理论》发表以后，很多美国的大学学报都有批评他的内容，他都未给予回应，这么多年过去了，他的文章还在，而那些批评者的文章早已被遗忘了。

他认为，历史上从来没有能够在学术上做到成功的批评或回应的人。他还告诉青年学子，自己的理论不要求被认同，只是希望大家能够跟着他的思路去想，如果不喜欢他的思路，完全可以不看他的文章。

虽然这场争论现在已经告一段落，然而争论的焦点却给我们留下了不少反思，当今大学以及科研院所以数学为主流的经济学研究模式是否触到了经济学的本质，古典的以解释经济现象为主要抓手的经济学研究日后能否占据主流都是值得我们思考的问题。

张五常的研究“偏见”无疑带我们踏上了经济学研究模式的探究之路。

① 王则柯，男，1942年出生，中山大学岭南学院国际商务系教授，硕士生及博士生导师。近年来，他主要致力于经济学教育现代化的工作，偶尔对经济发展和社会进步发表观察结果和提供意见。

## 9. 货币之锚

上世纪80年代末期，随着改革步伐的进一步深入，中国出现了很多新的问题，通货膨胀不断蔓延，粮食价格不断攀升，人民生活日益艰难。

高度集权的计划经济时代，货币的供给是由中央根据计划需求决定的，而从改革开放以后，随着计划经济体系逐步解体，原有的货币政策已经不再适应市场经济发展的需求。同时，又加上价格管制所导致的双轨经济，通货膨胀的发生在一定程度上讲有其必然性。

到了20世纪90年代初期，通货膨胀愈演愈烈，1993年春季，通胀进一步恶化，人民币兑外汇币值猛跌。如何通过货币政策的改革稳定物价，成为当时中央政府面临的一个主要问题。

在通胀问题上，张五常认为适度通胀会提高农民的实质收入，有利于缩小城乡差距。农民有住房和食品方面的优势，农产品价格的上升正好发挥了这一优势，但这要在一定的限度内。他还强调由于特殊的国情背景，中国对通胀的容忍度要高于美国。

1993年，朱镕基就任国务院副总理，并兼任中国人民银行行长。他推行了一系列的宏观调控措施，避开一个个激流险滩，并于1997年成功抵御亚洲金融风暴的狂袭，实现了中国经济的软着陆，中国经济趋于平稳。

张五常认为，朱镕基总理的调控之所以能够成功，是因为其成功运用了以“一篮子物品”为锚的货币政策。

这里所谓的货币之锚，也就是货币的本位，即发行依据。传统的货币是以金银为本位进行供应发行的，二战以后，由于美国持有世界上大量的黄金储备，美元稳定强势，所以布雷顿森林体系确立了美元与黄金挂钩、其他货币与美元挂钩的汇兑关联。这个规定由于金本位对美元的约束，是相对稳定的，对战后经济的发展起到了重要的促进作用。然而，之后由于美元的过量发行不足以维持原有的黄金储备比例，美元事实上脱离了金本位的约束。

弗里德曼的观点认为，在没有黄金作为约束的货币制度下，货币可以没有固定之锚，而是用控制货币发行量的办法来达到经济调控指标，如通货膨胀、失业率等。然而这些经济指标是难以度量和控制的，今天我们所看到的各国的金融危机，都与滥发货币有着千丝万缕的关系。

上世纪90年代我国是以美元为锚，同时实行外汇管制的货币政策。其实，国内和国际是两个相对独立的市场，在这样的背景下，朱镕基选择了以可以直接在市场成交的指数为依据，一头直接挂着一篮子物品，另外一头挂着美元。按照张五常的理论，用“一篮子物品”取代美元之锚，如果这一政策贯彻如一的话，即使外汇管制解除，人民币的升值对于中国经济的影响也会大大减小。

一国货币的供应量通常会用锚物品的供应为依据，而张五常采取了一种逆向思维，以“一篮子物品”为锚的货币理论，即是要一国货币的发行以该国“以一篮子物品的价格指数为锚”，这样可以随着本国市场需求对货币发行量进行控制，进而达到稳定物价的目的。与此同时，只要“篮子内”的物品选得足以反映本国国民需求，无论国际市场如何变幻，汇率波动对本国的物价都不会造成太大影响。另外，如果世界各国都选用这种货币政策，那汇率就会固定，因为各国发行的基本上可看作是同一种货币。

也有不少学者反对张五常的货币理论。有人认为，由于稀缺物品的存在，一篮子物品的价格指数并不能包揽全局，完全反映国民经济需求，张五常的“一篮子物品为锚”的货币理论有其现实操作上的困难；也有人认为，宏观经济调控总有一定的滞后性，即便如张五常所说，货币不是调控的工具，也无法避免维持价格稳定的功能，一篮子物品的价格是由众多因素决定的，并且是会形成波动的，那么作为货币发行机构又将如何作出如此迅速的市场回应呢？更何况即便是作出了如此迅速的回应，又将如何保证市场也以同样的速度进行响应。所以，“以一篮子物品为锚”只能作为一种宏观调控的货币政策，而不能成为一国货币发行的本位制度。

货币的本位是一个古老而新鲜的话题，张五常的“以一篮子物品为锚”的货币理论无疑给我们提供了一种重新审视货币理论的新思维。

对于人民币升值的预期，张五常认为，在当前形势下并没有“以一篮子物品为锚”，而是与美元挂钩，人民币升值，国际购买力增强只对富人有利。中国作为一个全世界最大的代工工厂，如果人民币升值势必祸及外贸，会对这些产业造成沉重的打击，造成失业，而失业的人员多半是与直接的国际购买无关的。

随着近几年来人民币的不断升值，富人的留学热、出国旅游热不断升温，与此同时，大量以出口贸易为主的代工企业却纷纷亏损倒闭，底层失业人口增多，这些现象都不幸被张五常言中。

## 10．新劳动法风波

2007年6月29日第十届全国人民代表大会常务委员会第二十八次会议通过了新《劳动合同法》，并于2008年1月1日起开始施行。

新法一出，社会各界迅速作出回应，引起广泛争议。新法生效前期，深圳华为公司包括老板任正非在内的工作年满8年的员工，要在2008年元旦之前办理主动辞职手续，然后竞聘上岗，重新签订合同，工龄归零以规避无固定期限劳动合同。

社会上唱衰新劳动法的声音不断，许多民营企业家表示应该废除无固定期限劳动合同及相关经济补偿条款，其中以女富豪张茵为代表。作为全国政协委员，她在2008年两会提案，建议取消无固定期限劳动合同。

新劳动法的推出是否适合时宜，在学界也有许多不同的观点。有学者认为该法是“看对病症，开错药方”；有的学者认为恰逢其时，有力保障了劳动者的利益。双方莫衷一是。

张五常认为新劳动法约束合约选择，尤其是无固定期限合约的规定，是在维护懒人利益，可谓是中国经济制度改革的一大败笔。

他以美国大学的终身雇佣合约为例对终身合约进行了批驳，美国大学有一种雇佣叫Tenure Contract，即终身合约，张五常当年就获得了西雅图华盛顿大学的终身教职，这一制度后来被香港引进。

在今天的美国大学，为了维护教授思想和言论自由，获得终身教职以后，可以永不退休。但正是有了终身雇佣制，使得很多青年才俊因为上面位置无缺而不能升职，阻碍了新生力量的进一步发展。

张五常还认为维护员工利益的新劳动法在经济萧条时期解雇员工，会引起以新劳动法为旗号的罢工行为，这无疑是搬起石头砸自己的脚。

张五常主张依照经济发展的自有规律，增加自力更生的机会，鼓励个人主动发展才是最优选择。界定资产权利是首要任务，在此基础上要创造一个有合约选择自由的市场，雇主和员工你情我愿，政府不应该强加干预。有关员工利益的保障，张五常认为政府不是要硬性规定劳动合约，限制选择自由，而是要协助员工认清他们选择的合约的真实内容，从法律角度提供援助。而如果员工自身就清楚他们的选择，那政府就没有必要对其选择的自由合约进行干预。

对于后来出台的最低工资制度，张五常同样给予批判。他的理由是，最低工资制度对自由市场的发展造成了阻碍，切断了弱势供给，对于没有能力拿到最低工资标准的那部分人来说，这是一种被迫失去生存机会的灾难。

此类观点一经提出，就受到了不少唾骂，认为他站在资本家的立场，鼓励了剥削，因为在目前的中国对于劳动者保护的法律体系并不是十分健全，一味强调自由，势必造成处于弱势群体的广大职工备受压迫和剥削。

有的学者从新劳动法的立法宗旨入手，分析了当下立法的必要性和重要性。

新劳动法的反对者主要是认为新劳动法保护了劳动者，即倾向于单方面保护，在一定程度上牺牲了用人单位的利益，给企业的发展带来了负担。这样的看法来源于长期以来计划经济体系的思维束缚，而且，在改革开放以后，我们又一直提倡以经济发展为核心，社会舆论方面也没有太多关注劳动者的利益保障问题。所以，新劳动法的立法取向正是要通过对劳动者利益的倾斜以矫正长期以来的忽视以及不对等的劳资关系。

可见，新劳动法的问题并不是一个简单的经济问题，还牵涉社会道德、法律等方面的众多问题。要达到用人单位和劳动者双赢，共同促进经济的发展，必然要以双方的适度让步和妥协为代价。张五常从经济学方向的角度分析并不与这一看法根本冲突，他也提出了政府对劳动者的法律协助，但是在这个牵涉利益众多、各方面因素错综复杂的大问题上，自由合约选择也许并不能解决所有的问题。

## 频惹争议的经济学家

芸芸众生头脑太多，结果反而没有思想；眼睛太多，结果反而什么也没看见；他们本身便是表面，因此总停留在表面。

——雨果

身居江湖而心忧天下，张五常无疑是当今时代的一个典范。

社会经济生活的各个领域，都可以看到张五常的身影，而不管是多么普通的现象，到他那里也总是会有经济学上独特的解释。正是这样一位学贯中西、爱好广泛的经济学者，又因其狂傲不羁、口无遮拦而争议频频。

从1982年回到香港开始，张五常总是会不断掀起一股又一股的热潮和争议。1997年，他被选为美国西部经济学会会长，张五常是第一次被授予此荣誉的美国本土之外的经济学家。他曾经宣称，20世纪中国经济著作只有两部，一部是张培刚的《农业与工业化》，一部就是他自己的《佃农理论》，其他的完全可以忽略不计。

2008年，张五常的学术著作《中国的经济制度》再度惹火。在书中，他回顾了改革30年来的制度变迁，认为中国的改革使得所有权与使用权相分离，降低了交易费用，人与人之间形成了有利于经济增长的合约关系，并强调县域经济是中国经济增长的主导力量，预测在以后的发展中，县域发展会占据更加重要的地位。书中观点不仅不合主流，言语之间还刻意把中国经济改革之功独揽怀内，这让很多人都难以容忍。

在申报世界文化遗产高潮迭起的近几年，张五常居然发文宣称应该打开秦始皇陵。他为此还提出了几条理由，其一，打开皇陵有助于我们认识中国文化；其二，皇陵作为旅游景点，可以赚取更多的钱；其三，有利于提升民族自豪感。并且他认为现在天下太平，并无战争之虞，所以打开皇陵也不用担心社会动荡而造成的破坏，一再强调现在是打开皇陵的最好时机。

张五常开挖皇陵的言论立即受到文化界的批评，有关专家称，就目前我们的技术水平而言，还不能够保证皇陵在打开之后得到有效保护，绝对不能因为好奇或者好玩而给这样宝贵的文化遗产造成人为的破坏。

对于如今热议的中国社会的两极分化问题，张五常给出了不同的观点——中国的两极分化并不严重。他用简单的算术说明了他的道理：你现在赚10 000元，我赚1 000元，比例是10:1，你的薪水上升了10%，那你一个月赚11 000元，我的薪水上升20%，是1 200元。虽然绝对差距变大，但是比例差距却在缩小，由于赚的少的增长速率较快，所以收入少的应该因为自己的增长速率较快而感到平衡和欣慰。同样，他的这一言论也引来不少非议，有些人认为张五常这完全是耍弄数字游戏的自欺欺人，并说他是在维护特权阶级的利益。

现代文明社会的基本保障是居有其屋、幼有所教、老有所养、病有所医，而张五常却对此作出了另类的解释。

张五常的楼市没有泡沫的言论刺激了很多中低收入者的神经，其理由主要是楼价的上升反映了经济形势一片大好。至于穷人的住房问题，自会有租赁市场解决，政府不劳费心。除了处理人口分布，政府所做的任何有关打压和限制楼市的行为都是不理智的。

在教育制度改革方面，张五常认为要允许私人建学，尤其是大学，在教育领域引入竞争机制。有了这么一个制度的准入，教学质量就会相应得到大幅的提升。中国人很多，又很聪明、能吃苦，这是重要的资产，如果教育制度的改革做得好的话，会形成巨大的人力资源财富。

对于公共养老金制度，张五常是持反对态度的，他认为公共养老金制度会降低人们的自主储蓄，从而降低对金融风险的抵御能力，并以美国和新加坡为例说明了正是因为养老金制度的存在，两国金融危机中造成了不小的损失。至于中国社会的养老问题，如果没有养老金制度，人们自然会进行养老储蓄，如果有子女的话，还可以有儿女防老，基于这样的考虑，张五常也是反对计划生育规定一家只能有一个孩子的政策的。

医疗改革是一个老大难的问题，中国人口众多，各省市地区又情况各异，发达地区集中了较好的医疗资源，相对落后地区的医疗条件就不是那么乐观了。张五常主张开放医疗领域的自由市场，开放医疗管制，允许私立医院和私人挂牌行医的存在，与公立医院形成竞争，取消公立医院的医疗补贴，从而全面将医疗机构推向市场。对于社会医保体制，张五常认为不应该给出得起钱看病的人进行补贴，只要医疗的各方面都有适当的竞争，出得起钱就医的人就应该出钱看病，或自己购买医疗保险。

张五常在房改、教改及社会保障体系改革方面给出的药方基本都是进行私有化，让市场自己去解决，这自然遭到了不少人的反对。张五常也被认为是在为一小部分改革的利益既得者摇旗呐喊，不过张五常则认为，自己在发表言论的时候没有半句不是为了中国好的，并称这些都根植于其早年的苦难经历。

在中国改革的各个岔路口都少不了张五常，他颇有一副指点江山、激扬文字的气势。然而，他本人却表示对政治不感兴趣，更不愿意成为幕僚学者，其学术研究的目的是为了一种精神的愉悦，并调侃如果要让他为了某种目的去做自己不喜欢的事情，是会收钱的，并且费用会很高。

张五常曾以王勃自比，出名不是自己所致，实在是情势使然，假如没有中国的改革开放和大陆对西方经济学知识的渴求，扬名是不可想象的。

老当益壮，宁移白首之心！他是一个布道者，是西方经济学的传教士，虽已年逾古稀，还是笔耕不辍并到全国各地演讲，在中国这片古老而年轻的土地上传播着他的西方经济学理论。

# 第八章

## 林毅夫：铮铮赤子的经济传奇

林毅夫的一生用传奇二字来形容，或许不会有人反对。身世的复杂、思想的锐利、现实的尴尬，让他的人生充满波折，总是在看似平坦之处陡然翻转。

从台湾到祖国大陆，从军官到经济学者，林毅夫演绎了一个华夏赤子为了国家的富强而不断奋斗的经济传奇。最初，林毅夫的报国热情基于“热血青年”对政局的期望和憧憬，一旦窥见现实中的魑魅魍魉，他便毫不犹豫地抛下台湾的家人、朋友和政治地位，毅然投奔祖国大陆，不惜因此背负骂名。

## 人物简介

林毅夫，男，1952年10月15日生于台湾宜兰县，原名林正义，后改林正谊，到祖国大陆后改为今名。

原北京大学中国经济研究中心主任、教授，博士生导师。中华人民共和国第七、八、九、十届全国政协委员会委员、全国政协经济委员会副主任、中华全国工商业联合会副主席，于2005年获选第三世界科学院院士，现任世界银行首席经济学家兼负责发展经济学的高级副行长。

1971年，林毅夫在台湾大学农学院农业工程系肄业。1978年夏，他取得台湾政治大学企业管理研究所硕士学位。1982年，林毅夫取得北京大学经济系政治经济学硕士学位，获派前往芝加哥大学攻读博士学位。4年后，林毅夫取得芝加哥大学经济学博士学位，论文指导教授为1979年诺贝尔经济学奖得主西奥多·舒尔茨。

林毅夫回国后到北京大学任教，1994年8月与易纲、海闻、张维迎、张帆和余明德等6人创办中国经济研究中心，出任主任。2008年5月，林毅夫当选世界银行首席经济学家兼负责发展经济学的高级副行长。

林毅夫主张实施比较优势发展战略，利用较低成本引入先进技术，快速积累资本，然后再实现产业升级。同时，林毅夫认为国有企业改革是保持经济高速发展的关键，只有改革国有企业才能够给民营经济提供更公平的竞争环境。他认为中国能够在2030年左右成为世界最大经济体。

## 1．贫苦铸就的坚毅

随着和平谈判的破裂，抗日战争胜利后，中国的内战爆发。一开始处于劣势的中国共产党经过两年多的艰苦抗争取得了巨大胜利，蒋介石主要反扑力量瓦解，内外交困。眼看大势已去，1949年新中国建国前夕，蒋介石率残部逃到了台湾。

初到台湾，蒋介石并未死心，试图以台湾为据点，伺机反攻。1949年他尚未抵台，就开始着手实施严厉的“反共专制体制”，并颁布“戒严令”。“戒严”一直持续到蒋经国去世的前一年才得以解除。

为了加强对青年一代的控制和“教育”，不断灌输所谓的“复国思想”，蒋介石授意筹建了“青年反共救国团”，由蒋经国担任总团部主任。“救国团”的成立很大程度影响了当时台湾的青年一代，如今“台独”势力中不乏当时深受“救国”思想影响的青年。

上世纪50年代初，台湾的经济几近崩溃，人民生活水平低下。就是在这样一种混乱的局势下，居住在台湾宜兰的林火树迎来了家里的第三个孩子，老实的普通百姓给孩子起名字总会带有些个人愿望的色彩，字眼也比较淳朴和直接，于是林毅夫有了自己人生中的第一个名字——林正义，寄托了父辈对社会公平正义的一种渴求。

当时台湾当地人的生活水平都很低下，尤其是位于东北部的宜兰。长期地域发展不平衡的台湾使得这个边缘地带更是少有人问津，这一状况一直持续到上世纪80年代才有所改观。

虽然文化程度不高，又家境贫寒，但父亲林火树是一个有远见的人，他把希望寄托在自己聪明的儿子身上，咬牙供他读书。“穷人的孩子早当家”，林毅夫小时候就知道为家里分忧解难，放学后到很远的亲戚家里提泔水回来喂猪。

林毅夫没有辜负家庭的期望，他的功课一直都很好，初中毕业以后被保送到宜兰高中，最后考入台湾大学，这对于一个乡下的穷苦孩子来说是莫大的荣耀——在当时的台湾，台湾大学是全岛学子所梦想的最高学府。

当时的台湾大学是国民党投入资源最多的龙头学校，所有学科在岛内都处于领先地位，时至今日，台湾大学已经成为有着世界声誉的华人高等学府之一。林毅夫1971年考入台湾大学农学院农业工程系水利组。刚进台湾大学，一件政治事件就充分展露了林毅夫有别于大多数同学的卓越眼光。

1970年8月，美国与日本的私下交易约定，本属于中国的钓鱼岛作为美方托管的琉球群岛的一部分归还日本，日本则准备在该岛勘探和采集石油。消息一经传来，就引起了在美留学的中国学生和台湾岛内爱国学生的强烈不满，掀起了一场保卫钓鱼岛列岛领土主权的爱国学生运动。

对于台湾来说，1971年的这场“保钓运动”是台湾有史以来的第一场学生运动。当时正在台湾大学读大三的马英九就是这场运动的积极响应者之一，他和其他学生一起表示抗议，一路高喊“日本无理，美国荒谬”的口号，并当众宣读和递交抗议书，对美、日外交人员造成很大压力。

作为刚刚入学的大一新生，林毅夫毫不犹豫地发起“大一学生代表会”，并被推选为主席，组织学生进行了抗议活动。他发起的“一代会”与校园中的“全小班代表联谊会”和“毕业生代表联谊会”分庭抗礼，在台湾大学校园产生了相当大的影响。

通过这次运动，林毅夫在学生中产生了威望，师长们也慢慢开始注意到这位来自宜兰的不同一般的学生。

林毅夫当年的热情极大体现了这位“热血青年”对台湾当局寄予的无限期望和憧憬，从小热爱历史的林毅夫受到的爱国主义感染和民族自尊心在这个时候得到了初次体现，这也是林毅夫日后作出各种重大决定时的主要依据。

## 2．军官生涯

上世纪70年代初，随着尼克松的访华、台湾在联合国席位的撤销等一系列“变故”的发生，台湾社会出现了较为剧烈的动荡，民众纷纷移居海外，在异国他乡求得自保。这个时候的青年学子们也纷纷将目标定在了赴美留学上，想以此换取对未来的一种安定的期望。在这种情况下，台湾加强了对青年一代的教育，培养新一代的台湾军政界领导成为了一个十分重要的政治任务。

与祖国大陆的大学生一样，台湾大学新生也要参加军训。但是台湾的军训更为正式和严格，台湾当局在成功岭设立了专门的训练营，蒋经国还多次对训练营进行视察，可见台湾对青年一代寄予的期望之深。台湾的成功岭也变成了国民党实施反攻计划，对青年一代进行军事教育的重要基地。

1971年12月，读完了大一上半学期的课程，林毅夫和同学们一起来到了成功岭接受为期两个月的军事训练。在训练中，林毅夫刻苦认真，深得班、连领导的赏识。

1972年2月9日，蒋经国巡视训练营，结合当时台湾的政治局势，发表了激情煽动的讲话。他勉励台湾大学的学生“绝不做被人轻视的民族的最后一代”，要为“一个意想不到的完美时代的开端”而努力奋斗，贡献自己的力量。是时，许多青年学子受到了鼓舞，热血沸腾，林毅夫更是举动惊人，在军训即将结束的时候，主动向领导提出了投笔从戎的意愿，请求转到陆军军官学校，他要在真正的军事训练中得到洗礼，学习战斗技能。

由于与其他学生纷纷赴美留学的行径反差极大，舍弃大好前途、投笔从戎的林毅夫受到了特别的关注，尤其是受到了蒋经国的亲自关照。一时间，林毅夫在台湾各界变成了炙手可热的青年才俊的标杆人物。对于当时士气低落、对前途担忧的台湾军民来说，林毅夫的举动犹如一颗重磅炸弹，燃起了不少人的热情。随后又有很多青年在他的感召下投笔从戎。

林毅夫本人通过这一事件树立了在台湾当局领导心目中的“苗子”地位，从陆军军官学校毕业以后，又被保送到政治大学读研究生，政治前途不可限量。在求学期间，蒋经国还特意嘱咐学校对他要特殊关照，所以林毅夫在拿到硕士学位以后就被派到了两岸对峙的重要关口“金门”，并且跳过基层磨炼，直接被任命为马山连连长。

1978年到1979年，两岸关系十分敏感，作为马山连连长的林毅夫，在这两年里不断思考着祖国的前途和命运，自己将何去何从成为萦绕在心头的一个挥之不去的阴影。

留在台湾也许是最好的选择，这是家所在的地方，可以与妻儿共欢，自己又是当局“重点培养对象”，也许用不了多少年就会身居要职，这不管于公于私都是不错的结果。但这真的是自己所追求的理想吗？林毅夫关注着局势，关心着祖国的未来，台湾当局的腐败和黑暗让他看不到任何的希望。最后，他脑海中闪现出了一个念头……

离开台湾的前夕，在与友人的晚餐上，林毅夫表达了自己的想法——唯有中国强大，台湾才有希望。怀着这样一个愿望，以及愿意为之奋斗终生的决心，1979年5月16日，林毅夫做出了一个惊人的举动。

一天傍晚，他“假传演习命令”，下达了宵禁令，不准官兵私自走出营房，并且如果发现海中有人游泳，不准开枪射杀，听到枪声也不准擅自行动。对于这一系列奇怪的命令，士兵们并不怀疑，因为在他们看来，前途无量的林毅夫是最不可能“出问题”的人。然而，正是这样一个有着大好前程的青年军官，在作好了一切准备之后，带上了证明自己身份的“补给证”等物品，在海水水位最低的时候，在沙滩上脱下写有“连长”二字的球鞋，深情回望片刻，毅然下水，游向了另一段人生旅程。

## 3．相遇舒尔茨

与众多当时弃暗投明来到祖国大陆的台湾同胞一样，林毅夫也受到了相关部门热情的招待，安排他参观了华夏大地的许多地方，这让从小一直生活在台湾的林毅夫耳目一新，被祖国的发展而感动。当时正处于改革开放的初期阶段，中华大地呈现出一片欣欣向荣的景象。

1980年的某一天，也就是林毅夫游过海峡的第二年，时任北京大学校长的张龙翔找到经济系主任陈岱孙[①]，一起商量一件比较为难的事情——是否批准林毅夫到北大经济系读书。

陈岱孙学贯中西，处世练达，但是遇到这样一位“来历不明”的学生也感到有些棘手。他和张龙翔商议后决定先由经济系副主任董文俊去和这个学生谈谈。一席谈话决定了林毅夫的命运，他的直率、坦诚，尤其是言谈中透露出的理想和对祖国复兴所寄予的憧憬深深感染了董文俊，最终北大决定免试录取他，让他在经济系就读。

这对于在台湾时就一直向往北大的林毅夫来说，是其人生的又一重大转折，而对于北京大学这所历史悠久的著名高等学府来说，这一决定也为祖国的经济事业作出了巨大的贡献，从这里开始，林毅夫开始了他的经济人生。在北大，由于身份特殊，林毅夫受到了一些额外的关照，被分配到教职工宿舍楼，住进了单间。也就是从那时候起，林毅夫这个名字才正式与这个历经波折来到祖国大陆的宜兰人联系到了一起。出于安全方面的考虑，林毅夫对外的身份是新加坡华侨。

在北大求学的日子，林毅夫凭借其熟练的英语和当时来讲最为难得的对西方经济理论的熟识，很快在同学当中脱颖而出。

上世纪80年代初期的中国，对于世界各国的经济学者来讲，有着不可抵御的

---

① 陈岱孙（1900年～1997年），原名陈总，1900年10月20日生于福建省闽侯县。著名经济学家、教育家。陈岱孙在财政学、统计学、国际金融、经济学说史等方面都有极高的研究成就。

吸引力，对1979年获得诺贝尔经济学奖，专门研究农业经济的西奥多·舒尔茨[①]也是如此。对他来说，中国不仅是一个宣传自己理论的最好的基地，同时也是找寻自己“衣钵传人”的最佳地点。

1980年，舒尔茨受邀到北京大学进行演讲，这对于刚刚开放的中国来说，尤其是封闭多年，而自身又有着深厚容纳力和求知渴望的北大来说，是一件非常轰动的事情，坐席爆满。然而，就在演讲开始之前，一件事情却困扰了北大经济系的师生——缺少一名翻译。

有人从北京外国语大学找到了一名研究生，但是最终被否定，因为这个人虽然深谙英语，但是一些经济学的术语对于经济学的外行来说，进行准确的互译难度太大。这个时候大家几乎不约而同地想到了不仅英语口语流利，还精通西方经济学理论的林毅夫。这次偶然的翻译机会，再次为林毅夫赢得了一个难得的机遇，打开了他通向世界最高经济学殿堂——芝加哥大学的大门。

舒尔茨的演讲赢得了北大师生的好评，而担任翻译的林毅夫更是得到了这位诺贝尔奖得主的赞赏。演讲结束以后，舒尔茨问林毅夫：“你想到美国读博士吗？”林毅夫当时不假思索地作出了肯定的回答。让他自己也没有想到的是，另一个人生的转折来临了。

舒尔茨是研究农业经济学的一位重要代表性人物，经过他的努力和发展，农业经济学变成了现代经济体系中不可或缺的一部分。同时，他还对“人力资本论”及“经济增长理论”进行了深入研究，取得了巨大成就。到了晚年，舒尔茨开始转向第三世界国家农业经济发展问题的研究，将自己的理论和思想在世界上最大的发展中国家——中国进行推广和实践成为了这位耄耋老人的一个心愿。在封门10年之后，他破例将林毅夫收入门下，可谓是用心良苦。两方面的机遇和巧合，为林毅夫以后的经济成就奠定了坚实的基础。

---

① 西奥多·舒尔茨在经济发展方面进行了开创性研究，深入研究了发展中国家在发展经济中应特别考虑的问题，从而获得1979年诺贝尔经济学奖。20世纪30年代后期和40年代，舒尔茨集中精力研究美国的农业政策。舒尔茨研究农业政策的成果集中收录于他1943年～1953年间陆续发表的4本著作之中。这4本书是：《重新调整农业政策》（1943年）、《不稳定经济条件下的农业》（1945年）、《农业生产和福利》（1949年）以及《农业的经济组织》（1953年）。后来他又把注意力转到人力资本投资问题上。

舒尔茨回到美国不久，就正式向芝加哥大学经济系推荐了这位中国青年，并且提供全额奖学金。能师从这种大师，林毅夫欣喜若狂。1982年，从北京大学毕业后，林毅夫远渡重洋，来到了具有世界经济学声誉的芝加哥大学，作为舒尔茨的“关门弟子”，开始了农业经济学的学习和研究。

## 4．回国疑云

林毅夫去了美国，这个消息传到了远在台湾老家的妻子陈云英耳中，她难以按捺自己的兴奋之情，决定要到美国与丈夫团聚。

林毅夫在台湾有个幸福的家庭，妻子陈云英是他的大学同学，伉俪情深。林毅夫“神秘失踪”以后，已经“身怀六甲”的妻子四处打听他的消息，精神上遭受的重大打击让她终日以泪洗面。此后的几年里，她带着一双儿女坚强地独自生活着。

得知林毅夫到美国读书的消息，她当然喜不自胜。1983年，陈云英通过了相关考试，申请到美国的宾夕法尼亚读书，夫妻经过数年的分离，终于团聚。

此时，让夫妇两人担忧的是一双儿女还留在台湾。半年后，儿子和女儿终于被接到了美国，一家人在异国他乡团聚。历经波折和磨难的相聚更加让人珍惜，而且林毅夫夫妇没有被这盼望已久的幸福羁绊了前进的脚步，林毅夫刻苦研究和学习的同时，妻子也不甘示弱，先后取得了爱丁堡大学和乔治华盛顿大学的硕士和博士学位。 林毅夫在美国攻读博士期间，从不间断与老师董文俊的通信，讲述自己在美国的所见、所闻、所学，有时候还调侃说很想念董老师做的红烧鱼。林毅夫凭着惊人的毅力只用了四年时间就拿到了芝加哥大学的博士学位，并且到耶鲁大学经济增长中心完成了博士后的工作。

林毅夫在国外家庭、事业双丰收，不免引起了人们的种种猜忌。有人说，林毅夫不会回来了，把老婆孩子都接到美国去了。当时，林毅夫已经凭借其毕业论文《中国的农村改革：理论与实践》获得了国际经济学界的认可，在美国安身立命自然不在话下，就是不回来也在情理之中。然而，他的老师董文俊却一直坚信这个人不是单单为了混个出国，惠及老婆孩子过个好日子的人，他有着更为远大的理想和抱负。

谁知，就在1987年林毅夫即将回国的前1个多月，国内失去了有关他的一切消息。在这期间，董文俊也失去了和林毅夫的联系，虽然有些疑虑，但是他始终都没有放弃对林毅夫回国的信心，只是觉得如果真的不回来，对于国内的经济学界来说是一个莫大的损失。在那个年代，很多人都是一念之差就作出了回国或不回国的决定，董文俊担心的正是作为一个年轻人的林毅夫的“一念之差”。最终，董文俊担心的事情并没有发生，林毅夫回国的前夕，给董文俊发了一封电报，说明了最后1个月之所以没有联系，是害怕出现安全问题，直到拿到登机牌才发回了这个电报。

林毅夫不仅回国了，还带回来了整整30箱宝贵的英文资料。经济上并不富裕的他，肯为了这些资料花费高昂的托运费，其为了中国经济振兴而奋斗的决心可见一斑，那些猜测也随着林毅夫的回国烟消云散。

日后有记者问及这件事情，林毅夫很干脆地表示，虽然当时国内研究条件和美国相比有着天壤之别，但是对于回国这件事情，他却“一点挣扎都没有”。他还表示：“今天回过头来看当时的决策是对的，因为现在中国发展得非常好。我比较运气，这个时代给了我很多机会。但我并不是说一定是这个时代会给我什么我才去做什么，我想更重要的是要问自己能做什么。”

对于有着自己人生理想和高尚追求的人，些许的诱惑是无法动摇其信念的。林毅夫用实际行动为我们诠释了作为中国文人的这一“富贵不能淫”的文化品格。

回国后的林毅夫遇到了一点小小的麻烦，最终与他心向往之的北大失之交臂，到国务院农村发展研究中心发展研究所担任副所长一职。当时拖家带口的林毅夫自然需要一套住房，但是由于那时的北大住房紧张，很多老教师的住房问题还没有解决，作为一个年轻学者的林毅夫，自然要往后排排了。

回母校任教的想法耽于一时，林毅夫面临两种选择——当官或者做学问。当时董文俊虽然没有直接给他建议，不过也表达了自己倾向于做学问的意思。最终，林毅夫放弃了到国家教委担任国家合作司司长的从政机会，选择了农村发展研究所，这也为日后他在中国农村改革方面作出的巨大理论贡献埋下了伏笔。

## 5．创立北大经济研究中心

漫漫历史长河中，华夏文明一直走在人类世界的前列，然而清政府长达数百年的闭关锁国和自大妄为的“天朝”情绪使其对现代工业文明的迅速发展视而不见。1840年，鸦片战争的枪炮打开了中国的大门，中国进入屈辱的时代，农业文明被发达的工业文明所蹂躏。许多有志之士一改过去的封闭思想，放眼世界，寻找救国之道，经过100多年的努力，终于在上世纪中叶迎来了曙光。1949年10月1日，随着新中国的成立，中国进入历史发展的新纪元。

然而由于固守僵化的苏联社会主义建设模式，在高度集权的计划经济格局下，发生了“大跃进”、“文化在革命”等运动，中国人民又经历了几场“浩劫”。直到“文革”结束后，1978年十一届三中全会的召开才为探索中的中国经济带来了曙光。经过十几年的发展，到了90年代中期，已经呈现出百家争鸣的发展格局，各界知识分子，尤其是经济学者，接过了振兴中华的历史一棒。而是否遵循经济发展的规律，建立有效的市场经济体制，是摆在广大经济学者面前的一个理论难题。

1992年邓小平南方视察时的讲话肯定了私有经济存在的必要性，奠定了大力发展社会主义市场经济的基础。与此同时，经济学术界的研究也空前热烈，大家摒弃了原来意识形态方面的种种羁绊，如脱缰之马尽情驰骋在现在经济理论的广阔草原之上。

1993年夏天，分别从美国和英国赶到海南参加经济学术会议的易纲[①]和张维迎、林毅夫相遇，共同的理想和志向使几个经济学的“弄潮儿”一见如故。怀着“繁荣国内经济学研究”的共同理想，1994年8月，林毅夫、张维迎、易纲、海闻、张帆以及余明德6个人在时任北京大学校长的吴树青以及其他领导的共同支

① 易纲，1958年3月5日生，北京市人，经济学博士。分别在美国哈姆林大学工商管理专业、伊利诺大学经济学专业学习，获经济学博士学位。在美国印第安纳大学经济系先后担任助教、副教授，在1992年获终身教职。2007年12月任中国人民银行副行长、党委委员。现为中国人民银行副行长、党委委员，国家外汇管理局局长、党组书记。

持下，在北京大学创立了中国经济研究中心，力图打造一个国际一流的经济学科研和教学机构，同时也为中国改革开放与发展提供理论方面的支持。

成立之初的中国经济研究中心由林毅夫担任主任。他重新回到北京大学时曾豪言道："下一个世纪将是中国经济学家的世纪。"

当时的林毅夫踌躇满志，意气风发。1992年，他获得了中国经济学界的最高奖项"孙冶方经济学奖"。紧接着，次年他又被授予"国家级有突出贡献的青年科学家"称号以及香港中文大学"大卫·莱姆经济学家"的荣誉称号。同年，他还获得了国际经济学界的认可，美国中国经济学会授予林毅夫"终身成就会员"荣誉。同时，他还获得美国明尼苏达大学国家粮食和农业研究中心政策论文奖等。在这样的成就和光环之下，那样的豪言壮语显然不是空话。回看中国近几年经济发展所取得的成就，人们不得不为林毅夫当年的先见之明感到叹服。

1994年，北京大学正式确立了中国经济研究中心的实体地位，并进行了人事任命，办公地点在北大老教学楼109号办公室。从这里，6位经济学者开始了中国经济梦想的扬帆之旅。

北京大学中国经济研究中心在林毅夫的带领下，发展势头迅猛，不但在国内站稳了脚跟，在国际上也获得了肯定和众多殊荣，成为中央政府决策的重要智库之一。

1995年3月，在北京大学、世界银行、美国福特基金会[①]、洛克菲勒基金会[②]、德国诺曼基金会的共同支持下，中国经济研究中心举行了隆重的成立大会。诺贝尔经济学奖获得者道格拉斯·诺斯和罗伯特·蒙代尔都在成立大会上作了专题学术报告。已经95岁高龄，对林毅夫有着知遇之恩的我国老一辈著名经济学家陈岱孙还对中国经济研究中心的成立致辞祝贺。

北京大学中国经济研究中心在发展过程中还受到了社会各界的捐助，林毅夫

① 福特基金会(The Ford Foundation)由美国"汽车大王"福特在1936年设立。以研究美国国内外重大问题，如教育、艺术、科技、人权、国际安全等方面课题为宗旨，用出资创办研究机构、颁发奖学金、向国外派遣专家、捐款、捐赠图书仪器等方式，向国内外有关组织、研究机构提供资助，以影响美国社会生活、文化教育事业和政府的内外政策。总部设在纽约。

② 洛克菲勒基金会(Rockefeller Foundation) 1913年由约翰·D·洛克菲勒创立，是美国最早的私人基金会，也是世界上最有影响的少数基金会之一。它通过资助各种研究机构和社会团体，对美国政治、外交、军事和经济进行广泛研究，予政府决策以重大影响。

的哥哥林旺松[1]就是资助人之一。

2004年，北京大学中国经济研究中心当选为“教育部人文社会科学百所重点基地”。自2005年以后，该研究中心还曾3次被《福布斯》中文版评为“中国最具价值商学院”第一名。

2008年，在原来为国家培养众多经济人才，为政府改革开放决策提供了无数重要建设性建议的北京大学中国经济研究中心的基础上，组建了北京大学国家改革发展研究院。它以更加强大的实力和更为广阔的眼界，关注着国家的改革发展和中国社会科学的学术研究与发展，而原先的北京大学中国经济研究中心作为学院的一个独立机构继续发挥着其在经济理论与政策研究方面的巨大作用。

## 6．新农村运动的倡导者

农村问题一直是党和国家高度关注的问题。新中国成立前，中国共产党正是运用了正确的土地政策才为“农村包围城市”的总战略的成功实施奠定了基础。新中国成立以后，农村经济得到了进一步发展，但步伐始终非常缓慢。

改革开放以后，由农民自发形成的“农村联产承包责任制”得到中央的承认，并且开始在全国推广这一政策。1978年到1984年的6年间，农村经济得到了迅速发展。到了上世纪90年代，全国范围内已经基本解决了温饱问题，为实现小康社会的发展目标打下了基础。

农业经济学出身的林毅夫研究中国农村经济自然是得心应手，而且作为没有经过那个“大饥荒”和“大混乱”年代的“局外人”，他更能以一种客观的态度去研究这一关系国计民生的经济问题。

对于“三年困难时期”，学术界长期保持沉默，直到改革开放以后人们才开始慢慢地正视这一问题，有相关学者通过研究提出了1959年到1961年发生“大饥

① 林旺松还出资在北京大学设立中国经济研究奖，使中国经济研究中心得以于2000年开始每年举办全国“经济学优秀大学生夏令营”活动，以促进中国高校经济学优秀大学生之间的思想交流，加强青年学生与经济学家的联系，并从中选拔学生继续深造。

荒”的原因。主要有三类不同的观点：一种是饥荒产生于自然灾害，一种是人民公社内部的管理不当，另外一种看法是公社规模太大从而导致社员激励不足。对于以上三种观点，林毅夫均持怀疑态度，于是收集了大量的资料，对其进行了检验。最后他发现，这三种观点或者假说都有其自身的局限性。

首先，自然灾害很大程度上是为其他原因辩护的一个理由，在一个幅员辽阔的国度，连续三年发生全国规模的大的自然灾害的可能性是很小的，根据那三年气象数据的记载，并不存在严重的气候异常；第二种人民公社管理不当的解释也是无法成立的，因为从1961年以后国家在一定程度上已经恢复了自留地的政策，然而农村经济并没有随之得到巨大的发展；第三种说法，也就是颇为主流的一种观点，林毅夫认为出现激励不足的原因并不是因为公社的规模太大，而是由于政策的作用，限制了农民退出公社的自由，本来可以多次选择合作的博弈过程，在高度统一的计划体制的干扰下，变成了一种不可转移和改变的“真理”，从而破坏了农业经济的发展。

林毅夫最后得出了自己的结论，那就是在粮食产量锐减的情况下，政府又强制性进行了粮食的最终分配，导致农村的粮食资源供应不足，继而引发“大饥荒”，推翻了粮食供应不足导致饥荒的传统理论。

总结历史教训的同时，林毅夫还对实施“农村联产承包责任制”以后的6年农村粮食产量连续高速增长的现象进行了深入研究。

他用定量的手法深入分析了1978年到1984年的农业数据，最后得出结论：这6年农村经济发展迅速的主要原因是实施了“家庭承包”以后，农民有了对土地经营的独立权，在长期的粮食不够吃的刺激下，农民开发了一切可以开发的土地进行粮食生产，所以粮食产量的增加不足为奇，即便没有粮食提价和地方政策，产量也会增长。

1984年以后粮食产量增长的缓慢也是基于同样的原因。中国农村耕作的条件非常落后，不能形成规模的现代化农业生产，在“饥饿”的经验和“家庭承包”政策刺激下，农民的生产积极性高涨，但经过6年的高速增长，这一突发性的增长效应已经基本释放完毕，又加上这个时候国家粮食收购的限制，农业发展速度放慢自然不难理解。

基于这样一种理论，中国农业的发展就需要一种突破性的出路。但是改革初期对于道路认识不够清晰，又加上意识形态的束缚，我国出现了几次大规模的通货膨胀。

1993年，为了应对通货膨胀，中央实行了严厉的经济调控政策，抑制了通胀，还成功避免了亚洲金融风暴的侵袭，使中国经济成功软着陆。然而，到了1997年以后，我国又出现了严重的通货紧缩现象，这个时候如何刺激经济的发展成为经济工作的一个重要议题。

这个时候林毅夫把目光投向了发展落后的农村。他立足于中国经济的长远发展，提出了“新农村运动”的主张。

林毅夫建议通过加快农村经济发展的方式，刺激农村经济的巨大发展空间，他的这一主张很快引起政府相关决策部门的重视。事实上，我国当时所面临的经济困难，正是由于长期的城乡不协调发展造成的，加大农村基础建设的投入，对于我国今后的经济发展有着重要而深刻的战略性意义。另外，通过农村的基础性建设，也可以为推动农村城镇化提供设施保障，从而将农村巨大的经济潜能释放出来。

回看我国“新农村运动”的光辉历程和近年来农村经济的长足发展，林毅夫提出的政策建议有着不可磨灭的功劳。

## 7. 卷入产权之争

改革开放之初一直到上世纪90年代中期，国有企业改革都没有实质性的进展，一方面是由于意识形态的约束，一些人认为社会主义就应该是高度计划的体制，盲目加快改革进程可能会引起社会的动荡；另一方面，对于处于行政干预下的国有企业如何推向市场的问题，还没有一个成熟的解决方法，国企改革无从下手。

到了上世纪末的最后几年，随着市场化进程的不断推进，国有企业所表现出来的弊病越来越明显，社会上国有企业改革的呼声也越来越高。但是对于如何改革却争论不休，主要有两类观点，一类是国有企业全面私有化，即“产权改革派”，这一派的主要代表是张维迎、周其仁等人；另一类是主张在国有的前提下，对国有企业进行渐进式改革的“温和改革派”，这一主张最突出的代表人物就是林毅夫，此外还有2003年炮轰顾雏军而一度走红的香港经济学者郎咸平。

“产权改革派”认为，虽然国有企业在其他方面的改革取得了不可忽视的成绩，但是如果不改革产权，这些成绩只能算是枝节，国企改革的核心问题在产权的明晰上。只有明确了产权问题，才会彻底解决经营者自身与企业发展的根本性矛盾，从而促进国有企业的进一步发展。随着其他手段作用的逐步消失，产权改革已经势在必行。

张维迎更是提出“如果不改产权，国有企业根本没有出路”的重磅观点，一时间将自己推向了舆论的风口浪尖，甚至有人大骂张维迎是在为少数侵吞国有资产的权力投机分子摇旗呐喊。总之，“产权改革派”的社会支持度明显不是很高。

进入21世纪，在国有企业通过各种方式进行私有化的进程中，郎咸平旋风般地跳了出来，他言辞犀利地否定了这场改革。

他炮轰海尔、宇通、长虹等一大批知名国企的转型，与格林柯尔系的掌门顾雏军的争论更是逐步升级，最后到了对簿公堂的地步，顾雏军最终因“侵吞和挪用国有资产”的罪名锒铛入狱。直到今天，在国有企业改革问题上，“温和改革派”仍然有着广泛的群众基础。可见，公有制是一切制度中最优越的制度这一根深蒂固的思想仍然是主流。

与郎咸平的逼人气势有所不同，林毅夫的论战方式较为温和。首先，林毅夫举了几个大家所熟知的例子，推翻了必须将国企私有化的观点。纵观世界经济格局，印度、巴西、菲律宾等国家都在搞资本主义全面私有化的市场经济，但是经济情况却比中国要糟，所以私有制不是企业高效发展的必要条件；而同时与之相对的新加坡、德国等经济高度发达的国家，实行的部分国有制都取得了举世瞩目的成就。林毅夫进一步指出，企业的经营状况怎么样，跟国有还是私有不存在绝对的联系。

林毅夫还指出了现在国有企业搞不好的原因，主要是因为一些政策性的负担，而这些也正是民营企业的优势所在。

政策的负担主要体现在两个方面，一个是战略性负担，即企业的生产不以市场为导向，而是为了满足政府和国家的政策需求，如果企业是资金和技术密集型的企业，那么与民营企业相比，就没有丝毫竞争力可言；另外一个负担是社会福利性负担，不能随便解雇国企职工，还要负责退休职工养老和看病问题，对下岗工人进行补贴等都是这一负担的集中体现。正是由于这两方面的束缚，导致国有企业的亏损。也正是亏损的现实情况，给企业经营者以“合理”侵吞国有资产的口实。

另一方面，也是比较容易忽视的一个方面，有些表面亏损的国有企业实际上是赢利的，造成表面亏损的主要原因是管理层采用种种隐蔽的手段对企业财产的私人占有。另外，公款消费也给企业造成了管理费用方面的负担。所以提高国有企业生产效率要从两方面着手，一个是解除其政策性负担，完善国企的市场竞争地位；另外一个就是完善公司管理结构，用制度杜绝管理层的“信托责任”缺失。

作为政府决策重要智囊的林毅夫提出的这种观点较全盘私有化的产权改革方式自然更容易被高层所接受，也容易使普通老百姓信服。不过作为北京大学中国经济研究中心的两位创始人竟然站在了对立的位置进行论战，自然引起了世人的关注，可以说这场论战让人们深刻感受到了北大博大的学术内涵和包容的作风。

## 8. 中国经济发展的战略问题

温文尔雅的林毅夫不是一个爱与人进行辩论的学者，但是他总是保持着自己独有的研究风格和观点。有的人说林毅夫开创了中国经济学研究的新纪元，创立了本土化、规范化的研究风格。

林毅夫在本土化研究方面的最大贡献之一就是他作为主要参与者所提出的“比较优势发展战略”，并以此来作为中国经济未来发展方向的重要指导。

在比较优势的理论基础上，林毅夫等人批评了不顾中国国情的赶超战略。赶超战略会造成为了追求少数产业的赶超而忽视经济整体发展的经济结构失衡，从而使政府投入大量的资源和政策进行救助，最终造成大规模的人口不能分享经济发展带来的好处，加大贫富差距。而比较优势发展战略则是根据自身的资源优势，充分发挥经济产业和技术结构在这一优势下的合理配置，形成可持续发展的势头。

从林毅夫的这一理论不难看出，他给中国经济发展开出的药方立足于中国特有现实基础之上，充分总结了发达国家的经验，这也是他所谓的“后发优势”的体现之一。然而这是就经济发展本身而言的问题，在超越经济发展之外还需要相应的制度保障。在中国需不需要建立“宪政”体制这一敏感问题上，林毅夫与杨小凯发生了根本的分歧。

在中国经济发展一片大好的欢呼声中，澳大利亚莫纳斯大学的杨小凯抛出了“后发劣势”的理论。

杨小凯指出，中国和其他一些落后的国家一样起步较晚，在很多问题上可以充分总结发达国家的经验，但是这种模拟存在一个很大的隐患，那就是模拟时忽视了发达国家有序的制度基础。

学习技术非常容易，然而模拟制度就显得力不从心了，因为改革制度势必要影响一些既得利益。鉴于此，杨小凯提出，在一定时期内，落后国家对发达国家经验的模拟可以取得非常好的发展势头，但从长远来讲，必须在改革的初期就尽快建立与市场经济并行的“宪政”体制，集中进行构建以民主宪政为目标的体制建设，否则短期的快速增长就会给长远的经济发展和社会稳定埋下祸根，到了一定程度这种积弊集中爆发会对经济和社会的发展造成毁灭性的打击。

林毅夫提出了与之相反的看法，即经济的发展不需要以制度改革为先行条件，相反，制度的建设反而要以经济的发展为基础。

林毅夫提出“制度内生说”，认为“宪政体制”不仅仅是立宪问题，还涉及行政、立法和司法之间的权力制衡问题，而这种制衡在现实中也不是必然和完美存在的。所以最优的制度应是经济发展的内生制度，随着经济的发展，这样的制度会自然产生。

他还举了先进行宪政改革的菲律宾、巴西等失败的例子对杨小凯进行反驳。1978年改革开放以后，中国政府并未触及到根本的政治体制，但是经济同样得到了飞速的发展，可见对发达国家技术的模拟本身就可以使经济快速发展，不以经济成功为前提的政治体制改革是行不通的。

我们现在还无法评判林毅夫和杨小凯的主张孰对孰错，但是通过二人的争论我们可以看到中国改革开放不可回避的一个问题——中国能否在不动摇当前政治体制的前提下，寻找到一个维持经济高速发展途经的问题，或者说是中国的政治体制是否会掣肘经济的进一步发展。这是一个需要历史来回答的问题。遗憾的是，杨小凯于2004年7月7日因癌症不治身亡，这对于华人甚至世界经济学界来讲，都是不可估量的损失。

在杨小凯去世后不久，林毅夫怀着沉痛的心情撰文哀悼。学术上的争论和哪种发展模式更适合于中国本土姑且不论，这种和而不同的学者风度都是让我们为之动容的。

## 9．走进世行

2008年，媒体再次将焦点对准了林毅夫，他在一个更为广阔的视野里变成了公众人物。

对于大多数人尤其是作为发展中国家的经济学家来讲，世界银行的大门不是那么容易开启的，然而林毅夫不仅步入了世界银行，还担任了举足轻重的职务——首席经济学家，同时兼任世界银行副行长。

2007年10月，上一任世界银行的首席经济学家期满卸任，世界银行随即成立了遴选委员会。按照以往的经验，世界银行的经济学家团队，尤其是首席经济学家，往往来自发达国家，但是这次世界银行却将目光投向了发展中国家。这对林毅夫来说，不可谓不是天时之利。

中国自改革开放以后，经过近30年的高速发展，取得了举世瞩目的成就。而林毅夫所提出的“新农村运动”、“比价优势战略”等一系列的政策建议对这些成就的取得起到了不可忽视的推动作用。林毅夫自然不会逃过世界银行遴选委员会“寻觅”的目光。

2008年2月5日，正值中国农历春节，世界银行行长佐利克[1]正式对外宣布，

---

① 罗伯特·B·佐利克，1953年7月25日出生于美国伊利诺伊州内珀维尔的一个犹太人家庭。他天资聪颖，勤奋好学，1975年毕业于美国名校斯沃斯莫尔学院，这里曾诞生4名诺贝尔奖得主。6年后，佐利克在哈佛大学肯尼迪政府学院获公共政策硕士学位，后又以优异成绩获得哈佛大学法学院法学博士学位。后进入仕途，曾先后在里根、老布什和小布什的政府内任职。期间，曾提出“中国利益攸关方”之说。2007年6月，在华盛顿举行的世行执行董事会会议上，佐利克被一致推选为新一任世界银行行长。

任命北京大学教授林毅夫为世界银行的首席经济学家，同时兼任负责发展经济学的副行长。这个消息为林毅夫本人，同时也为中国送上了一份特殊的新春礼物。

回顾林毅夫取得的经济成就，主要集中在对中国农业改革的发展上，同时他也对中国的发展提供了很切合实际的本土化战略。这一点很为世行所看好，在2007年佐利克就任世界银行行长后，第一次对中国进行访问的时候就提出要“丰富世行的发展理念，并为其他发展中国家提供经验”。这句话说明世界银行已经从以往的主要提供资金支持和理论指导，向探寻一条更适合于不同发展中国家国情的援助之路转变。就为这一转变作出的贡献来讲，林毅夫不管是从理论研究还是取得的成就，都是非常出色的。

林毅夫本人表示，在进入世行以后，会更加坚持自己“本土化、规范化”的研究风格和思路，为更多的发展中国家的经济发展提供智力支持和资金援助，将中国的高速发展模式向世界上落后的地区进行推广。

林毅夫强调，中国的发展不能因为世行的肯定而“沾沾自喜”，我们的经济发展过程中，还是有很多问题需要解决的，而未来的经济前景也不是十分明朗。与此同时，林毅夫认为，中国经验向拉美、非洲等贫困地区推广的前景虽然广阔，但是并不表示这是一个普适的发展模式，其中的局限甚至于缺陷还是需要注意的。中国在贫富差距、民生福利、环保、法制的建设和完善等方面还有很长的路要走，对于这些问题，他忠告“应当保持清醒”。

2009年，席卷全球的金融危机给中国的出口企业造成了巨大的打击，很多中小企业纷纷倒闭。此时，身在美国的林毅夫表示，这次金融危机对中国来讲可能是个机遇，如果中国能够很好地处理和应对危机所带来的不利因素，经济保持9%甚至10%的高速增长是完全有可能的。

对于中国政府4万亿的经济刺激计划，林毅夫表示高度肯定，认为这将对经济的恢复和发展起到巨大的作用，同时他也强调政府还需要加大对中小企业的扶持力度，通过加大银行信贷等措施刺激经济的发展。

林毅夫用实际行动一步步践行着自己上任之初的承诺，并且时刻关注着中国经济的发展，赤子之情，可见一斑。

## 赤子乡愁

如果一个人不知道他要驶向哪头，那么任何风都不是顺风。

——塞涅卡

林毅夫的一生用传奇二字来形容，或许不会有人反对。身世的复杂、思想的锐利、现实的尴尬，让他的人生充满波折，总是在看似平坦之处陡然翻转。

年轻时的林毅夫是个十足的政治狂热分子，同时还有一个与之相应的名字：林正义，这是个正义感十足的青年。虽然年少的林毅夫不谙世事，被政治宣传所左右，可他一发现种种吊诡之处，便开始独立思考现实，寝食难安。

塞涅卡说，如果一个人不知道他要驶向哪头，那么任何风都不是顺风。人生即将起航的时候，任何一个青年都希望搭乘一艘巨轮，驶向光明的未来。受蒋经国青睐的林毅夫却感到风向逆反——前景似乎不像当局宣传的那样美好。于是，人们才看到一个热血青年弃暗投明。

当他踏上厦门的土地时，林正义这个名字便成为了历史，林毅夫这个全新的名字象征着他全新人生的开始。林毅夫选择经济学，几经辗转，终于获得就读北京大学的机会，而后他的人生便异乎寻常地顺利起来。

在舒尔茨的举荐下，林毅夫到芝加哥大学深造。因为有舒尔茨指点迷津，视野豁然开朗。但他没有将祖国的发展抛在脑后，学业完成后返回中国，倡导“新农村运动”、参与产权争论、探讨经济发展战略，最终引起海内外重视。

2009年11月，美国《商业周刊》推出了“2009年中国最具影响力40人”榜单，作为世界银行首席经济学家的林毅夫赫然在列。借助世行舞台，林毅夫的观点成为全球经济界无法忽视的声音。

在全球经济一体化日益加深的趋势下，来自中国的林毅夫代表发展中国家的诉求，其特殊身份让“南北合作”、“南南对话”更加平稳、顺畅。所谓在其位谋其政，林毅夫一方面引入西方观点、经验和教训，使之在发展中国家实现本地化对接；另一方面将发展中国家的内在诉求公诸于众，引起必要的重视。一来一往，起到可贵的中和与调节作用。

自从晋身世行行长，林毅夫公务缠身，连续3年缺席两会，由妻子代为请假，虽获官方许可，在民间却颇有争议，这也给反对者提供了口实。

经济学家也是有血有肉有灵魂的个体，不可能不食人间烟火，更不可能令所有人都感到满意，所以争议是无法避免的。然而，在各种光环和争议的包围中，林毅夫心中有一抹忧愁挥之不去。

从台湾到祖国大陆，从军官到经济学者，林毅夫演绎了一个华夏赤子为了国家的富强而不断奋斗的经济传奇。

然而，作为人子，林毅夫却没有机会恪尽孝道。1996年，母亲去世，林毅夫在台湾当局的阻挠下未能回故乡守孝。2002年5月9日，在美国参加经济学术会议的林毅夫得知父亲去世的消息之后，当即泪洒旧金山。克服种种困难之后，他终于有机会送家父最后一程。

俗语云，自古忠孝不能两全。林毅夫的“忠孝”不能两全，更多地体现在了台湾和祖国大陆的统一方面。早在林毅夫为进入北大读书，与董文俊的谈话中，他就表示“台湾回归祖国是早晚的事情”，赤子之心昭昭，乡愁不仅仅是一方矮矮的坟墓，更是对故土回归的殷殷期盼。

# 第九章

## 杨小凯："中国向何处去"

许多观点来不及得到正视，便被匆匆打上意识形态烙印，许多人生还未达到巅峰，便孤零零地凋谢了。

在那些如珍珠般散落的思想中，在那些踟蹰落寞的身影中，杨小凯的出现令人唏嘘。也许命运就是如此残酷，总是把一切美好的东西打碎，让人们怅然若失地陷入后悔莫及的深渊。

对于任何个体来说，生不逢时都是一场悲剧。回顾杨小凯的一生，前半生命运多舛，后半生终有所成，待到所有偏见搁置一旁、学术生涯达到辉煌的顶峰时，生命却戛然而止，就像一朵绚丽的烟花，归于寂灭。

## 人物简介

杨小凯，原名杨曦光，小凯只是乳名，1978年开始重新启用。1948年生于吉林，从小在湖南长沙长大，后移居国外，客死澳大利亚，享年56岁。

杨家背景复杂。杨小凯的祖父曾是地主，既经受过严格的儒家教育，又进过洋学堂，还在乡下开办学堂，推广乡村教育。杨小凯的父母都是知识分子，早年参加革命，新中国成立后，在政府担任职务。这样的背景使得杨家在“文化大革命”中吃尽苦头。由此引发杨小凯家国之思，在长沙积极投身政治运动，却被当成造反派头目抓进监狱，曾因写作《中国向何处去？》一文入狱。

杨小凯最突出的贡献是提出新兴古典经济学与超边际分析方法和理论。已出版的中英文专著包括：《专业化与经济组织》、《经济学：新兴古典与新古典框架》、《发展经济学：超边际与边际分析》，为其带来世界级的成就和同行的推崇。

2002年、2003年连续两年，杨小凯被提名诺贝尔经济学奖，被誉为“离诺贝尔奖最近的华人”。

## 1．形势比人强

1959年，庐山会议召开，这是中国社会主义建设探索时期的一个重要会议。原来会议的主题是纠正鉴于“急于求成”心态而导致的“左”倾错误思想，不料最后却逐步演变成了一场“反右倾”政治运动的开端，更加剧了原来的错误。

由于彭德怀的言辞过于犀利，被毛泽东认为是“右倾”机会主义的表现，于是一场轰轰烈烈的“反右倾”运动在全国拉开了序幕。秋天，时任湖南省工业厅副厅长的杨第甫因为支持彭德怀的观点，反对大跃进、公共食堂，被列入“湖南右倾机会主义反党集团”，被撤销了党内职务，下放西洞庭湖进行劳动改造。临行前的一天，杨第甫把儿子杨小凯拉到床边对他说：“干部在上面机关里时间长了，对下面基层的情况不了解，所以要到下面去了解情况。”年幼的杨小凯感到一丝不安，因为在他的印象中，父亲从来没有这样温和过。

形势百转千回，这场轰轰烈烈的运动刚告一段落，1966年就爆发了“文化大革命”，全国陷入一片混乱，到处都是夺权造反的呼声。这样的局面下，平反后担任湖南省农垦局局长的杨第甫与妻子双双被打成“反革命修正主义分子”。杨妻陈素曾经担任周恩来机要秘书，夫妇二人都属于政府重要官员，他们对刘少奇和彭德怀报以同情之心，自然成为政治斗争的矛头所指。于是，杨家被打成“黑鬼家庭”，迎来空前黑暗的日子。

此时，18岁的杨小凯把这一切都看在眼里，悲痛之余也陷入了深深的思索：中国向何处去?

忧国忧民的杨小凯是杨第甫的长子，也是杨家唯一的儿子。杨曦光是杨小凯早期的名字，他诞生在新中国成立的前一年，取名“曦光”无疑蕴涵了一种期盼和希望。

“文革”爆发时，杨小凯正在读高一，他就读的长沙一中高干子弟云集，很多学生处处表现出不同常人的优越感。与这些人不同，杨小凯做事不张扬，很少透露家世，平时衣着十分朴素，性格孤僻腼腆，骨子里却充满反叛精神，有着强烈的自我意识。“文革”中，全家被列入“黑名单”，杨小凯也成为被歧视的对象，自然无法加入“红卫兵”这个在当时代表无上荣耀的组织。

“文革”早期，群众可以自设组织，自由参加。为表示忠于毛主席、为革命奋斗的决心，杨小凯加入学校反对红卫兵的造反派组织。在长沙一中，红卫兵都是“根正苗红”的好学生，而造反派则是杨小凯这样出身不好的学生，两派争论的焦点是“血统论”。

时间流转，到了1967年，群众组织被取缔，各派冲突不断。杨小凯所在的组织卷入其中，他被抓进长沙市公安局看守所，关了两个多月。

这次打击没有使杨小凯放弃参与运动，反而更加激发了他对政局的关注热情。在两个月的关押时间里，他慢慢把思路从运动本身转移到了对国家未来的担忧上。

获释后，杨小凯又加入了长沙一中组织的充满了左倾色彩的“夺军权战斗队”，并写出《中国城市知识青年上山下乡的调查报告》、《枪杆子里面出政权》等一系列大字报。

1968年，“革命运动”的热情让许多人变得有些忘乎所以，对国家民族的憧憬让他们失去自我，希望通过这场和平时期的“革命”实现国富民强的愿望。但是，希望与现实的巨大落差不停冲击着他们的心灵，许多人陷入了深深的思索，杨小凯也不例外。

杨小凯的思路远远超越了年龄和社会局限。年初，杨小凯贴出自己写的《中国向何处去？》大字报。在这篇与当时全国盛行的苏联模式格格不入的文章中，杨小凯凭借对马克思主义典籍的理解和对毛泽东狂热的崇拜，以一个报效祖国的热血青年的姿态，提出了要施行民主的公社政体，并且直言不讳地对当时的很多社会现象进行了评判，一时间引起巨大轰动。

杨小凯这篇现在看来观点尚不成熟，带有过多激进色彩的大字报改写了他的命运，使他锒铛入狱。

## 2．牢狱的磨炼

杨小凯的文章很快引起了各级党政部门的重视。1968年1月24日，相关领导在湖南省革命委员会筹备小组成员接见会上，对杨小凯的文章提出了批判。康生还多次点名，称“一中的杨小凯”撰写《中国向何处去？》这样的文章是“反革命的战马悲鸣”。康生认为，这不是一个中学生所能完成的巨大阴谋，断言杨小凯背后有反革命黑手操纵。

得到这个消息，杨小凯逃跑了。在为期1个多月的逃亡中，他并没有忘记对时局的关注，晚上还乔装掩护，到街上用手电看大字报。不过这些并没改变什么，杨小凯最终在武汉被抓获，押解回长沙，关进长沙市公安局左家塘看守所。

1969年10月，杨小凯被定为“现行反革命”，从拘留转为正式逮捕，获判10年有期徒刑。

康生断言杨小凯后面有黑手操纵，下令一定要“揪出这些学生后面摇鹅毛扇的陈老师”。恰好，杨小凯的母亲姓陈，而且当过周恩来的秘书，于是就成为政治斗争的对象，最终选择用自缢的方式结束生命。

与此同时，父亲杨第甫也因为本来的“右”的帽子和儿子的牵连被关进了“毛泽东思想学习班”，两个妹妹几乎成了无家可归的孤儿，一个下放到湖南山区，另一个跑到山西投奔亲友。

在狱中得知这些事，杨小凯悲痛欲绝，几次想到越狱出逃。但是在那个动荡的年代，就是逃了出去，又能如何呢？如果政局得不到改变，在哪里处境都是一样的，而如果形势扭转，光明便会照进黑暗的牢房，以前所有的罪名和污蔑都会烟消云散。抱着这样一种对未来的憧憬，杨小凯慢慢安下心来。

在这种鱼龙混杂的地方，杨小凯看尽人情冷暖、世态炎凉，也结识了很多有志之士。因为在这帮“犯人”当中，有大学教授、工程师，还有对当局政治有着独到和精辟见解的文化志士。在他们的影响下，杨小凯贪婪地汲取知识的养分，这对于支撑他度过漫漫铁窗生涯有着重要的意义，同时也为他日后成为著名华人经济学者奠定了坚实的基础。

在那个时代，允许阅读的读物为数甚少，而在监狱中的杨小凯想要得到一些读物就更加困难了。除了《毛泽东选集》，其他作品几乎都对他绝缘了，数次托妹妹给他带的《资本论》，也被“善用马克思主义的思想反对毛主席”为理由挡在了监狱门外。几经周折，《资本论》才终于在一个好心的送饭人的帮助下偷偷带了进来。

杨小凯贪婪地享受着这来之不易的精神食粮，把这本马克思的经典著作通读了数遍，认真思考着其中的每一个细节。当读完三卷本的《资本论》的前两卷时，他发现了马克思理论的一个重要缺陷，那就是忽略了价值的另一个重要因素——使用价值。

《资本论》一书几乎通篇都在强调劳动价值的重要性，这个使用价值就是我们现代经济学所提出的重要的效用概念，杨小凯也是在很多年之后系统学习了现代经济学的理论才知道这个称谓。他还对马克思继承亚当·斯密所发挥的劳动分工理论情有独钟。在《资本论》的影响下，杨小凯对经济学这门古老而年轻，对国计民生有着重要影响的学科产生了浓厚的兴趣。

1978年，随着“四人帮”的倒台和“文化大革命”的终结，许多跟杨小凯一样的人迎来了曙光。

杨小凯刑满释放，但是压在他身上的那个沉重的“政治包袱”却因为种种原因没有被解除。在当时，没有一个单位敢录用这个有政治“污点”的刑满释放人员，杨小凯只好在湖南大学数学系做了一名旁听生，与父亲住在一起。

这个时候的杨小凯重新定位了自己的未来，他抛弃了与苦难相联系的“杨曦光”这个名字，重新启用“杨小凯”这一儿时的乳名。不久，杨小凯得到了他出狱后的第一份工作，在湖南新华印刷二厂当了一名校对工人。

## 3．踏上经济学研究的旅途

恢复高考让杨小凯燃起了新的希望。

1979年，杨小凯报考了中国社会科学院经济所的硕士研究生，却因为政治上的问题尚未澄清而没有通过政审，最终与考试无缘。

次年，他再次报考。这次在时任中国社会科学院副院长的于光远教授的帮助下，杨小凯参加了数量经济学的考试，最终凭借自己在监狱中的刻苦自学和出狱后不间断的知识提炼，被录取为中国社会科学院数量经济和技术经济研究所的实习研究员，正式踏上了经济学研究之路。

在社科院，杨小凯边工作边系统地学习经济学的各种基础理论，准备厚积薄发。当慢慢整理好了自己脑海中的知识碎片后，杨小凯逐渐产生了对经济学的独特理解。1982年，杨小凯被聘为武汉大学的经济学系讲师，主讲数理经济学和经济控制理论的课程。

上世纪80年代初期，经济学教学最大的问题之一就是教材的极度匮乏，由于长期对西方经济学的封杀，教学中使用的大都是苏式的以宣传说教为主的政治经济教材。

杨小凯为了教学的方便，除了翻译一些国外经济教材外，还自己编写了两部教材——《经济控制理论》和《数理经济学基础》。书中不仅介绍了经济学的一些基础原理，还建立了一些计量经济学的模型。

这些教材后来成为许多人了解西方经济学的窗口，还引起了当时访问武汉大学的普林斯顿大学教授邹至庄的注意。在邹至庄的帮助下，1983年，杨小凯被录取为普林斯顿大学经济系博士研究生。纵观中国的文化历史，管鲍之交、萧何追韩信等，从来都不乏举贤荐能的侠义之辈，有些甚至因此惹祸上身，但是这个传统却一直延续至今。

当杨小凯的出国手续因为“政审”卡壳之时，邹至庄再次伸出援手，给相关人员写信求助，时任武汉大学校长的刘道玉[1]同样是一位极具道义的中国知识分子和教育家，他看到信后批准了杨小凯的出国申请。几经周折，杨小凯终于在1983年来到了美国普林斯顿大学。

与此同时，杨小凯的历史问题也得到了公正的评判，湖南省高级人民法院的审判结果终于还了杨小凯一份清白——《中国向何处去？》属于思想认识问题，不具有反革命目的，不构成犯罪。

背负了十几年恶名，又因此失去了一位亲人的杨小凯，此时已经不太在意这个宣判结果了，他一直相信在一个人民民主的国家，这样的结果是一种必然，强权政治注定不会长久。

正是这一磨难使杨小凯产生了更为深邃的思想和忧患意识，当这一切在历史的审判席上画下句点的时候，他又开始了新的征程。

在普林斯顿大学学习并不是件容易的事情，尤其对于没有接受过丝毫西方经济理论正规教育的杨小凯来说。在读期间，邹至庄教授对杨小凯关怀备至，常常给他打电话告诉其成绩，这给了杨小凯莫大的鼓励。仅仅用了4年的时间，杨小凯就通过了普林斯顿的博士论文答辩，不要说几乎没有任何学历背景的杨小凯，就是一个从小学平稳读到博士的人，在这么短的时间内拿下这个学位也是很大的一个荣耀，杨小凯所付出的艰辛与努力可见一斑。

期间，杨小凯由于在普林斯顿大学的图书馆看到了自己的文章《中国向何处去？》，引发了他对那段时光的回忆。1986年，杨小凯写出了中文版的《牛鬼蛇神录》，记录了他在那段岁月中的点点滴滴。

1987年，通过博士论文答辩以后，杨小凯到耶鲁大学做了1年的博士后。这段海外的读书经历让杨小凯对现代经济理论有了更为深刻的理解。

① 刘道玉，1933年11月生，湖北枣阳人，汉族。著名教育家、化学家、社会活动家。1977年，出任国家教育部党组成员兼高教司司长，为高教战线上的拨乱反正和恢复统一高考作出了很大的贡献。1981年至1988年起担任武汉大学校长，是当时中国高等院校中最年轻的一位校长。现任刘道玉教育基金会会长。

## 4．经济学界的扬名

1988年，杨小凯得到了一个在纽约大学任教的机会，同时也遇到了一个需要选择的问题，事关美国的绿卡。由于他在国内的特殊经历，申请绿卡比较容易，但是杨小凯对故国父亲的挂念和对那块他诞生的土地的深厚情感，让他放弃了申请资格。

放弃了这个难得的工作机会，杨小凯与妻儿在美国本就不富裕的生活变得更为拮据。这时候，澳大利亚的墨尔本大学向他伸出了橄榄枝，给了他一年的教职。7月，杨小凯开始了他澳大利亚的教学生涯。在这里，他度过了自己平静的后半生，也是在这里，他成为了享有世界声誉的经济学者。

刚开始上班，因为仅仅有一年的教职，所以家人对一年之后的去向比较担忧。但是很快他们便发现这种担心是多余的，因为随着在墨尔本大学工作生活渐入正轨，杨小凯开始释放他积累已久的学术力量，投向世界顶尖经济期刊的论文陆续发表，很快就获得了终身教职，并且被聘为高级讲师。1990年，杨小凯在著名经济学者张五常的邀请下，到香港大学进行了为期3个月的经济学课程讲授。

解决了工作生活问题的后顾之忧，杨小凯与黄有光①合著了他的第一部英文专著《专业化与经济组织》，这是杨小凯多年来对劳动分工理论的系统总结。这本书倾注了杨小凯的很多心血，一直写了两年多才完成初稿。在这本1992年出版的经济学著作中，杨小凯提出了一个全新的微观经济学的分析方法——超边际分析法②。

① 黄有光，1942年出生于马来西亚。1966年获新加坡南洋大学经济学学士学位，1971年获悉尼大学经济学博士学位。1974年至1985年在澳大利亚Monash大学任教授，1985年至今任Monash大学讲座教授。1980年被选为澳大利亚社会科学院院士。研究包括中国经济问题、福利经济学与公共政策，提创综合微观、宏观与全面均衡的综观分析法，与杨小凯合作发展以现代数理方法分析古典的分工、专业化与经济组织的新兴古典经济学。

② 超边际分析法是杨小凯提出的，它是新兴古典经济学研究的一种分析方法。杨小凯独创了超边际分析法，并用此方法复活了亚当·斯密关于分工的重要思想。新兴古典经济学用超边际分析法从内生个人选择专业化水平的新视角重整了以新古典经济学为核心的多种互相独立的经济学理论，是经济学发展的前沿课题。

现代主流经济学的研究多是以边际分析[①]为基础而进行的，杨小凯认为，这种研究方式存在其内在的缺陷，即无法解释分工问题，而他提出的超边际分析引入了产品种类、厂商数量、交易费用等诸多主流经济学所回避的要素。杨小凯利用这一经济学的分析框架，扩大了现代经济学所研究的范围，以前只是外生变量的劳动分工问题被纳入到经济学的研究范畴。

有些学者认为，杨小凯超边际分析方法的提出是对现代经济学研究的一次革命，他复活了以亚当·斯密为重要代表的古典经济学，也因此掀起了一场新古典经济学的革命，开辟了一个新的学科分支，被学界称为新兴古典经济学。

在《专业化与经济组织》出版以后，杨小凯于1993年当选为澳大利亚社会科学院院士。当年，借着到香港中文大学任教的机会，杨小凯带着妻儿回到了阔别多年的祖国，看望了家乡的父亲。这位饱经沧桑的老人第一次见到自己的孙子，高兴得合不拢嘴。

可以说，杨小凯的这次回国有种衣锦还乡的味道。看到了中国所发生的巨大变化，更加深了他对这片古老土地的牵挂。面对中国改革开放所取得的巨大成就，他却以另一种思路进行着思索。几年后与时任北大经济研究中心主任的林毅夫的争论集中体现了他独到的眼光和角度。

之后的几年间，杨小凯奔波于世界各地的著名大学进行他经济学理论的传播和教授。

1994年，杨小凯被美国路易维尔大学经济系聘为教授，同年成为哈佛大学国家发展中心的客座研究员。次年，被台湾大学聘为客座教授。1997年，成为美国著名经济学杂志《发展经济学评论》的编辑，并在第二年到哈佛大学任客座教授。

在哈佛的日子里，杨小凯完成了他的另外两部重要专著——《经济学：新兴古典与新古典框架》和《发展经济学：超边际与边际分析》。这两部著作发展了他早期对分工理论的研究，进一步完善了新兴古典经济学的理论框架和超边际分

① 边际分析法是这一时期产生的一种经济分析方法，同时形成了经济学的边际效用学派，代表人物有瓦尔拉斯、杰文斯、埃奇沃思、马歇尔等人。边际效用学派对边际概念作出了解释和定义，当时瓦尔拉斯把边际效用叫做稀缺性，杰文斯把它叫做最后效用，但不管叫法如何，说的都是微积分中的“导数”和“偏导数”。

析法的相关理论，确立了他在经济学界，尤其是新兴古典经济学方面不可撼动的地位。

## 5．不忘祖国发展

从那个时代走过来的人对中国的经济发展和改革开放都有一种特殊的情结，那段往事作为一代人的精神烙印，永远都不可能抹去。而付出了10年光阴的杨小凯，这块烙印更是刻骨铭心。

1978年，对杨小凯来说意味着解放，对于整个国家来说，更意味着思想意识的“解放”。农村“家庭联产承包责任制”得到了肯定，民营经济以一种暗流涌动的方式在全国范围内蔓延。在1992年，这股“暗流”得到了官方的承认，民营经济作为社会主义市场经济重要的组成部分，登上了历史的舞台。

1993年，出国后首次回乡探亲的杨小凯亲眼目睹了中国的巨大变化。之后的中国经济更是迸发了巨大的潜能，不仅抑制住了通货膨胀，还成功抵御了亚洲金融危机的侵袭，实现了经济软着陆，展现了中国作为新兴经济体的巨大优势。这种优势，被许多学者定义为“后发优势”，也就是作为后起之秀，可以直接移植发达国家的先进技术和经验，实现跨越式发展。中国经济的发展一度成为世界经济学界的热门话题。

然而，就在人们沉浸在这种喜悦中时，杨小凯敏锐地发现了一个被人们忽视的问题，而它很可能成为我们日后经济发展的最大障碍。刚跨进21世纪的大门，杨小凯就提出了中国经济发展的“后发劣势”，让国内经济学界为之一惊，这与众不同的观点很快引发了一场有关中国经济发展的大讨论。

2000年12月，杨小凯应邀到国内著名的经济研究机构天则经济研究所进行演讲。在演讲中，他提出了中国经济的“后发劣势”观点，他引用沃森的研究成果，说明落后国家由于起步晚，很多东西可以照搬发达国家，这种模仿有两种形式，一种是技术和工业化方面的模仿，而另外一种是制度的模仿。

由于落后国家的建设几乎处于一片空白，可塑性比较强，所以起初的阶段，对发达国家的技术和工业化模式以及管理方式的模仿会达到飞速发展的效果，而制度模仿会触及到很多的既得利益，所以说落后国家往往会两者相权择其轻，也就是去模仿发达国家的技术以实现经济初期的腾飞，但是这样会给日后的发展留下很多的后遗症，甚至可能使社会产生重大动荡，从而毁掉整个改革的成果。

杨小凯认为，中国目前正处于这个初期阶段，他举了国外的一些例子，如18、19世纪的法国、南美洲的一些国家等，在模仿发达国家的时候就出现了由于其专制政体引起的后发劣势。同时，为了证明他的这一论断，他还举了一些制度和技术并行的例子，如日本的明治维新，说明只有制度建设与技术模仿并行的国家才可能有“后发优势”。

不愿意触及既得利益，只进行技术模仿的国家只是“图一时之快”，最终会给以后的发展埋下“隐形炸弹”。

此外，杨小凯还以中国的部分行业为例说明了后发劣势正在由隐性变为显性，当时最典型的例子就是中国的股票市场。该市场设立之初是为了解决国有企业的融资问题，这就给中国的股市烙上了深深的“官办印记”，最后不仅没有因此救活国有企业，还使股市时刻保持着政府干预的色彩，市场化严重不足。

杨小凯的这种逆流而上的言论自然不会为国内官方主流的经济学人所容忍，时任北京大学中国经济研究中心主任的林毅夫作为一个最典型的代表，站出来对“后发劣势”的观点进行了反驳。

争论的焦点集中在“中国是不是要完成像欧美那样的宪政改革，社会主义体制下能不能建立一个完善的市场经济体制”的问题上。林毅夫认为，在模仿先进技术的同时只要培养了自己的技术创新能力，这种“后发优势”是可以持续的。他还列举了前苏联“休克疗法”[①]的例子说明宪政改革先于技术发展同样可能引

① “休克疗法”本是医学术语，上世纪80年代中期被美国经济学家杰弗里·萨克斯引入经济领域。20世纪80年代中期，南美小国玻利维亚爆发经济危机，通货膨胀率达24 000%，国民经济几乎达到崩溃边缘。受聘于危难之际，萨克斯提出一整套整顿措施，譬如紧缩金融政策、压缩政府开支、放开价格、通过货币贬值实现汇率稳定等。由于这套经济纲领和政策的实施具有较强的冲击力，在短期内可能使社会的经济生活产生巨大的震荡，因此人们借用医学上的名词，把萨克斯提出的这套稳定经济、消除通货膨胀的经济纲领和政策称为“休克疗法”。

发社会动荡和经济发展的停滞，所以他得出市场经济的发展跟国家政体没有必然联系的结论。林毅夫的观点代表了一大批中国主流经济学家的声音，更可以说是中国官方的声音，因为杨小凯的观点本身就是对政府行政权力的一种挑战。

作为一个深谙中国社会经济文化规则的经济学者，杨小凯提出这样的观点，更多体现的是对祖国未来发展的关心，这份爱国之心的表现和写下为自己招致灾难的文章比起来，更增添了几分理智的内涵。

在杨小凯提出这个观点已经十余年后的今天，改革所遇到的制度阻力能不能在社会主义的体制内进行消解，将直接影响今后我们经济的发展和社会的稳定。不管对与否，杨小凯的声音都应该像警钟一样长鸣于世人耳边。

## 6. “离诺贝尔经济学奖最近的华人经济学者”

诺贝尔经济学奖是几代中国人的心病，我们太渴望拥有它了，这个奖项也因此变成了一颗明星，遥遥地挂在天际，等待着某一个炎黄子孙去摘取。

严格来讲，我们开始发展市场经济、研究现代经济学理论才刚刚30多年，现在的各种理论和方法大部分都是“舶来品”，即使有所创见，也是用现代西方经济的理论去解释中国的改革发展，原创性的基础理论确属鲜见。

也正是因为如此，杨小凯所创的新兴古典经济学成为了华人经济学领域的一颗颇为耀眼的明珠。

曾因为把经济学方法运用于政治过程的研究而填补经济学领域空白的杰出成就而获得1986年诺贝尔经济学奖的詹姆斯·布坎南对杨小凯的理论极为推崇，并对杨小凯的理论进行了解释。

布坎南认为杨小凯建立了一个严密的分析框架，说明了即使在所有相关方面完全相同的人们之间，基于专业化选择的交易仍有可能发生的现象，在深入研究的基础上发展了比正统新古典均衡理论模型内涵更加丰富的均衡概念。因此，2002年与2003年度杨小凯两次被提名为诺贝尔经济学奖的候选人，所以杨小凯被认为是“离诺贝尔经济学奖最近的华人经济学者”。

把目光从那些耀眼的光环上移开，让我们看看这位经济学者是如何一步步开创他的新兴古典经济学的吧。也许，在我们对这个过程有了深刻的认识以后，就不会再沉浸在没有获得诺贝尔经济学奖桂冠的遗憾中了。我相信，杨小凯的在天之灵也一定没有因为这一遗憾感到不安。

经历了长达10年的牢狱生活，杨小凯出狱后已然到了而立之年，这是人生的悲剧。但正是这个悲剧让杨小凯产生了超越个体意识形态，通达全人类的学术普遍理论的思想转变。

那本费尽周折才进入监狱的《资本论》为杨小凯开启了经济之门。劳动分工这个基础而伟大的概念曾因其自身在理论上的难以逾越性而被抛弃，对知识的渴求让杨小凯注意到了这个问题，并坚持不懈地去寻找自己的答案。

杨小凯的人生转折与大字报密不可分，因为一张大字报而获罪，同样是一张大字报，因为写有“把价值论数学化”的词句而给他留下了极为深刻的印象，也成为他在狱中深入学习数学的动力之一。这两种巧合在杨小凯的前半生种下了因缘，而成果之花却在20多年以后绽放。

分工的数学化打开了他通向新兴古典经济学的大门，这是根植于杨小凯一片爱国赤诚之上的。

出狱之后，由于政治问题的束缚，他旁听了数学的课程，有了到中国社会科学院经济研究所工作的机会。怀着为中国经济发展作出贡献的心愿，他翻译了一些国外的教材，还亲自编写了《数理经济学初步》、《控制论的经济应用》等几本教材。

这几本教材虽然只能算是杨小凯数理基础与经济积累的牛刀小试，却给他带来了结识邹至庄的机会，也迎来了到普林斯顿大学读博士的机遇。一个没有完整读完中学的人，却拿下了世界著名学府普林斯顿大学的博士，也因此有了之后的一系列成就。

在这一连串的巧合之下，是杨小凯个人坚定的意志和不断追求真理的恒心，而主导这一切的精神动力，恰恰是他心中作为一名中华儿女的“根”的归属感。

有人说杨小凯错过诺贝尔经济学奖并不遗憾，这不是一种没有得到的自我安慰，而是因为在一种如此厚重的归属感面前，一个舶来的奖项的吸引力已经显得微不足道了。

## 困顿的精灵

我这一生基本上只是辛苦工作，我可以说，我活了75岁，没有哪一个月过的是真正舒服的生活，就好像推一块石头上山，石头不停地滚下来又被我推上去。

——歌德

刚刚对中国经济的发展提出警告，杨小凯就病了。2001年8月底检查结果出来，一切都晚了——肺癌晚期。这位命运多舛的经济学者再次被判了刑，这次是较之有期徒刑更为严重的“死缓”。

这个一辈子都在无畏地进行战斗的勇士在精神上有些难以支撑了，他需要一个人来帮助他，他需要一个人来安抚他的脆弱，因为他也是一个普通人，他累了，一直的坚强让他透支了自己的意志，更透支了自己的身体。

但是，这个时候不容他倒下，他的经济事业刚刚步入繁荣，他需要继续下去，他还想壮大他的经济队伍，更深刻地思考他的经济问题。

正如歌德所言，“我这一生基本上只是辛苦工作，我可以说，我活了75岁，没有哪一个月过的是真正舒服的生活，就好像推一块石头上山，石头不停地滚下来又被我推上去。”最后的岁月，杨小凯似乎要把所有思考出的结果都留在世上。他到世界各地去传播经济学理论，出版《经济学：新兴古典与新古典框架》，刊发《百年中国经济史读书笔记》，并组织了数次超边际分析的国际学术会议。

在学生的眼里，杨小凯是一位良师，更是一位坦诚和平易的朋友，作为一名教授，他身上更多的是农民般的朴实和真诚。在最后的岁月里，杨小凯对待学生更像是父亲对儿子一样关怀他们的命运，他常常跟他们谈话，告诉他们应该读什么样的书，关心他们的研究进展，并且对他们的进步感到欣慰。

2004年7月7日，一生充满苦难的杨小凯停止了思考，永远离开了这个他既爱又恨的世界。

听闻此事，历来对华人经济学界不屑一顾的张五常感叹道："只有上帝知道，如果小凯没有坐牢10年，老早就有像我那种求学的机遇，他在经济学上的成就会是怎样的。拿个诺贝尔奖不会困难吧？"

# 第十章

## 陈锡文：深入“三农”的官方经济学者

很多经济学家着眼宏观经济，歌颂称赞GDP神话，为重工业、新兴经济摇旗呐喊，而农业固守者的身影却异常少见。

在这种环境中，陈锡文的存在让人们对农业保存了一份敬畏之心。作为一名一直参与中国农村改革政策制定的“三农专家”，陈锡文的全部学术研究都在服务于中国的农村问题。

陈锡文曾经说过：“从整个国民经济的角度来看，没有人能否认农业作为一个产业在所有产业中是最弱的一个。”自始至终，陈锡文都坚定地站在这个最弱的产业立场上为之呐喊、为之谏言、为之掌舵。

## 人物简介

陈锡文，祖籍江苏丹阳，1950年7月生于上海市，现任中央财经领导小组办公室副主任和中央农村工作领导小组办公室主任，兼任中国人民大学、中国农业大学、南京农业大学等多所大学的教授和博士生导师，农村问题研究专家。

1982年，他从中国人民大学农业经济系毕业后，分配到中国社会科学院农业经济研究所，担任中国农村发展问题研究组副组长。3年后，因农村发展问题研究组建制划归到国务院农村发展研究中心，先后任发展研究所副所长、所长。

1990年7月，机构调整，他到国务院发展研究中心工作，先后任农村发展研究部副部长、部长、研究员、中心学术委员会委员。4年后，抽调到中央财经领导小组办公室工作，保留国务院发展研究中心研究员、学术委员会委员等职。2000年11月，他担任国务院发展研究中心副主任。

他与人合著《农村经济改革的系统考察》和《国民经济新成长阶段与农村发展》，独立著有《农村经济改革的中期纲要》，先后三次获“孙冶方经济科学奖”和一次“国家科技进步奖”三等奖，是第四届“中国发展百人奖”获得者。他还参与起草了上世纪80年代中期以来大部分农业、农村政策的中央文件。

## 1．与农村结缘

1949年是一个伟大的年份，新中国的成立让旧有封建土地制度彻底瓦解。旧社会地主阶级凭借对土地的拥有而对农民进行剥削的社会状况就此终结。

1950年6月，《中华人民共和国土地改革法》的颁布实施受到农民热烈拥护，一场具有社会主义过渡性质的土地革命拉开了大幕。

对于广大农民来说，这部维系其切身利益的法律规定了土改的总体方针：依靠贫、雇农，团结中农，中立富农，有步骤有区别地消灭封建剥削制度，发展农业生产。依靠土地革命获得群众广泛拥护的中国共产党在掌握政权以后，再一次给予农民土地的权益保障，让其看到前景和希望。

土地改革在这一纲领的指导下，稳步有序地推进。到1953年春天，经过近3年的努力，除个别少数民族地区外，全国大部分地区都完成了改革任务，彻底粉碎了统治中国数千年来的封建专制地主所有的土地制度。

土地改革的3年也正是新中国在废墟之上重整河山的3年。伴随着土地改革的进程，全国人民共同克服了许多难以想象的自然和社会条件困难，完成了农业生产的恢复任务，为国民经济的恢复和农业经济的发展奠定了良好的基础。

渴望已久的翻身，再加上土地改革初步胜利带来的喜悦，让全国人民对未来有了更为热切的期盼。

1953年2月，《关于农业生产互助合作的决议》的通过标志着中国农业迈向了合作化运作的道路。然而，原计划要用相当长的一段时间建立的合作社体制却被逐步由热情转变为狂热的群众愿望和中央的领导方针助跑，仅仅用了4年时间就完成了预计要15年才能完成的农业社会主义改造。

鉴于当时粮食的生产力水平低下，1953年12月，我国效仿苏联计划经济模式，实行了延续30多年严格的粮食“统购统销”[①]政策，国家对粮食的控制权达到了绝对的集中。

农业合作化的发展道路在一定程度上对整合农村零星资源、进行优化配置，从而实现增产增收有着重要的促进作用，然而过快的合作化之路却导致了一系列问题的出现。

绝对平均主义使很多原来收入较高的农民利益受到损害，另外合作社的粗放式管理也使一部分处于管理地位的人有机可乘，假公济私甚至盗窃公共财物的事件时有发生。最主要的是，这种发展模式禁锢了个人的自主性，在资源管理上也很不合理。几方面的原因导致了生产效率不但没有上升反而下降的局面。于是，少数人纷纷要求退社，恢复家庭经营的自主地位，这些行为在当时强大的行政能力干预之下被迫中止。

1958年，全国又掀起了一场生产“大跃进”，给国民经济造成了巨大的损害。紧接着1959年到1961年，发生了“三年自然灾害”。1962年，中央对之前的一些经验教训进行了总结，并纠正了部分错误，从那一年起，国民经济逐步得到了恢复，农村经济似乎迎来了新的希望。

然而，1966年的一场政治运动彻底扭曲了发展的轨道，在这场历时10年的社会动荡中，中国工农业发展几乎被推向了崩溃的边缘。1968年，毛泽东发出了“青年学生到农村进行贫下中农再教育”的号召，在这一响亮口号的感召下，当

① 中华人民共和国建国初期的一项控制粮食资源的计划经济政策。所谓“计划收购”被简称为“统购”；“计划供应”被简称为“统销”。后来，统购统销的范围又继续扩大到棉花、纱布和食油等物资上。这一政策取消了原有的农业产品自由市场，初期有稳定粮价和保障供应的作用，后来变得僵化，严重地阻碍农业经济的发展。上世纪80年代改革之后，该项政策逐步被取消。

时的许多知识青年从城市来到偏远的农村，长达10年的学业中断给中国的未来发展留下了无法弥补的文化断层。

陈锡文就是响应这一号召的学生之一，当年9月，他从上海赴黑龙江生产建设兵团，开始了他的农村锻炼生涯。也正是这段记忆深刻的“上山下乡”经历，让他深深地爱上了三农事业。

## 2. 踏上农村经济之路

在粉碎了“四人帮”以后，中国人民重新看到了希望，随着拨乱反正、冲破“两个凡是”以后，农村经济的改革也势在必行。

一场自然灾害成就了这场自下而上的农村经济改革，并且从这里拉开了中国改革开放的序幕。

1978年夏秋之交，安徽省发生了罕见的旱灾，为了调动农民抗灾的主动性和积极性，安徽省委作出了“借地”给农民（即承包土地自主经营）的决定，这一举措极大地调动了农民的积极性，第二年形势急速好转，安徽省不仅没有因为自然灾害重蹈历史覆辙，很多地方还获得了大丰收。

这一制度性的“权宜”变动，让人们从中看到了农村经济改革的一线希望。

历史的经验告诉我们，每一次重大社会变革总会有一批人作为先锋“打响第一枪”，而这些“先锋”又往往是生活所迫不得已而成就了“敢为天下先”的壮举。安徽省凤阳县梨园公社小岗生产队就是这样被迫走上“不归路”的，为了全村老少能有口活命的饭吃，生产队干部瞒着上级部门，冲破集体公社的约束，进行分田到户的农村经营方式变革。

1978年年底，小岗村的全体社员聚集到一起召开了这个具有划时代意义的秘密会议。

会议作出了进行分产到户，家庭独立经营的决定，只要完成上交国家和集体的任务就行。他们甚至想到了在那样的环境下，做这样冒天下之大不韪的事情可能产生的后果，约定一旦发生干部被抓的情形，全村要团结一致，为他们送饭以及抚养子女。

这个被贫困折磨得几无生存之路的小村庄，在一群大胆的村干部的领导下，全村认可了这种分产到户的约定，并忐忑不安地在约定契约上按下了手印，因为等待他们的是未知的命运。然而，让他们意想不到的是，这个当时看来是“玩儿命”的集体决议竟成为了中国改革开放的一个里程碑和重要突破口。

1978年，注定是不平凡的一年，十一届三中全会的召开拉开了改革开放的序幕。在这前一年，全国恢复了荒废已久的高考制度，高等教育重现生机。当时许多知识青年抓住了这个难得的机遇，跨入了高等学校的大门，陈锡文就是在这样的背景下考入中国人民大学农业经济系的。对为什么报考农业经济系，陈锡文表示在乡下劳作的日子里他看到了农村的现实状况，认为中国的问题很大程度上讲就是农民的问题，他立志要解决这一问题。

那个时代的大学生与我们现在的大学生最大的区别就是经历了艰苦的磨炼，有更多对社会和人生的认识。陈锡文在读期间，由于上山下乡的阅历，加上所读是农业经济专业，所以被选入中国农村发展问题研究组进行农村改革方面的调研活动。1982年，大学毕业的陈锡文顺理成章地被安排到中国社会科学院农业经济研究所工作，并且担任了中国农村发展问题研究组的副组长。

经过大学农村经济知识的系统训练，又加上10年下乡的锻炼经验，陈锡文对农村问题的研究非常顺利，并且一步步深入进去。经过研究他发现，虽然全国农村都借鉴了小岗村“包干到户”的经验，进行了一场自下而上的农村经营模式改革，并且得到了地方乃至中央部门的认可，但是很多地方并没有完全按照小岗村的做法进行改革，而是在各方面的约束之下，取了一个较为中间态的“包产到户”的做法，这仍然存在一定的制约性。

所谓“包产到户”，就是将集体的土地承包给农户，并且以土地来制定其年产量，如果产量达到了这个规定的量，农户将可以得到一定的约定报酬；如果没有达到这个规定的量，农户将得到酌情减少后的报酬；如果超过了这个规定的量，农户不仅可以得到约定的报酬，还可以从超额部分中得到相当比例的分成。

陈锡文认为，在这样一种分配体制当中，土地产出品的所有权仍然归集体所有，农民只是在这样一种集体的制度下为集体劳作而取得报酬的“打工者”。不过这相对于以往的“大锅饭”式的劳作已经很大程度上调动了农民的积极性，所以起到了促进农业发展的作用，但是这样一种折中的改革作为一种过渡最终还是要被抛弃的，因为农民的自主经营权在这样一种制度模式下还是难以保证。于是，产生了类似于小岗村的“包干到户”①的生产改革模式。

“包干到户”用一句简单的话来概括就是“交够国家的，留足集体的，剩下都是自己的”，这一模式相对于“包产到户”的方式彻底打破了过去的统一经营和分配的制度，确保了农户在农业经营过程中的主体地位，极大调动了农民进行农业生产的积极性，增强了其进行农业技术革新的动力。

## 3．力主农村经济结构调整

农村改革在中华大地上轰轰烈烈地展开，农业经济得到了极大的发展，粮食产量逐年递增。到了1984年，全国粮食总产量达到了8 142.4亿斤的历史新高。从这个鼓舞人心的数据背后，陈锡文看到了农村改革的一个机遇，提出进行农村经济结构调整的建议。

由于连年的丰收，又加上当时仍然存在的“统购统销”的政策干预，大量的粮食被积压在粮仓之内，不仅造成了巨大的仓储费用，而且由于粮食的自然属性，存储时间长了就会造成很大程度的浪费。另外，由于粮价国家挂牌和供给大增的双重影响，粮食价格不断下跌，严重挫伤了农民种粮的积极性。所以，如何利用这些余粮成为当时的一个重要课题，这关系着在农村经济改革的第一次分产到户的潜力爆发之后如何二次启动农业经济发展的问题。

陈锡文主张要利用这个难得的机遇，抓紧调整农村经济结构，从而实现农村经济的可持续发展。他认为，农业的发展就当时的现状而言，还处于一种小规模作业的原始状态，要想在这个层面上进行升级，农村的基础设施建设就显得非常

① “包干到户”也叫“大包干”，一般是农户在集体经济组织统一经营下，根据统一计划承包一季或全年以至更长时间的生产任务。根据双方签订的有关权利、责任和利益的承包合同，由农户自行安排各项生产活动，产品除向国家交纳农业税、向集体交纳积累和其他提留外，完全归承包者所有。

必要了。很多农副产品单纯因为交通运输的问题就造成了很大的损失，所以要抓住粮食丰收的机遇，把这部分余粮所提供的资源投入到农村的基础建设上去，逐步由“统购统销”的计划经济模式向市场化方向引导，让便利的交通为农业经济的市场化提供基础支持。

另一方面，陈锡文还看到了农业生态系统的保护问题，他还主张利用这部分多余的粮食作为投入，加强对农业生态系统的改善。

在这个问题上，他强调政府的主导作用，因为作为生态环境保护这样的经济外生问题来说，单靠个体或者一些中间的力量是远远不够的，甚至有时候为了一些局部或短期利益可能会损害到整体生态系统的利益。所以在种植业内部、农业内部和农村内部这三个层次的生态系统改善方面，要在政策和技术两个层面上入手，以求有效控制。

陈锡文在交通运输条件和生态环境两个方面给出的农村经济结构调整方案，无疑是有着长远考虑的。在那个以经济发展为主要目标的年代，提出了生态保护的可持续发展思想，更显得难能可贵。在解决我国农业自1985年以后出现的发展缓慢的问题上，有着重要的参考价值。

可以说，陈锡文在农村基础设施建设方面的建议是站在一个对日后农村经济发展有着深远意义的角度提出的。“要想富，先修路”的口号在上个世纪末的农村颇为流行，就是回到现在来讲，这个思想也是有着重要意义的。解决一个地区的贫困问题，首先要从这个地区的交通入手，这似乎已经成为了一个不争的事实。

不仅在余粮利用方面，陈锡文还深入分析了农村经济发展出现缓慢势头的原因。农村经济在改革初期高速增长以后为什么会出现放慢的态势？学界有许多不同的观点，有些学者认为是改革初期那种由于“饥饿”而产生的激情和“家庭联产承包责任制”的制度改革的爆发力已经耗尽，必须寻找新的出路。这其实也正说明了我国农村改革本身的复杂性和系统性，在一个以农民为主的大国，农业问题其实关系到整个国民经济的发展。

陈锡文认为，放缓是因为体制的创新在完成了“包干到户”的改革以后就停滞不前了。在一定时期内，这种改革确实极大促进了农村经济的发展，也调动了农民的生产积极性，然而以家庭为单位的传统农村经营模式不仅在对市场的适应上显得力不从心，其风险抵御能力也是比较低的。

解决这一问题的最好办法是通过发展农民合作组织进行更为专业的农业分工。这种合作与传统的计划经济时代的“大锅饭”是截然不同的，这是以市场为导向的一种组织规模的最优选择，而政社合一的村委会体制抑制了农民自愿发展专业经济合作组织的客观需求，同时也给农村经济和社会管理体制的创新造成了障碍。

另外，农村经济的发展长期缺少必要的公共财政支持也是一个比较突出的影响因素。

对于如何突破这些发展瓶颈，陈锡文认为一方面应该有针对性地进行农村公共管理制度方面的改革，另外还要加大对农村建设的财政投入，帮助农村发展。这些主张由于种种原因和各方面的考虑，实施力度和效果都远远不够，我国农村自第一波的承包改革之后，依然处于发展停滞的状态。不过，随着整体经济的发展，农村出现了部分富裕劳动力，乡镇企业的发展成为了特定历史阶段一道亮丽的风景线。对这些乡镇企业，陈锡文也作了详细的考察。

## 4. 关心乡镇企业发展

1984年，中央肯定了乡镇企业的地位，表示乡镇企业已成为国民经济的一支重要力量。对乡镇企业要和国营企业一样，一视同仁，给予必要的扶持。这一政策上的支持对乡镇企业的发展起到了很大的推动作用，跃跃欲试的乡镇企业如雨后春笋般出现在这片富有生机和活力的土地上。

在农村与城市二元格局的体制约束下，乡镇企业的发展无疑为农村剩余劳动力的转移起到了不可估量的作用。

随着农村经济的进一步发展，直接从事农业劳作的人数需求量在不断减少，这样就产生了富余的农村劳动人口，而这部分人口的去向就成为了一个社会问题。乡镇企业的发展，对转移这部分人口起到了关键性的作用，陈锡文把这个问题放在国家工业化这样一个背景下进行了研究。

陈锡文认为，由于我们长期对苏联工业发展模式的崇拜，导致了一种定型的思维方式，那就是在国家工业化过程当中，对城市工业化吸纳劳动力的水平估计过高，从而忽视了农村工业化对劳动力转移的巨大促进作用。

我国乡镇企业的自发形成以及发展，符合经济发展的内在规律，也让我国走出了一条不同于其他国家发展的降低农业劳动人口比重的特殊道路。从这个角度讲，乡镇企业的发展不仅促进了农村的发展，同时对于整个国民经济发展都有着极大的促进作用。

由于我国乡镇企业中工业比重很大，所以在一定程度上与我国城市的工业化产生了冲突和矛盾。对于这种状况，陈锡文建议要尽快确定乡镇企业在整个国民经济中的地位，否则就有可能使乡镇企业逐步边缘化，从而造成整个国民经济的发展失衡。

工业发展需要技术和资金支撑，这些对于处于劣势地位的乡镇企业来讲，是两个不小的发展瓶颈。所以陈锡文主张这些企业不能盲目模仿大型工业企业，而是要结合实际情况，与那些优势明显的国有大中型企业做好产业分工，找准自己的定位，先从一些低技术和小规模的工业做起，寻求一条适合自己的发展道路。同时，这样的分工也有利于整个国民工业体系的良性发展，避免了过度竞争，在资源的有效利用和整合上也是非常有益的。

针对当时乡镇企业经营的盲目性，陈锡文也提出了进行调节和管理的建议。他认为乡镇企业首先要解决的是产品质量低下、产销不对路和财务混乱等方面的问题。另外，还要完善管理体制，避免投机倒把的机会主义分子出现和贪污行为发生。在那个政府干预处于主导地位的年代，陈锡文提出的措施为日后的市场化企业发展提供了管理基础。同时，通过乡镇企业的过渡式的练兵，也为我国发展市场经济的企业体制提供了很好的经验和借鉴。

陈锡文在对乡镇企业的调查中还发现，制约这类企业发展的一个重要因素是资金的短缺。在我国对信贷管理非常严格的现实环境中，如何解决这一问题？一方面他提出企业要自力更生，通过自身的发展去达到财富积累和扩大再生产的目的。另一方面，他也建议改革乡镇企业的信贷资金管理，让这一部分从银行中分离出来独立运行，建立成为一套专门针对于乡镇企业和广大中小企业的银行体制，为乡镇企业提供必要的资金支持，帮助其发展成为国民经济体系中的一股重要力量。

上世纪90年代，随着国家对私有经济地位的确认，许多乡镇企业经过整改变成了私有企业，继续承担着建设社会主义市场经济的重任。还有一部分没有改制的乡镇企业在农村经济的发展促进方面仍然起着不可或缺的作用。而当前乡镇企业以及中小型私有企业发展所遇到的重要瓶颈之一仍然是融资困难，这可能在一个较长时间内都会成为制约其发展壮大的重要羁绊。

陈锡文当年对于乡镇企业融资方面的提议，对形势越来越明朗的市场条件下中小企业的发展仍然具有很强的指导意义，自力更生应该成为一个永远不变的主题。同时，这也对我们的政府决策提供了参考。如何为这部分企业解决融资难的问题，牵涉我国的金融体制改革问题，这对我们来讲，又是一个牵一发而动全身的复杂的系统工程。

## 5．完善农村金融体制改革

新中国成立后相当长的一段时期内，农业都是支援工业化进程的重要资源渠道。改革开放以后，随着农业生产水平的提高，逐步产生了基于农村的私有经济，但国家并没有给予太多实质性援助，尤其是金融方面的支持更是少得可怜。

农村金融体制的建立可以说是一个至今都没有根本解决的问题。上世纪末，随着市场经济体制的进一步完善以及农村经济的发展，许多农民在原来乡镇企业模式的启发之下，搞起了根植于农村的私有企业，而这类企业虽然发展势头很好，但每个企业都问题重重，难以成长。这当然和农民本身的知识局限、家族经营模式的羁绊等因素有关，但国家金融体制长期以来侧重支持城市发展的政策失重也是一个重要原因。

到了本世纪初，随着国有企业改革的深入，原有的国有企业经营模式的弊端逐步显现出来，私有经济的优势也为社会所普遍接受，而农村私有经济的发展问题就被提到了一个前所未有的高度来考虑，这个时候，业界以及社会对金融政策向农村倾斜的呼声也不断高涨。

但是，要解决这一问题，并不是一纸文件就可以起到作用的。金融信贷之所以长期以来都没有向农村大规模倾斜的一个重要原因就是私有经济，尤其是农村经济在我国国民经济当中的政治边缘地位。

新中国成立后，尤其是改革开放以来，处于绝对优势地位的国有企业在融资方面更是如鱼得水。而处于农村的乡镇企业和民营企业，则是另一番融资景象。由于没有国家信用的担保，银行贷款对这些企业来说是非常难走的融资之路。有些企业只好通过向亲戚朋友借款进行融资，但是这种融资方式有很大的局限性，所以助长了“地下钱庄”[①]和“高利贷”的滋生，给社会发展的稳定性造成了一定的隐患。

近几年来，金融改革与发展不断深入，取得了不少成就，但是这种金融体制下的劣势在私营经济，尤其是农民经营的企业中并未得到根本性的改观。对于这一问题，不少学者都有过研究，并且提出了建议。有些学者认为应该开放中国的金融市场，修改准入制度，让原来的一些“地下钱庄”和“高利贷”合法化，让市场去解决这一问题。因为在我国目前的金融管制之下，是不允许私人成立银行组织进行存贷业务的，这一行政性的金融垄断为众多市场派经济学者所诟病。

早在上世纪80年代就提出要完善农村金融体制的陈锡文认为，发挥市场的主体地位这种思路是对的，但是过分市场化的后果也是相当严重的。如果没有了政府的干预和责任，任何地方的农村金融都搞不好，还可能因此引发更大的社会问题。

陈锡文认为，当前农村金融体制改革举步维艰的原因主要有以下三个：一是银行已经进行了股份制改革，是要追求利润的，政府不能再像从前那样强制分派

① 地下钱庄是一种特殊的非法金融组织。地下钱庄游离于金融监管体系之外，利用或部分利用金融机构的资金结算网络，从事非法买卖外汇、跨国(境)资金转移或资金存储、借贷等非法金融业务。地下钱庄的非法经营活动较为隐蔽，所以其数量和资金吞吐量难以准确统计。

任务，如果想让其在信贷方面侧重于农村经济的发展，就必须给银行相应的优惠政策，引导其对农村进行资金方面的支持；另外一个是要加强银行自身的改革进程，因为目前的银行业在很大程度上并不适应农业和农村的实际需求，所以应该在人员、机构以及制度等方面进行相应的调整；最后，就是银行贷款中所涉及的“抵押”问题，有些学者主张用宅基地使用权和土地承包权作为抵押，陈锡文认为这个做法需谨慎，因为在政策上这两样东西是不允许进行抵押的——农村土地在法律上还是集体所有——即使用做了抵押，一旦出现还贷危机，银行对于这种抵押品也没有最终的处置权。

综合这三个原因，陈锡文建议我们要结合国情，逐步建立一个适用于我国农村经济发展模式的金融系统。

可见，农村的金融改革在我们这样一个农业人口众多的发展中国家，并不是一个能一锤定音的问题，而必须随着工业化和城镇化的进程，逐步解决。而这一过程又必然会伴随大量农业人口的非农化。上世纪80年代的乡镇企业为富余的农村劳动力找到了出口，而改革开放发展到了今天，市场主体地位已经基本确立，如何进一步转移出农村富余的劳动力就成了一个比较热门的社会经济话题。

## 6．推进社会主义新农村建设

中共十六大提出“统筹城乡社会经济发展”的重大命题，统筹发展就是要打破原有的城乡经济二元结构，但是中国是一个农业人口众多的发展中国家，农民问题不仅关系到农业本身，更关系到我们国家的整个经济发展大局。

为了实现这一伟大的农村发展构想，中央又进一步提出，要把建设社会主义新农村列为一个重要的历史任务。

这一目标一经提出，各地就积极响应。但是陈锡文发现，各地在积极推进新农村建设的时候，并不是全部都理解什么是新农村建设，怎样才能搞好新农村建设，少数地方甚至片面理解成了新农村建设就是新村庄建设，大量拆除农民原有的住房进行统一规划，让农民集中搬入楼房。

陈锡文对这种做法提出了质疑：我们所谓的新农村建设，要求的是各地根据实际情况对农村经济的改革进行更深一层次的推进，而绝对不是简单的村容村貌的整治。

具体来讲，新农村建设应该从发展农村生产力和完善农村社会管理体制两个软指标上入手，而不是片面地强调硬件的改善。如果软件跟不上，就是修了再多的路，盖了再多的楼房，也不能称之为新农村建设。对于这一点，他还特别对农民住楼房这一问题提出了自己的看法。

陈锡文提出，世界各国的农业都是在家庭经营的基础上进行的，不管是发达国家的农场式经营方式还是发展中国家的小单位传统经营方式，都体现着农业的这一基本特征。在家庭经营的基础上，农村需要一个相当于城市来说更加宽松的居住环境，这也就决定了农民住公寓式楼房肯定是不利于农村经济发展的。

农场式的经营方式需要有地方养猪、养牛、养鸡、养鸭，我国目前的家庭小规模承包经营也需要有一定的场地来放置农具、化肥、饲料等农业必需品。一旦搬入了楼房，公寓式的住宅会给农民的农业劳作带来很大的障碍，一方面是集中建设起来的公寓离农民劳动的土地距离增加，不便于到田间地头劳作；另一方面，楼房的集中性不再允许每户都有一个独家的小院，不仅家庭小养殖无以为继，农具的放置也会成为一个大的问题。

有些地方的农民刚搬进新公寓的时候喜气洋洋，感觉自己终于跟城里人一样住上了楼房，但是没过多久就发现了问题，甚至要求搬出新的居所，回到原来的那种居住环境中去，这些都可以说明对农村进行盲目改建所造成的不良后果。陈锡文主张在建设的过程中不破坏农业发展固有的规律，他在农村住房方面的态度就集中体现了这一观点。

这几年新农村建设取得了巨大的成就，从2006年1月1日起，我国全面废止了农业税的征收。这一举措标志着在我国沿袭两年余年的农业税制的终结，也反映了我国在城乡统筹发展方面迈出了重要的一步。这不仅彻底结束了以前农业生产为工业发展服务的格局，还顺应了“工业反哺农业”的惠农趋势。不仅如此，从那以后，国家在农业方面的补贴也逐年增加，让农民真正享受到了改革开放所带来的实惠，共享了改革成果。农民由原来几乎是改革“局外人”的角色进入到“城乡一体化”的发展轨道当中，为我国的城镇化建设之路做好了又一坚实的铺垫。

在取得一系列成绩的同时，也应该清醒地认识到当前的新农村建设工作才刚刚起步，我们的农村发展道路还有很长。

现在已经是中央财经领导小组办公室副主任、中央农村工作领导小组办公室主任的陈锡文在参与中央农村经济政策制定的同时，作为一名经济学者，还提出了一系列有利于农村长远发展的建设性意见或建议。保护耕地和粮食安全是当今时代人们普遍关注的话题，陈锡文在这方面态度非常鲜明。

## 7．严守耕地红线

国务院2006年~2020年的全国土地规划纲要明确提出了确保18亿亩耕地红线的长期规划目标，这一规划旨在确保作为一个有着全世界1/5人口的发展中大国的粮食安全问题。

但是对于这一提法，学术界存在一些不同声音。主要观点是认为这一做法，尤其是对耕地红线的划定限制了土地供给，这样会助长作为土地供应下游的房地产市场的波动，最主要的是进一步引发房价的上涨。

从现实中的情况我们也可以看到，靠近城市的耕地一旦变为建设用地，收益肯定会远远高于其作为耕地时的农业劳作所取得的收益，这也成为社会上为了短期的利益而唱衰“耕地红线”的重要原因之一。

对于这样的看法，陈锡文认为，首先应该分清楚土地和耕地的区别，我们十一五规划纲要要求守住18亿亩的“耕地红线”，这是没有任何问题的。

耕地对于我国的粮食安全有着重要的作用，而房子的建设不一定非得以占用耕地为先决条件，山地、丘陵等许多不利于耕作，不能够种植庄稼的土地都可以“种房子”。所以，陈锡文建议多到山丘、丘陵地带去盖房子，为了我们的未来，为了子孙后代的可持续发展，不要占用我们的耕地。他还举例说欧洲许多发达国家和地区就建设有很多山城，其目的就是为了要保护耕地。

现在人民生活水平得到了很大的提高，粮食安全问题日益被忽视，随着国际化、全球化经济的发展，有些学者甚至提出不需要自己去保证粮食安全，这个问题可以通过国际市场来解决。陈锡文对这种观点持明确的否定态度。虽然我国最近几年的贸易顺差为国家带来了大量的外汇储备，在国际市场上，中国政府算得上一个“有钱人”，但是对于粮食生产这样一个关系国人生计的问题，国际上众多国家都把它当做是一个国家战略安全问题来对待。所以，如果要到国际市场上去买粮食，首先面临的问题就是有钱能不能买到你需要的粮食。

以小麦为例，一旦中国敞开了进口小麦的大门，那势必会导致国际粮价大涨，中东还不要紧，因为那里相对也比较富裕，但世界上那些相对较贫困的国家呢？这无疑是在助长中国威胁论的说法。另外，像中国这样一个大的买家，不管到哪个市场上进行粮食收购，卖方都会抬高价格，这在经济上也是一种损失。所以对于中国这样一个人口大国来说，粮食安全问题绝对不能靠国际市场去解决，这跟有钱没钱是没有关系的，它关系着我们13亿人的吃饭问题。陈锡文也因此强调，在国内必须要保证粮食需求基本自给。

严守18亿亩耕地红线，大力进行粮食生产，确保中国粮食安全，从短期来看，确实损害了一部分人的利益，但是从一个国家长远发展的角度来看是符合人民整体利益的。

陈锡文的观点与高层决策者的观念暗合，从一个更为广阔、高远和可持续的科学发展的角度确保了我们这一代人的吃饭安全问题，更是为我们的子孙后代留下了一片可耕种的土地。钢筋混凝土的发展模式之下，如果没有饭吃，一切都将成为泡影。守住一片耕地，我们就为后人留下了一份希望。

但是，在现实中我们可以看到，地方政府为了土地出让金的收入，不惜以各种名目超出国家规定的数量进行土地征用，而现实中的土地非法占用处罚力度又相对较小，甚至于存在一定的“定罪盲区”。这种行为不仅侵占耕地，影响粮食安全，还由于土地的占用造成了农民和地方政府的冲突，产生了比较恶劣的社会影响。

## 8. 城镇化过程中的农民权益保障问题

农村城镇化是伴随我国城乡统筹发展而生的一个热点话题，一方面我们要进行新农村建设，另一方面我们还要用城镇化的方式让更多的农民从土地上解放出来，变为城镇居民，这两者看似对立，其实是相辅相成的。有些学者认为，农村城镇化是中国未来的一个经济增长点，如果这一点做不好的话，中国的改革开放有可能前功尽弃。所以，城镇化问题随之被提到了一个前所未有的高度。

陈锡文认为，在我国实行城镇化就是要把农民从土地转移出来这样的初衷是没有问题的，但要走大中小城市和小城镇协调发展的道路，合理规划经济布局，加快中小城市发展，为农民的转移提供更多的条件。

我国人口基数很大，即便是有70%的人都变成了城镇居民，留在农村的人口绝对数还是非常庞大的，所以城镇化是一个长期的过程，必须要兼顾各方面的利益，要坚定不移地推进新农村建设，尤其是农村管理制度和社会保障体系的完善绝对不能忽视，要使农民共享改革的成果。

对于城镇化过程中最突出的占用农民耕地的矛盾冲突问题，陈锡文认为相关方面的法律缺位或者有法不依是造成这一问题的主要原因。

违法占地这样的事情大部分都是政府官员的行为，在我国的法律当中有关违法占用土地行为的界定有一个限制条件，那就是“徇私舞弊”的前提。对于违法占地这样一个事实很容易确认，但是不是因为“徇私舞弊”就难以查清了。即使经过立案侦查，最终确认是因为徇私舞弊而违法占地，最终该官员的罪名也会转移到贪污上去。所以这条法律本身就存在很大问题，不具有可操作性，这也是造成违法占地屡禁不止的重要原因之一。

2007年到2008年，国土资源部进行了力度较大的土地违法案件查处工作，有上千名官员因此获罪，但是土地违法案件时至今日仍然是层出不穷。究其原因，一方面是陈锡文所谓的法律的不完善，另一方面恐怕也与当年土地财政和高房价的诱惑有着千丝万缕的联系。

在城镇化过程中还出现了这样一种怪现象，就是人在城市户口却在农村，到了城市的农民不能享受与城市居民同等的社会保障。为了解决这个矛盾，一些地方出台了“两换”政策，也就是拿农民的宅基地换房子，拿农地换社保。

对于这种情况，大多数经济学者都持否定态度，陈锡文更是不以为然，他认为这是在人为制造不平衡。按照法律规定，宅基地和承包地属于农民的个人财产，而社会保障是政府应该给农民提供的公共服务，用自己的财产去换取政府的公共服务，这个做法本身就是不合理的。

各地方政府可谓是花样翻新不断地推行着城镇化之路。由于房地产市场的火暴，前几年的“小产权房”[①]逐步走入人们的视野。陈锡文认为这种做法具有严重“违法”性质，所以“小产权房”必须叫停。

很多人对此不是很理解，认为中央的这一决定在一定程度上干涉了人们住便宜房的意愿，也有些经济学者认为“小产权房”开辟了新的住房市场，并主张将这一经济行为合法化。陈锡文表示，农地农用是为了保护农民的切身利益，“小产权房”很多是将其他用途的土地用做了盖房子，这是法律所不允许的，也跟国家保障粮食安全的耕地红线精神相违背。

更为关键的问题是，被挤出了耕地的农民，权益如何得到保障？这不仅仅是一个法律问题，更是一个维系社会安定的重大问题，所以“小产权房”必须叫停。但是同时，他也表示应该保护盲目购买了“小产权房”的消费者的利益，希望政府酌情进行考虑和照顾。

在这个问题上进行延伸，陈锡文还主张要严格执行国家的土地规划政策，专地专用，只有贯彻了这一根本的用地“大纲”，才能使违法用地的情况得到遏制，也才能更好地保护农民利益不被侵害。

---

① “小产权房”并不是一个法律上的概念，它只是人们在社会实践中形成的一种约定俗成的称谓。目前通常所谓的“小产权房”，也称“乡产权房”，是指由乡镇政府而不是国家颁发产权证的房产。所以，“小产权”其实就是“乡产权”、“集体产权”，它并不真正构成严格法律意义上的产权。说得再直白一些，“小产权房”是一些集体组织或者开发商打着新农村建设等名义建成并出售的，是建筑在集体土地上的房屋或是由农民自行组织建造的“商品房”。

## 不能再对不起农民

在人类历史的长河中，真理有时像黄金一样，总是沉于河底，而那些像牛屎一样浅薄的东西，却漂浮在上面，到处泛滥。

——培根

一切历史都是当代史，当下的喧哗，被后来者视为浮躁。很多时候，那些真理被表面的繁荣遮掩，往往得不到应有的重视。就像培根大声咒骂的那样，“在人类历史的长河中，真理有时像黄金一样，总是沉于河底，而那些像牛屎一样浅薄的东西，却漂浮在上面，到处泛滥。”

中国的经济问题复杂多样，非一言可蔽之，然而剥茧抽丝，总有线索可循。古语有云，民以食为天，可见农业是社会的根基，作为一个拥有十几亿人口、数千年农耕传统的国度，农业更是重中之重。但现实却令人感到遗憾，农业和农民的权益频频遭受侵害，虽然国民经济高速增长，但农业的现状还是令人忧心忡忡，无法释怀。

很多经济学家着眼宏观经济，歌颂称赞GDP神话，为重工业、新兴经济摇旗呐喊，而农业固守者的身影却异常少见。在这种环境中，陈锡文的存在让人们对农业保存了一份敬畏之心。作为一名一直参与中国农村改革政策制定的“三农专家”，陈锡文的全部学术研究都在服务于中国的农村问题。

从一个政策的研究者、建议者到制定者、决策者，陈锡文时刻牵挂着中国最广大的农民群众的利益。从农村联产承包责任制的研究，到粮食流通体制改革的建议，再到新时期的新农村建设，他以国家长久发展战略和农民利益的保障为出发点进行研究和决策工作，在我国农业改革进程中留下了不可磨灭的印迹。

陈锡文曾经说过：“从整个国民经济的角度来看，没有人能否认农业作为一个产业在所有产业中是最弱的一个。”自始至终，陈锡文都坚定地站在这个最弱的产业立场上，为之呐喊、为之谏言、为之掌舵。

最近几年，随着城镇化加速发展，农民权益纠纷层出不穷，作为官方的经济学者，陈锡文身份敏感，言论屡屡引发诸多猜想。表面看来，他那里发出的总是一些官方的声音，但是从其有些时候略显无奈的表达之中，人们不难体会到隐含的另一种声音那就是——“不能再对不起农民”。

# 第十一章

## 茅于轼："经济学界的鲁迅"

茅于轼的一生跌宕起伏，波澜不断。从火车司机技术报国的理想到经济学家思想救国的转变，让这位饱经沧桑的老人显得格外引人注目，有些人甚至把他称为"经济学界的鲁迅"。

2011年1月14日，度过82岁生日的茅于轼心忧天下。回看人生历程，从苦难的前半生，到实现自己社会理想的经济人生，从简陋的住所到世界各地，都留下了茅于轼践行"大同理想"的身影。

## 人物简介

茅于轼，1929年生于南京一个知识分子家庭，其父茅以新是铁路机械工程师，伯父茅以升是著名桥梁专家。

由于战乱，茅家辗转柳州、桂林、重庆等地。1946年，茅于轼从重庆南开中学考入上海交通大学机械系。大学毕业后分配到齐齐哈尔铁路局，曾先后从事火车司机、技术员和工程师等工作。

从事这些工作期间，他一直未放弃自学经济学。1985年，茅于轼调至中国社科院美国研究所，历任副研究员和研究员。曾以访问学者身份赴哈佛大学访问。

1993年，茅于轼退休，与其他4位经济学家共同创办天则经济研究所，现任天则经济研究所所长。代表作：《择优分配原理》、《中国人的道德前景》、《谁妨碍我们致富》等。

## 1．饱经战乱的名门之后

1937年7月7日，日军制造“卢沟桥事变”，借机全面发动侵华战争。在弱肉强食的生存规则里，落后就要挨打，当时的中国积贫积弱，在一个总面积不足自己一个省大的弹丸小国的蹂躏下苟延残喘。

这一年，茅于轼还不满9岁，民族的灾难在一个心智尚未成熟的孩子心中留下了永难磨灭的印象。

茅于轼出身世家，曾祖父是有“镇江第一代报人”之称的晚清举人茅谦，他组织创办了晚清与《北洋官报》齐名的《南洋官报》，在当时产生了重要影响。此外茅谦还是我国近代史上颇具影响力的水利专家，著有《水利刍议》，迄今仍有重要的历史参考价值。

祖父茅乃登，曾经是清政府江浙联军革命军总司令部秘书部的部长，是中华民国的开国功臣。父亲茅以新是著名的铁道机械工程专家，在抗日战争时期主持创办了柳江机器厂，为湘桂地区的铁路运输作出了重要贡献。茅于轼的伯父茅以升更是享有盛名的中国近代桥梁专家、土木工程专家和教育家，他主持设计和施工修建的钱塘江大桥，是中国桥梁工程史上一座具有划时代意义的丰碑，结束了中国人不会修筑现代钢铁大桥的历史。出生在这样一个声名显赫的家庭是上天的恩赐，同时也给茅于轼带来了磨难。

1929年1月14日，茅以新的大儿子出世了，他就是茅于轼。由于父亲工作原因，刚过满月的茅于轼随父母来到了杭州，在那里度过了他幸福的童年时光。

可惜好景不长，1937年随着日军的全面侵华，中华民族开始了保家卫国的八年抗战，国难当头，小家无以安存，茅家的家境每况愈下。全家在父亲的带领下，辗转于长沙、桂林、上海、柳州等地，最后到了重庆。在重庆南开中学，茅于轼念完了中学。

辗转躲避战乱的日子是难挨的，最让人记忆深刻的就是饿肚子的感觉，这让从小生活无忧无虑的茅于轼初尝了人生的艰辛。

当一个人填不饱肚子的时候，其他如道义之类的情操便会显得非常脆弱，最让茅于轼心灵震撼的是在这个国难当头的危急时刻，流亡的难民不是相互帮助、共渡难关，而是趁人之危、偷盗抢掠。父亲当时最重要的交通工具——一辆自行车——就是在那个时候被人偷走的。更有甚者，对帮助自己躲过日军搜捕的山民非但不感恩戴德，还恩将仇报，意欲霸占人家女儿，致使淳朴之人家破人亡、骨肉分离。类似的事件宛如刀刻一般，深深地留在了茅于轼的记忆深处。

那个时代赋予了茅于轼对改革开放后新一代青年人进行道德教育的历史使命。

战乱的颠沛流离和饥饿让茅于轼对于社会底层的生活有了深刻的认识，关心帮助穷苦大众成为了他矢志不渝的信念。

艰苦的环境使得那时候的学生比和平时期的孩子更加珍惜学习机会，南开中学的教育不仅培养了茅于轼多方面的兴趣和才能，张伯苓[①]平等、自由、民主的办学作风更是深深感染了他，对于当下教育制度弊病的直言不讳，在那个时候就深深地埋下了种子。

一辈子从事教育事业的张伯苓勤于思索，将毕生精力都献给了教育事业。他坚持独立的教育品性，在办学模式上能够不断适应变化，积极帮助贫困家庭的学生入学。这些特点让茅于轼日后想来，感悟颇多。

① 张伯苓，现代教育家，原名寿春，字伯苓。他曾赴日考察教育，有感而返，将家馆改建为私学。1907年，在天津城区南部的开洼地建成校舍，遂因地取名而成南开中学。1919年，筹办南开大学。抗日战争前，形成小学、中学到大学的完整的“南开教育体系”。

1946年，茅于轼考入了上海交通大学机械系，主要学习铁道机车方面的课程，也算是子承父业，如果没有那和平时期的“混乱年代”，茅氏家族里也许又会出现一个工程师。然而，世事弄人，就在茅于轼工程技术生涯蒸蒸日上的时候，黑云压城。

## 2．和平时期的霹雳

1950年，新中国百废待兴，急需大量工程技术人员。当年，茅于轼毕业后响应国家号召，来到了当时条件比较艰苦的东北，在齐齐哈尔铁路局开始了理论与实践的第一次结合。

由于是大城市去的知识分子，所以茅于轼等人在铁路局受到了特别的培养和照顾。茅于轼沾了眼睛不近视的光，更是得到了额外的机车驾驶实习机会。他虽然吃了不少苦头，却收获极大，不仅学会了机车驾驶等技术，还提出了一个疑问并在以后的日子里着力去解决，那就是如何在保证火车正点到达的前提下，用调节机车速度的方式使消耗的燃料最少。这也是茅于轼日后重构微观经济学的择优分配原理的发端。

刻苦工作、勤备思考，并且不断进行实践，贡献突出的茅于轼获得了铁路局先进工作者的称号。他将这些经验总结成文，发表在了中国科学院的刊物《科学通报》上，成为了结合实践进行科学研究的先锋人物。

1955年，茅于轼被选中调到大连参加铁道部组织的牵引计算规程编制工作，前途一片光明。

规程编制完成后，北京铁道研究院又把他调了过去，从事机车车辆性能的研究工作。当时的铁道研究院在茅于轼看来，是一片大显身手的沃土，因为那里都是知识分子，人际关系简单，所有人都在勤勤恳恳地为新中国的铁道事业贡献着自己的力量。

然而，欣欣向荣的工程师生涯很快便中断了。1957年夏天，出差进行列车阻力实验的茅于轼从报上看到了中央号召整风的消息，他以为是一种肃清社会风气的运动，所以没有在意。谁料想，正是这份随意和独立自由的性格特点，给他惹来了不小的麻烦。

时任整风讨论会小组长的茅于轼并不知道为什么要“反右”，但是对政府的信任与忠诚导致很多当时与他有同样思想的人走向了“谬误”的深渊。不同的是，有些人是“凶手”，而有些人是“牺牲品”。其实无论是哪个位置上的人，都是那个时代的“牺牲品”。

当时茅于轼家在王府井，离单位较远，所以每天晚上结束讨论前他离场。令他想不到的是，正是这1个小时的“早退”让他戴上“右派”帽子长达二十余年。

1958年，为了凑够铁道研究院5%的“右派”指标，茅于轼也“理所当然”地被打成了“右派”。对于茅于轼全家来说，这真是晴天里的霹雳。在不知所以中，以一种稀里糊涂的方式被划进了“右派”的行列，不但工资降级，茅于轼还被调到了北京东郊的环形铁路做养路工，接受“改造”。

“右派”在当时是没有公民权利的，茅于轼的著作《蒸汽机车操纵与焚火》再版不允许用自己的名字，只好改署自己的儿子“茅为星”的名字。尚在襁褓之中的婴儿写出专业技术类著作，想来也只有那个时代才可能发生这样荒谬的事情。

1960年，作为“右派”分子的茅于轼被下放到了山东的藤县。在藤县，茅于轼靠在田间捉来的蚂蚱和喝水来抵御饥饿的侵袭，勉强活了下来。这段挨饿的经历让茅于轼日后对铺张浪费深恶痛绝，每次看到宴席上剩下的菜，总是有些气愤。

## 3．苦难之中的坚定

“右派”茅于轼谨小慎微，处处夹着尾巴做人，但还是避免不了被批斗和谩骂，甚至毒打。

有人担心现在许多网民在网上的谩骂会让茅于轼受不了，但他觉得那些都是毛毛雨。他担心的是中国的青年一代是非观尚不成熟，很容易被诱导和利用，希望他们不要误入歧途。

1966年9月下旬，茅于轼到大同机车厂进行劳动。远离了政治中心北京，境遇反而有些好转，茅于轼在大同先是在车间、农场劳动，后来由于铁道部燃气轮机车项目的技术人员不足，他又回到了技术工作的岗位。

1971年国庆，茅于轼获准回北京探亲，他揣着那张异常珍贵的“探亲证明”回到了北京。不料一到北京他就被抓了起来，硬说他的证明是先盖了章后写的字，茅于轼与十几个人一起被关了三天三夜，错过了假期，只得又回到了大同。

丝毫没有安全感的日子就这样一天天地过去，茅于轼此时更加坚定了学习的信念，他利用一切机会努力充实和提高着自己，借着自己在上海交通大学打下的坚实的理工科的底子，又自学了偏微积分、传热学等新的课程。

也正是在1966年到1976年的10年间，茅于轼坚定了日后研究经济学的决心。

在他看来，中国贫困的原因不在于没有公平、不在于没有劳动，而是在于“公平”的束缚下完全丧失了资源运作和分配的效率。

全民贫困的时代背景下，致富成为了一种可耻的事情，这种心理障碍一直延续到今天，“仇富心理”普遍存在于国民心中。当多年以后茅于轼提出“替富人说话，为穷人办事”的时候，谁可以体会到这些话背后的艰辛？“仇富安穷”，社会就永远不可能进步，在一个人人以穷困自豪的环境中，又有谁会冒天下之大不韪创造社会财富呢！

在大同的劳动中，茅于轼切身感受到了贫困地区的落后状况。改革开放以后，他利用个人之力，帮助了无数贫困地区的农民走上了致富之路，这是后话。

也就是从那时候开始，茅于轼逐渐将目光转移到了社会经济现象上，虽然当时还不知道什么叫做“经济学”，但是他已经从深刻而艰辛的社会探索中感觉到了作为“经世济民”的现代经济学的重要性。

茅于轼曾经说：“我有一个特别强烈的愿望，就是使我们国家富裕起来。后来我发现，国家更需要经济学，于是开始转方向。”正是这样一个认识上的深入，让他下定决心从工程技术转向了经济学的研究。

## 4．工程师到经济学家的华丽转身

“文化大革命”结束后，茅于轼回到了北京铁道研究院运输经济室，参与课题“铁路列车的重量、速度、密度的最优组合”的研究，后来这一课题的研究成果还获得了铁道部的奖励。

这一时期，茅于轼凭借自己对现实的经济观察以及对经济学敏锐的感知推导出了择优分配原理，并开始给研究生讲授数理经济学的课程，期间宋国青、张维迎、王国乡都听过他的课，这几位后来都成了我国经济学界举足轻重的人物。北京大学光华管理学院前任院长张维迎提到茅于轼，给予了极高的评价，说他是自己“最钦佩的经济学家”。

1978年，中央开展“拨乱反正”工作，摘掉了“右派”分子的帽子。5月，光明日报发表了题为《实践是检验真理的唯一标准》的文章，引发了一场真理标准的大讨论，知识分子终于可以扬眉吐气地发表自己的观点了，封闭多年的言路敞开。

那一年，是新中国发展史的一个转折点，标志着中国踏进了改革开放新纪元。经济学作为一门自由的学科重新被人们所认识和接受，事实上，从那时候起，我国学者才真正开始用一种客观的眼光看待这门古老而年轻的学科。

改革进程不断加速，茅于轼也于1984年迎来了人生的又一重大转折。

这年春天，在好友王国乡的引荐下，茅于轼认识了时任中国社会科学院美国研究所所长的李慎之[①]。当时茅于轼兴趣越来越偏向经济学理论，对铁道研究院的工作开始感到厌烦。王国乡得知后，带他敲开李慎之的家门。茅于轼简单介绍了自己的情况，又呈送了一份简历。秋天到来的时候，茅于轼坐到了美国研究所的办公室里开始上班了。研究所里的学术氛围十分融洽，茅于轼初来乍到也不感到拘束，很快便结识了大批颇有造诣的学者。

---

① 李慎之（1923年~2003年），哲学家、社会学家。无锡人，曾任周恩来外交秘书、中国社会科学院副院长兼美国研究所所长。资深新闻人，著名的国际问题专家，20世纪下半叶中国自由主义思想的代表人物。

李慎之是一位崇尚自由的人，对大家的管理比较宽松，每年只要写几篇高质量的论文，其他时间基本上就可以做自己的事情。当时，茅于轼开始对中国的经济改革产生兴趣，投入到择优分配的研究中。就这样，一个50多岁的老人，义无反顾地开始了他的经济学之旅。

在李慎之的帮助下，茅于轼在经济学上的认知突飞猛进，尤其是数量经济理论方面。他把择优分配从静态推广到了动态，分析了动态过程最优化必须满足的条件，把数学规划中的拉氏乘数法以及变分法中的欧拉方程联系起来，并用这个成果论证了价格改革的速度等方面的问题。

1985年，茅于轼出版了他的第一部经济学著作《经济学和它的数理基础：择优分配原理》，这部被认为是重构了微观经济学的著作奠定了他在经济学界所公认的地位。

从开火车时的一个疑问到择优分配原理的最终提出，几十年来茅于轼始终在这个问题上刨根问底。既没有经过严格的经济学训练，更没有接受过西方经济学现实环境熏陶的茅于轼，仅仅凭借自己的常识，加上深厚的数学功底，就推导出了这个对我国的改革开放具有重大实践指导意义的经济理论，可谓是一个奇迹。这也印证了“实践出真知”这一真理。

1985年夏天，茅于轼获得了一次出国机会。李慎之派他到美国的普鲁金斯研究所进行访问，并在美多逗留了两个星期，借机参加了中国留美经济学会的成立大会，有机会认识了许多留美的中国学者，其中的很多人都回国成为了经济改革的重要力量源泉。

由于这次机遇，茅于轼日后承担了长达10年的留美经济学会国内联络员的角色，为促进中美学术交流及学者互访作出不可磨灭的贡献。茅于轼所构架的学术桥梁为中国留美学者的赴美深造和日后的回国发展都起到了不可忽视的作用。

1986年，在福特基金会①的资助下，茅于轼以学者身份到哈佛大学进行了为

① 福特基金会，1936年，亨利·福特的长子埃兹尔·福特捐资25万美元，在汽车城底特律注册成立。一开始其只是一家地区性的福利机构，宗旨是：接受和管理资金以用于科学、教育与慈善目的，一切为了公众福利，此外无其他目的。后来随着迅猛发展，很快成为国际性组织。1949年就进入中国，1959年到1970年对中国研究的资助达2 300万美元之巨。茅于轼曾多次接受福特基金会资助。

期1年的访问。访美期间，茅于轼不仅深入观察了世界上最发达的市场经济体制的各方面运转情况，还结交了很多国际著名的学者，与许多国际学术机构建立了联系。

回国以后，茅于轼结合自己在美国的所见、所闻、所感以及自己对经济学的独特理解，写成了《生活中的经济学——对美国市场的观察》一书，受到读者的追捧，好评如潮。在那个人们对经济学知识渴求的年代，茅于轼的经济学普及读物如久旱甘霖，滋润了一代中国青年。

## 5. 创立天则所

1993年，盛洪[①]找到了茅于轼，商议成立天则经济研究所的事情，两人很快达成共识。7月，茅于轼、盛洪、张曙光、樊纲、唐寿宁等当时颇具影响力的经济学者和北京大象文化有限公司共同发起成立了北京天则经济研究所。

《诗经》有云："天生烝民，有物有则"，意义为"合乎天道自然之制度规则"。经济研究所取这句话的首尾二字命名，建立之初就奠定了制度经济研究、服务改革开放的基调。几位创始人也都是在制度经济的相关领域有所见地的经济学者，可谓是志同道合的智慧组合。

天则所在成立之初以工商企业的名义注册，也设计了"学术和赢利并举，以赢利养学术"的成长路线，然而几位经济学方面的行家貌似对如何赢利并不十分拿手，天则所接手的第一笔通过朋友介绍过来的"生意"：《万县长江大桥等四项投资可行性研究》共计收入了10万元，然而总体算起来还是亏损。他们先后又谈了一些业务，但均以失败告终。

① 盛洪，1954年12月生于北京。1983年毕业于中国人民大学，1986年、1990年分别获得中国社会科学院经济学硕士和经济学博士学位。现任北京天则经济研究所执行理事，山东大学经济研究中心教授。他的专著《分工与交易》是制度经济学的研究方法在中国的成功尝试之一；他的论文集《寻求改革的稳定形式》及主编的《中国的过渡经济学》代表了过渡经济学领域的领先水平；随笔集《经济学精神》透露了他普及经济学的努力和对文化与道德问题的关注；文集《为万世开太平》则交织着理性主义的冷静思考和关注天下未来的文化激情。

后来，投资方大象公司又遇到了经济困难，投入100万元资金的计划也搁浅了，天则所一度陷入了困境。

天则所在茅于轼的带领下，艰难地向前发展着。作为一个民间学术机构，在茅于轼看来，最大的困难就是没有钱，资金来源几乎全部依赖于外界捐助。

建立之初，主要都是靠发起人的学术声望募集来的一些国外基金的赞助，例如美国的福特基金会和美国国际民营企业中心等。后来随着国内经济的发展，一些内资企业也开始了对天则所的赞助。据茅于轼回忆，天则在最困难的时候，他出差住旅馆都是自己掏钱。

1995年左右，亚洲开发银行委托天则所对“三茂铁路”①项目进行经济评估。由于天则所当时名小声微，直到拿出了亚洲开发银行的证明信，对方才勉强配合调查。

茅于轼在这个项目上花费了大量心血，一个个车站进行实地考察，光现场调查工作就做了整整一个半月。之后，又经过几个月艰苦的后期分析，他们才成功完成了这个项目。

茅于轼认为这是亚洲开发银行（亚行）所有类似项目中做得最成功的一个。刚开始亚行的经济学家对茅于轼的调查方案颇有微词，不过当项目完成后，他们全部认可并推广了茅于轼的研究方法。这个项目的完成为天则所赢得了极大的社会声誉，之后亚行又把一批重要项目委托给了天则所。

1996年，英国著名的《经济学人》杂志刊登了一篇题为《香港的午夜》的文章，把中国政府描述成了与纳粹德国同样的独裁政府，还配了德军通过凯旋门的图片，喻指中国政府对香港恢复行使主权。这篇充满挑衅意味的文章引起了天则所各位学者的强烈不满。茅于轼、张曙光、盛洪、余永定②等人都撰文表示了抗议，刊登在是年9、10月号的《国际经济评论》杂志上。

---

① 三茂铁路，即广东三水到茂名之间的铁路，全长357公里。作为联系南疆与内地的第二条通道，对促进广东物资流动、改善广东省经济布局、开发沿海地区资源、促进粤西地区经济繁荣具有重要意义。

② 余永定，1948年11月18日生，广东台山人。中国社会科学院学部委员，牛津大学经济学博士，中国社会科学院世界经济与政治研究所研究员、博士生导师，中国世界经济学会会长，联合国发展政策委员会委员。研究领域：宏观经济、世界经济。主要学术专长是西方现代经济理论。

文章一经刊出，《经济学人》的一位主编就专程赶到北京致歉，并表示文章有失公允。他们还进行了内部通报，要求以后对中方的报道必须坚持客观公正的原则。之后，《经济学人》对中国的报道果然有了很大的转变，天则所的义举得到了中国外交部的高度认可，赞扬他们做了一件有重要外交意义的工作。

1995年，天则所在科委系统注册了事业单位的牌照。1999年，天则所把企业和事业两套机构完全分开，成立了天则咨询有限公司，专司商业发展，而天则所则完全成为了一个公众学术机构。

经过茅于轼等人的艰苦努力，十几年后的今天，天则研究所已经从当初的名不见经传发展成为中国最具影响力的民间智库，在对经济学理论和前沿社会经济问题的研究中，为我国改革实践提供着源源不断的智力营养。

## 6．扶贫基金会的超前模式

亲身经历了1959年到1961年三年饥荒的人，都会对中国的农村有着特殊的感情。尤其是经历了那一时期的经济学者，更会用经济的方式表达对那段时光的特殊情感。作为当年的“右派”分子下放到山东农村的茅于轼则选择了更为直接的表达方式。

改革开放以后，日子一天天好过起来，茅于轼始终不忘广大农民，和夫人郑燕玲多次向贫困地区伸出援手。1992年6月，他们收到了自己赞助的山西省吕梁地区的学生韩海勤的来信、郑燕玲给小韩写了回信，就这样一来二去，双方建立了联系。

从与小韩的通信中，茅于轼了解到由于当地生活贫困，需要帮助的孩子还有很多，于是萌生了帮助孩子和村民的念头。恰好时任亚洲开发银行中国首席经济学家的汤敏博士对此也饶有兴趣，二人便产生了用尝试小额贷款帮助当地农民致富，而不是单纯提供救助的想法。在茅于轼看来，授人以鱼不如授人以渔，“输血救济”并不能使农民从根本上摆脱贫困，必须建立一种机制帮助他们走向市场，利用市场交换的力量创造价值，从而实现致富。

1993年9月，茅于轼找到了小韩提到的好老师雒玉鳌，并提供了500元的资金，正式成立了龙水头扶贫基金会。茅于轼亲自制定了章程，规定基金有两种用途："扶贫基金"用于治病、治伤及求学，可贷款1年，不收利息；"付息基金"用于生产，如买化肥、经商、出门打工等，可借款6个月，要收利息。

基金成立之初，恰巧村民雒改娥的儿子得了肺炎需要钱治病，雒玉鳌犹豫了一下，最终写下了基金会的第一张借款单据。半年后，雒改娥还上了这笔借款。慢慢地，扶贫基金会在当地的名声越来越大，借钱的人也越来越多，后经茅于轼多方活动，很多朋友对基金会伸出援助之手，基金规模也不断扩大。

茅于轼的扶贫基金会在当地产生了重要影响，让龙水头这个小山村发生了巨大的变化。村民们借助基金进行创业，一改过去僵化的思维，渐渐摸到了利用市场去致富的门路。很多村民都盖了房子，看上了电视，用上了电话。

扶贫基金会给这个偏远的小山村带去的不仅仅是资本，更是一种新的思想。村里赌博的现象基本消失了，村民们争做创业先锋，茅于轼用他的扶贫基金为村民送去希望的同时，也传播了他的市场理论。利用基金利息成立的助学金也鼓励了山村农民对子女的教育。可以说，这是一次伟大的尝试。然而，扶贫基金也给茅于轼带来了困扰。

从设立之初，龙水头村的扶贫基金就存在与政策相抵触的方面，在央行严格的金融管制之下，是不允许私人募集和提供资金贷款的，所以基金的合法性受到了质疑。基金运作过程中，国际上一些扶贫机构向茅于轼发出了合作意向，但合作计划最终都是由于中国的金融管制政策而夭折了。

对于国家金融体制来说，茅于轼的实验无疑于畸形产物。严格控制的金融机制使资金大量流入了国有企业和发达地区，而农民贷款难、融资难的情况一直都没有得到根本改观。

因此茅于轼主张国家应开放信贷市场，允许私人放贷。有些人对此表示担忧，认为一旦开放私人信贷市场就会滋生大量的高利贷。对此，茅于轼的解释是，正是因为没有开放私人小额信贷市场，高利贷现象、地下钱庄才频频出现，如果使这些行为合法化，根据市场供求平衡原则，总会达到一个合适的利率水平，也就不存在所谓的高利贷现象了。

不过经过多方的努力，作为一个特例，2009年龙水头的基金终于走上了合法的舞台。

是年6月，小额贷款公司在永济注册成功，资金3 000万元。作为唯一一家私人创办的以扶贫贷款为主的基金会，茅于轼的扶贫基金会在中国金融市场开放方面走出了超前的一步。当然，很多学者所希望的并不仅仅是出现一个特例，而是国家政策也能够随之迈出一步。

## 7. 富平学校的扶贫之路

茅于轼帮助农民的另一项举措就是开办农民职业培训学校。在他看来，让中国广大农民脱贫致富的不二法门就是加速城镇化建设，但是由于农民知识层次普遍较低，到了城市后都会出现或大或小的问题。

正是为了解决这个矛盾，2001年冬天，茅于轼和汤敏在检查完小额贷款工作回北京的路上提出了“帮助农民进城，帮助农民找到工作”的构想，并且把目光投向了门槛最低的家政服务业。

调查了解到北京家政服务市场的供不应求的局面后，茅于轼与汤敏集资45万元，筹办家政服务员培训学校，即北京富平学校。校名来自茅于轼的一个愿望，那就是“使平民百姓富起来”，谐音“扶贫”也暗含办学宗旨。

富平学校在发展的过程中遇到了不少困难，先是办学之初的生源紧缺。所幸沈东曙的出现及时地解决了这个问题。沈东曙最初的职业与扶贫、慈善根本不搭界，但2001年底，他对投资感到厌倦，开始规划新的职业生涯。一个偶然的机会，他在《财经》杂志看到一篇介绍富平学校的文章。

沈东曙从新闻报道中分析认为，招生工作尚有许多改进之处，于是主动登门拜访，试图提一些建设性意见，譬如招生方式如何改进等，但最后谁也没有说服谁。与其说这次无果而终的讨论勾起了沈东曙的雄心壮志，倒不如说支持非营利组织的愿望和茅于轼的人格魅力打动了他。最终他决定亲身参与。

次年3月，沈东曙很快从山西招到一批学生。茅于轼对此异常重视，早上6点亲自到火车站迎接，70多岁的他全然不顾天气的寒冷。这件事让沈东曙很是感动，坚定不移地加入其中，成为富平学校年轻的校长。

2002年3月16日，富平学校首次举行开学典礼，第一批只有50多名学生。大多数学员是茅于轼之前帮助的对象。然而，接下来的2003年，“非典”在我国大规模蔓延，国家采取了紧急限制人员流动的措施，富平学校连续10个月都没有业务，造成了巨大亏损。

后来又发生了一场事故，富平学校还惹上了官司。同时，也唤起了社会对家政服务从业人员风险的关注。

2007年2月7日，富平家政服务中心的雷维菊给客户两岁的幼儿喂奶时，孩子出现呕吐，就在雷维菊到卫生间放脏衣服的时候，孩子从沙发上摔下来，抢救无效死亡。

这件事情很快引起了社会各界的普遍关注。一方面，在我国社会保障各方面都不完善的情况下，家政的需求量又与日俱增，这种供需严重不平衡的条件下如何防范家政从业风险；另一方面，个人和企业缺乏应有的保护措施，社会环境也造成了私有企业的生存困难。

这件事情最终以富平学校在社会各界人士的帮助下赔偿了对方50多万的损失而告终。但是这些困难都没有影响茅于轼扶贫的信心和决心，在帮助农民致富的道路上，这位老人依然义无反顾地前进着。

从创办至今，茅于轼先后往学校里贴了不少钱，但他仍乐此不疲。到目前为止，富平学校已经成功为社会输送了19 000余名家政服务员，学校在家政职业化方面作出的贡献得到了越来越多的政府部门和社会机构的认可。

随着社会知名度的不断扩大，各种各样的荣誉也接踵而来：北京市社区公共服务优秀服务商、全国巾帼家政培训示范基地、北京家政服务协会团体会员单位、北京市通州区培训先进单位、北京家政服务协会常务理事单位、2004年先进民间组织、2007年北京市先进民间组织、2008年北京市先进民间组织等。

2008年，富平学校还荣获“壹基金”所创立的“壹基金典范工程奖”，得到了100万元奖金。

光环荣誉纷至沓来，茅于轼没有因此而放慢扶贫的脚步，而是把眼光投向了更为广大的农民身上。

## 8．土地与房价之辩

经济问题是一系列问题，各种经济现象之间都有必然的内在联系，比如房价问题，说到房价就不可避免地要涉及到土地。茅于轼认为，房价居高不下的主要原因是地方政府以土地拉动GDP上涨的主导作用，又加上房地产市场的巨大需求空间，导致了今天的房价居高不下。

茅于轼进一步阐述了自己的观点，地方政府的土地财政现象归根结底就是因为土地产权的不清晰以及政府对土地使用权的种种限制造成的。“18亿亩红线”的耕地保护政策更加给有土地审批权的政府部门提供了土地是否转换的口实和政策依据。在这个中间，由耕地到非耕地的转换环节会产生大量的腐败现象，这些对于普通老百姓来讲是没有任何好处的，可能这一政策的出台会加剧房价由于土地供给不足而产生的暴涨。

对于土地问题，茅于轼主张将其推向市场，由市场来决定土地资源的各种配置，包括这块地是用做耕地、工业用地还是房地产开发。而这些的基本前提就是土地的私有化，即明确土地的产权，减少政府干预。

很多人都看到了这个现象，而作为经济学家的那部分人，更是看到了土地产权和政府过多干预这个本质。不单单是茅于轼，周其仁也提出过同样的问题，也提出了土地产权明晰化的观点。可能正是茅于轼冒着全球粮食安全的大潮逆流而上，提出反对耕地红线才遭受了反对和攻击吧？我们相信，历史自有公论。

房价问题的第二个原因是巨大的需求，茅于轼还曾经提出“房价太高是因为部分老百姓太有钱了”这样的观点，同样引来一片非议之声。

茅于轼给出了自己的解释：政府的土地管制限制供给是一个方面，而旺盛的需求也构成了房价上涨的另一个主要原因。改革初期，中国的分配机制失衡，收入差距拉大，一部分人处于贫困的边缘，而另一部分人则相对比较有钱。目前我国市场投资途径太过单一，对于有钱的那一部分人来讲，投资无门，所以大量的本该投资其他行业的钱就涌向了房地产，从而导致房价的上升。

基于这种认识，茅于轼言论中“不是开发商心黑”之类的词句自然不难理解。按照他的理解，作为中间环节的开发商自然不会也不应该是房价居高不下的始作俑者，然而这些言论被断章取义地认为是在替某个利益集团说话。

作为一个经济学家，茅于轼主张坚持自己的立场和良心，用客观的声音去说话。他还提出“居者有其屋”是政府应该做的事情，但是政府没有义务让每个人都拥有对房子的占有权，所以高调反对经济适用房建设。

茅于轼认为，经济适用房的建设存在适用人口的判断问题，这期间没有一个客观的标准，权力寻租空间极大，是滋生腐败的温床。回过头来，看这几年开着宝马住进经济适用房，大量经济房用于高价出租的闹剧全都印证了茅于轼的担忧。

如何做到“居者有其屋”？他大力主张政府的廉租房建设，但是同时却抛出“廉租房不应该建私人厕所”的言论，一时间引发了大量质疑，认为他存在对贫困人口的歧视。

事实上，茅于轼的看法是，廉租房是一种住房照顾政策，他主张按照以前“筒子楼”的模式建公共厕所。如果廉租房的居住条件与普通商品房一样的话，一方面对花了大价钱购买商品房的人来说是不公平的，另外条件的优越会使得一部分人即使自身条件得到了很大的改善也没有搬出廉租房的动力，从而造成廉租房作为一种过渡产品的不可持续性和监管成本的增加。

对于不断涌入城市的农村务工人员，住房困难是一个普遍存在的现象，茅于轼提出给这些人“每户每年1万元住房补贴”的建议。

然而，这一提法引来各界的非议，有些人认为1万元的补贴在大城市能“买几块砖头”，也有人认为茅于轼不食人间烟火，根本不懂得农村务工人员的实际需求才提出了这样不可思议的观点。

对此，茅于轼认为这是一个可能相比廉租房更为优越的政府住房政策。廉租房建在哪里是政府说了算，但是上班的人到哪里租房是根据上班地点决定的。另外，把补助的形式变成钱可以增加房地产开放商和住房需求人员的市场行为，让

"看不见的手"去自动调节住房的供需平衡。

总之，茅于轼对房价相关政策的提议都是围绕"市场主导"或"政府主导"哪个为核心的问题展开的，作为饱受计划经济发展模式之苦的老一辈经济学者来说，提出这些开放性的观点也不足为奇。面对各种不同的声音，支持茅于轼的学者还是建议这些人不要急于下定论，而是要通过这些热议的观点多做些学习和思考，更好地理解各种社会经济现象。

## 9. 均贫富的大同理想

人类从古至今都充满了对美好公平社会的向往，《晏子春秋》提出了朴素的均贫富的思想：其取财也，权有无，均贫富，不以养嗜欲。而更为我们熟知的是《论语》中的描述：闻有国有家者，不患寡而患不均，不患贫而患不安。盖均无贫，和无寡，安无倾。宁固守其穷也要追求公平的心态在我们的国民意识里已经深深扎根。

但是现实中的"贫富分化"往往是非常普遍的一个现象，古今中外，概莫能外。从12世纪中叶起，侠义之盗罗宾汉的故事就开始在民间流传，作为"劫富济贫"的形象代言人，反映了人类社会的一个普遍心理，那就是"均贫富"。

在王权大于一切的封建统治时期，均贫富的概念是君王为了维护国家安定而实施的一种统治手段。到了近代，民族危亡的紧要关头，许多仁人志士提出了各种美好社会的构想，共产主义的美好预期迅速占据了领导地位，成为几代人以及未来几十代人终身奋斗的一个坚定信念。新中国的建立正是广大人民众志成城，践行这一伟大理想的集中体现。

但是在社会主义建设时期，我们却迷茫了。过分迷信公平，使固有的"均贫富"思想得到了极大的发挥，很多无辜的富人被无端地扣上"帽子"，为此我们付出了巨大的社会代价。

作为从那个时期走过来的经济学家，茅于轼深知那种暴力"均贫富"的弊病。他结合市场经济的基本原理，提出了很多温和均贫富的思想，在税制改革方面的提议就是一个典型的代表。

茅于轼认为中国目前的税收体制需要进行改革，他主张税收的透明化和公平化，提出奥运奖金应该纳税以及国家领导人应该公开自己的税务缴纳情况等等。

在税率方面，茅于轼主张要加大个人所得税方面的征收比重，同时降低其他税目，尤其是涉及企业经营的增值税、营业税等方面的征收比重。在他看来，个人所得税是一个很好的“劫富济贫”的手段，而其他涉及企业经营税负的减征不仅不会降低政府税收，反而会有所增加。理由是在现今企业高税负的运作模式下，不可避免地会出现逃税、漏税情况，这是一个不符合市场规律的现象，从税款征收与企业收益均衡的角度来看，这是政府强制力下的一个破坏平衡的体现。

相反，如果能把税收调整到一个企业可以承受的范围，企业便不会冒着受法律制裁的危险去偷税、漏税，反而会增加政府财政收入。

2008年，当民众对调高个人所得税起征点的呼声越来越高的时候，茅于轼提出个税起征点应该调高到8 000甚至更高的观点。因为在他看来，随着生活水平和收入的不断提高，原来的2 000元起征点已经不适合社会的发展，增加了低收入群体的负担。最好的方式就是差别对待，根据实际情况权衡政策的灵活性。但是由于各方面原因的限制，现在实行的是个税一刀切的方式，他对这一方式表示了不认同。与此同时，茅于轼也提出调高个税起征点并不是税制改革的一个方向或者根本目的，最主要的是在税收结构上进行调整，从税收上鼓励企业的发展，减少政府的干预。

茅于轼经济上温柔的均贫富思想还体现在他的教育理念上。他曾经提出“中国大学的学费还不够高”、“穷人孩子上不起学是因为学费太低”之类的观点，引起很大的轰动，反对者居多。在茅于轼看来，低学费表面上对穷人家的孩子有利，实际上是作为政府的教育补贴来讲，富人家的孩子搭了穷人家孩子的便车。如果提高学费，用更多的奖学金、助学金、助学贷款等资助形式去帮助穷人家的孩子上大学，就可以起到教育上“劫富济贫”的目的。

此类均贫富的主张和看法非议颇多，但茅于轼并不为外界评论所动，坚持着自己的主张。

## 大同理想的践行者

离开一辈子后，他又回到了自己出生的那片土地上。从小到大，他一直是那个地方的目击者。

——《尤利西斯》

茅于轼的一生跌宕起伏，波澜不断。从火车司机技术报国的理想到经济学家思想救国的转变，让这位饱经沧桑的老人显得格外引人注目，有些人甚至把他称为“经济学界的鲁迅”。

1979年提出择优分配原理，1984年正式进中国社会科学院美国所研究经济学，1993年与几位知名学者一同创立天则经济研究所。同时，茅于轼还相继担任了亚洲开发银行注册顾问、中国环境与发展国际合作委员会能源工作组中方专家、太平洋经济合作委员会能源组国际顾问组成员、LEAD国际培训项目中国国家理事会成员、《中国经济评论》（*China Economic Review*）顾问编辑、中国能源研究会副理事长等一系列的重要社会职务，经济学巨匠的地位无可动摇。

然而，最让人钦佩的是茅于轼的社会威望和道德。有人说，经济学家是最会理财的，可是在夫人郑燕玲的眼中，茅于轼是最不会理财的一个人，到菜市场买菜，同样的价钱人家都是挑最新鲜的，而他却专拣剩的拿，还振振有词地说下到锅里又看不出来，一样可以吃的，那些人都是不容易的，要给予帮助。

到超市买东西，他专挑快过保质期的买，理由是不影响使用，万一没人买又过期了会给企业造成损失，办企业的人都是不容易的。此类的事情比比皆是，在很多人看来，茅于轼的行为简直就是一个傻子，可是茅于轼那将心比心、真诚关心他人的道德境界正是如此跃然呈现。

但是茅于轼的道德观却不是“利他主义”的。从上世纪80年代开始，他就开始了对道德观念的研究，提出了“功利主义”的道德解释，并且呼吁“理性的道德”，更关注道德的底线问题，而不是一味迷信道德的力量。

2011年1月14日，已经度过了自己82岁生日的茅于轼依然关心着中国的经济改革与发展。

回看茅于轼的人生历程，从苦难的前半生，到实现自己社会理想的经济人生，从简陋的住所到世界各地，都留下了其践行“大同理想”的身影。

# 第十二章

## 陈元：做一个真正的银行家

作为长子的陈元，作风的低调与父亲陈云如出一辙，这不能说与其从小所受的家庭教育和感染没有关联。

成绩斐然，但陈元依然冷静地认识到，在开发性金融之路上，中国只是起步者，还应该继续坚定地走下去，要通过融资支持经济社会发展，更要通过融资促进整个市场、制度建设的发展。

2004年，亚洲开发银行驻中国首席代表布鲁斯·莫利这样评价陈元："看上去和10年前一样，仍然保持着年轻人的心态，给我留下深刻印象，也让我很嫉妒。"7年之后，时至今日，陈元不改初衷，依然在开发性金融道路上披荆斩棘，以先行者的姿态探寻中国金融业改革之路。

## 人物简介

陈元，陈云之长子，1945年生于上海青浦，1970年毕业于清华大学，1981年毕业于中国社会科学院研究生院工业经济专业，获硕士学位。作为中国开发性金融业的开拓者和先行者，被西方誉为“最有现代金融理念的银行家”。现为国家开发银行党委书记、董事长。

陈元长期从事金融工作，研究专长在宏观经济理论和国际金融领域。出版了《陈元集——运行 调控 发展》、《香港金融体制与1997》、《美国银行监管》等论著。

陈元为人低调，极少公开露面，因其在开发性金融领域的突出贡献，当选2010年度“CCTV中国经济年度人物”。

## 1．颠沛的童年

1938年3月的一场朴素而简单的婚礼，陈云和于若木喜结连理。那是一个艰苦的年代，于若木回忆，当时陈云拿出了1元钱，买了花生、糖果和瓜子，举办了仪式。

1945年，抗日战争的局势不断好转，8月，美国分别在日本的广岛和长崎投下了两颗原子弹，在中国战场疲惫不堪的日本侵略者宣布投降。而这一年1月13日，陈云夫妇迎来了他们的第二个孩子。陈云给他取名“元”，当时陈云经常拟发电报，13的韵目和1月都是“元”，另外“元”还有“第一”之意，也暗含了长子的意思。

临产的于若木由妹妹于陆琳照顾，那天夜里临盆，于陆琳在后面山上挨门挨户询问，终于找到了卫生部部长贺彪，及时赶到为孩子接生。可是孩子却没有啼哭，吓坏了当时在场的所有人，幸好随后延安中央医院的大夫赶到，给孩子打了一针，孩子才“哇”的一声哭了出来。

在那条件艰苦的岁月，陈元不仅出生颇费了一番周折，在襁褓中也没能安定下来。

1945年11月2日，中共中央组建中共中央北满分局的决定将陈云派往了哈尔滨。当时国内局势并没有因抗战的胜利而安定，国共关系紧张。随着和平谈判的破裂，不久便爆发了全面内战。中共中央北满分局的建立正是为了我党能够有效控制北满各地，从军队的组建、群众的发动等多方面入手巩固东北后方，对国民党反动派进行反击。

次年年初，陈元和姐姐陈伟力在母亲的带领下，历尽了重重磨难，从延安赶到哈尔滨与父亲团聚。

当时交通条件十分艰苦，他们翻山越岭，整整走了一个月的时间，才从延安赶到张家口。在张家口，于若木母子受到聂荣臻的特殊照顾。当时的张家口是中国解放区中最大的城市，但是到东北解放区的路并不通，他们不得不在张家口等着，直到几个月以后才有机会坐汽车到齐齐哈尔，随后改乘火车去往哈尔滨，当年5月底，陈云一家终于在哈尔滨团聚了。

然而，这次团聚也仅仅持续了半年时间。1946年11月，陈云主动请缨赴南满工作。南满也就是现在的辽东半岛，当时蒋介石在美国的支持下占领了山海关，又先后占领锦州、沈阳、四平等地，在“敌强我弱、敌众我寡”的不利战局之下，我军步步退守。蒋介石为了尽快占领东北地区，加速由南满地区向北满的推进，对我军基地进行轮番攻击。

情势万分危急之下，甚至有些人提出了撤出南满到北满与其他东北部队汇合的建议，但是这显然不利于我军巩固和发展东北根据地。

在这样危急的时刻，陈云独自前往南满投入到危险而紧张的工作，一直到“四保临江”后期，一家人才再次相聚。

战争时期的动荡给童年的陈元留下的最深刻的印象就是“搬家”，年纪尚小的陈元和姐姐每到一个地方总会问父母什么时候搬家。一直到临江战役结束后，陈云调回中央工作，姐弟俩还问了同样的问题，这次却得到了一个不同以往的回答，并且是十分坚定的回答：“我们再也不用搬家了。”虽然当时还不能完全理解这个答案对他们家乃至整个中华民族的深远意义，但是姐弟俩已经明白自己终于有一个安定的家了。

1959年，已是少年的陈元再次随陈云来到临江，边走边聆听父亲讲述“四保临江”的故事，这是陈云一生中最为重要的经历之一，也给陈元留下了深刻的印象。2003年12月，陈元到临江参加电影《陈云在临江》的开机仪式，感慨良多。

2005年，陈元在黑龙江考察的时候，还专程到宾县中共北满分局史迹陈列馆和中共北满分局旧址等地进行参观，给父亲的铜像敬献了花篮，并给陈列馆题词：北满风云，辉煌历史。可见他对童年记忆的追忆和感怀之情，同时也表达了一个儿子对伟大父亲的崇敬。

## 2．父亲的影响

新中国成立以后，一切百废待兴，陈云担任国务院副总理兼财经委员会主任以及重工业部部长等职务。陈元1953年进入北京第二实验小学读书，之后又顺利读完了中学，1965年毕业考入清华大学自动控制系。

陈家家风极好，早在姐姐陈伟力读小学的时候，就被父亲严肃地告诫不要向同学们炫耀自己的父亲是谁，也不能因此而觉得自己比别的同学优越。在这样的家庭教育之下，陈家的孩子从小就学会了自立和自强。陈元从小就用功学习，用自己的努力去争取着自己想要达到的高度。

陈元读小学的时候经常去父亲的办公室，因为大办公桌上的文件是党内机密，不准翻阅，所以他就在沙发旁的小圆茶几上翻看报纸。也就是从那个时候起，他开始阅读《参考消息》等很多报纸，通过这些窗口去了解这个世界，完善着自己的世界观和价值观。

在“文革”期间，陈元到江西去看望父亲，父亲在《参考消息》上画出了一些杠杠或者圆圈之类的标记，要求陈元认真看，这实际上是对陈元潜移默化的一种引导。父亲还给他讲时任美国联邦储备委员会主席的保罗·沃尔克，并称赞他为经济上的总统，这些都给陈元留下了深刻的印象。

1966年，正好是陈元读大学二年级的时候，国内爆发了“文化大革命”。陈元这个时候选择了做“逍遥派”，他没有参加红卫兵的任何造反运动，而是把大部分精力用到了自己的学业上。

1970年，从清华毕业后，陈元被下放到湖南的一个工厂进行劳动锻炼，两年后回到北京，在航天工业部第三研究院任技术员。1975年，陈元光荣地加入了中国共产党。陈云知道后非常高兴地说："我培养了你这个党员，是高质量的。"

1977年，国家恢复了因为"文化大革命"而暂停的高考和研究生招生考试制度，陈元考取了清华大学经济管理专业的研究生。在清华读了不到1年，陈元转到了中国社会科学院研究生院，师从国内著名的经济学家于光远和马洪，开始学习现代经济学。

研究生在读期间的陈元学习刻苦认真，成绩很好。由于时代原因，刚刚恢复考试制度的第一届研究生年龄差距较大，有些已经成家，拖家带口的，还有一部分来自农村，生活不是很宽裕，陈元经常主动对这些同学进行关心和帮助，还经常带外地的同学到自己家里过节。

陈元对他人的关心与父亲的影响不无关系。上世纪60年代初，陈云特别喜欢在周末到公园走走，与游人和公园的花匠等聊天了解民情。但是有一段时间突然不去了，家里人都很奇怪，后来才知道原来当时正好是经济困难时期，很多百姓都吃不上饭，主持经济工作的陈元心有愧疚，觉得自己对不起老百姓。

成长在这样的家庭环境中，陈元从小就形成了低调务实的性格特征，同时也对大众百姓有深刻的体察之情。

1981年8月，研究生毕业以后，陈元先留校做了一段研究工作，后来调到国家计委工作。4个月后，陈元被任命为北京市西城区区委副书记，正式开始了他的政坛生涯。次年，他由副书记提升为书记，并且担任了北京市委常委。在西城区，陈元集中精力编制了西城区经济发展战略，大胆主持改建了北京的西单商业街，使西单成为了著名的商业中心。

也许是政绩突出，陈元的政途异乎寻常地顺利。1984年，陈元就任北京市政府商贸部部长一职，并兼任北京市体制改革委员会常务副主任。这个位置，让他有了施展经济抱负的平台。

期间，陈元成立了北京市青年经济作者协会，把一批有思想、有理想的青年理论工作者集合在一起，共同研究中国经济的基础理论和经济政策，制定出北京发展战略研究计划，还承担了"中国社会主义经济运行研究"这一国家"七五计划”的重点科研项目。

扎实的基层工作经验和对经济建设的探索，让陈元获得了一个更为宽广的舞台。1988年，他升任中国人民银行副行长，10年后调至国家开发银行。

1995年，一个人在弥留之际还念念不忘国家改革，昏迷中的言语仍然是在为这个国家日后的经济和社会发展献计，他就是陈元的父亲陈云。当叶永烈[①]为这位一生磊落的革命家、经济改革家立传的时候，却苦于资料搜集的困难。因为陈云作为中共第一代领导集体的“第五号人物”，中共第二代领导集体的“第二号人物”，还在1956年中共八届一中全会当选为中央副主席的他，竟然除了《简明大不列颠百科全书》中文版上登载着的中共中央文献研究室为其撰写的1 000多字的小传外，其他资料少之又少。“个人名利淡如水，党的事业重如山”这幅陈云曾经书写过的条幅，成为了他一生的写照。

作为长子的陈元，作风的低调与父亲如出一辙，这不能说与其从小所受的家庭教育和感染没有关联。

我们在为这篇文章搜集资料的时候发现，这并不是一件很容易的事情，因为有关陈元的访谈或者单独的介绍确实少之又少，他在上世纪担任国家一系列要职并作出卓越贡献的时候，很多人对他都还很陌生。直到陈元入主国家开发银行，并逐渐作出举世瞩目的成就，我们才有机会对这位国家领导的后裔、当代著名经济学者、曾经被西方誉为“最有现代金融理念的银行家”有所了解。

## 3. 政策性银行的改革先锋

1994年3月，中央成立了国家开发银行，作为一个国家性质的政策性银行，国家开发银行的主要工作方向是支持国内建设，承担基础设施、基础产业和支柱产业领域融资开拓的任务，筹集国家重点建设项目的资金以及克服社会经济发展中存在的困难。

① 叶永烈，男，一级作家、报告文学作家。浙江温州人。

由于国家开发银行在成立之初就贴上了支援国家建设的标签，所以很大程度上变成了政府财政支出的另外一种形式。“防范金融风险，支持经济增长”这一指导方针，后者实现起来比较容易，国家开发银行自成立之日起就为国家的基础建设提供了巨大的资金支持，但是在“防范金融风险”方面就显得有些力不从心了。

我国金融业比较突出的特点之一就是既存在以市场化为导向的“商业性金融”，又存在以国家调控为导向的“政策性金融”[①]。

对于两者概念的理解，顾名思义，“商业性金融”基于现有的市场条件和运营机制，以追求利润为主要动机，并不为建设和完善市场经济体制主动贡献力量；而“政策性金融”却不然，它主要是向特定的、牵涉国家调控和利益的项目提供优于商业性金融的贷款，实质上就是政府财政拨款和经济宏观调控的延伸与补充，对于自身业绩的要求很少，甚至于不予要求。在这样的定位之下，当时作为政策性银行的国家开发银行自然没有太强的抵御金融风险的能力。

1998年3月，到国家开发银行就任行长的陈元面对的是32.6%的银行坏账。上任之初，陈元就给自己定下了工作任务，那就是在保证国家大量的基础设施建设得到融资支持的基础上，对其进行市场化改革。在这一目标的指引下，陈元开始了大刀阔斧的改革动作。

陈元的改革思路事实上是如何把原先作为“政策性金融”组成部分的国家开发银行变为开发性金融机构[②]的一分子。在陈元看来，政策性金融与开发性金融虽然非常相像，都是为政府服务的，但是在其“自生能力”和“可持续发展”方面，显然开发性金融更占优势。

---

① 为了实现产业政策等特定的政策目标而采取的金融手段，即为了培养特定的战略性的产业，在利率等方面予以优惠，并有选择地提供资金。中国的政策性金融，是指在政府支持下，以国家信用为基础，运用各种特殊的融资手段，严格按照国家法规限定的业务范围、经营对象，以优惠性存贷利率，直接或间接为贯彻、配合国家特定的经济和社会发展政策而进行的一种特殊性资金融通行为。它是一切规范意义上的政策性贷款，一切带有特定政策性意向的存款、投资、担保、贴现、信用保险、存款保险、利息补贴等一系列特殊性资金融通行为的总称。

② 开发性金融机构有世界银行，亚洲开发银行等。开发性银行的资金主要用于开发和发展。中国的发展，特别是改革开放20多年以来，更离不开世界开发银行和亚洲开发银行的支持与帮助。这让中国获得了巨大的发展，也让中国的老百姓获得了许多实惠，更让世界改变了对中国的看法。开发性金融实现政府发展目标，弥补体制落后和市场失灵，有助于维护国家经济金融安全，增强竞争力。

开发性金融与政策性金融相比，不仅可以从事传统的政策性金融业务，还多了一种通过市场化的经营模式进行自主投资的渠道，可以说开发性金融是政策性金融的深化和发展。陈元的改革目标是要把政策性金融的优势和商业性金融的优势集中体现在国家开发银行这个载体之上，一方面协助政府为了弥补“市场失灵”而进行政策性非营利性业务，同时还通过商业性的营利业务，保证银行自身的生存与发展，而不是单单依靠政府。

另外，在国家政策性引导下，开发性金融并没有到商业市场与商业性金融进行直接角逐，而是着眼于不成熟的市场，或者说是在构建和完善市场，把社会资本向支持国家重点领域的方向引导，从而有效地加强和填补金融市场的薄弱和空白部分，通过“市场”去弥补“市场机制”在资源配置方面的缺陷。这和单纯的政府宏观经济调控比起来更加灵活，也更为有效，避免了政府干预出现的调节盲点。

按照这一改革思路，陈元开始了国家开发银行的改革创新之旅。1999年，在陈元的主持下，国家开发银行和一家小型的商业银行合并，这一举措使得国家开发银行增加了许多分支机构，而这些机构并不是用来进行商业贷款的，而是监督贷款的。陈元把贷款决策权由“前线”转移到了“后方”，但是这仍然无法完全杜绝放款过程中的漏洞，因为有些客户又作出了影响后方工作人员的尝试。于是，陈元设立了一个“轮值委员会”。这一系列措施有效抑制了贷款申请人的寻租行为，在源头上切断了不良贷款的人为成因。

国家开发银行内部流传着陈元的一句话：“在贷款上，我只有否决权，没有审批权。”

陈元入主国家开发银行以后，严把贷款审核关，有些时候甚至因为一点儿小的问题，贷款申请都可能被否决，而这些决定都是由100多个人对贷款申请进行审核和投票作出的，行长只进行确认，同时还保留否决权。陈元从不丢开大家投票的结果强硬地指派项目。

很显然，正如陈元本人所说的那样，这样一种民主的制度约束让作为掌门人的陈元变成了一个更侧重于监督者的“局外人”角色，有效减少了新增的不良贷款。

陈元提出，要将国家开发银行建设成为具有国际一流市场业绩的开发性金融机构，并且强调开发性金融的作用绝非拾遗补缺。

目前，我国正在进行市场经济建设，需要开发性金融作为一种必要的补充。而作为政府开发性金融机构的国家开发银行，具有与生俱来的政府赋予的法定信用。把准国债性质的开发性金融债券发行和金融资产管理结合起来，把融资优势和政府的组织优势结合起来，用建设市场的方法实现政府意志，以国家信用与市场业绩的完整统一为经营目标，建立民主的投、融资治理结构，运用政府特许权和各种灵活的开发性金融产品支持基础设施、基础产业、支柱产业、高新技术产业等政府优先发展及市场失灵的行业和领域，用融资推进投融资体制建设和相关金融市场建设，弥补体制缺损和市场失灵，促进经济和社会发展是陈元眼中的国家开发银行的发展图景。

事实也正是如此，进入21世纪后，陈元主持下的国家开发银行不仅成功完成了由“政策性金融”到“开发性金融”的转型，不良贷款率也大大降低。

2004年，国家开发银行成立10周年时，其不良贷款率仅为1.21%，与陈元接任之初的数字相比，是一个非常伟大的突破。另外，在主要经营指标的综合测评方面，国家开发银行已经连续3年稳定地处于国际先进水平，这与陈元的战略眼光是密不可分的。

陈元被国外投行业界的一位知名人士这样评价:“他做了一件了不起的工作，他将一个政策性银行改造成了一个敏捷而有远见的金融机构。”

## 4．他山之石，可以攻玉

从担任国家开发银行的行长开始，陈元就把国际上先进的金融理论和实践经验与中国的特殊国情相结合，以转变思想观念为起点，有效地将理论与实践在自己的改革思路上进行融合，走出了适合中国的开发性金融之路。

国家开发银行利用世界银行的援助，聘请了包括毕马威、普华永道等在内的国际著名咨询管理和会计事务所进行管理、会计等方面的咨询和改进，逐步完善了内部管理体制，改进了治理结构和信息披露等方面的机制，迅速成长。近年来，国家开发银行还参考世界银行的信贷手册，向国际上著名的投资银行和商业银行进行咨询，编制了《信贷管理手册》，在市场业绩和风险控制等方面确立了目标。

陈元表示："开发性金融的典型代表是世界银行和亚洲开发银行，这些机构和当前开行所使用的方法基本是一样的，但我们的目标更清晰、明确和完整。然而，事物都是一分为二的。我还要强调，不要盲目照搬国外经验。现在国内很多人喜欢请国际名人来讲课，让他们谈应该采取什么办法解决中国问题。西方银行的原理要与中国国情相结合，最后的实际操作还得靠我们自己。"

陈元的国际视野可以说是从小就培养起来的。早年能够阅读到《参考消息》的经历给陈元上了一堂特殊的国际教育启蒙课。也许那个时候陈元并没有深刻地理解报纸上的很多观点，但是这段经历无疑为陈元日后的国际化眼光增添了几分潜在的锐意。

有些人认为现在世界上的发展金融机构走向商业银行的趋势日益明显，陈元对此却持保留态度。他认为虽然在全球背景下有一种趋势就是发展性的金融机构逐渐走向商业银行，从长远角度来看中国的开发性金融也有着这样的发展态势，但是目前还不行。因为在我国金融服务部门本身欠发达，有大量的低效行为，所以这种机制的建设还不能实现。目前，发展融资仍然发挥着重要作用，因为发展融资是由国家信贷支持的，它仍然会在市场上发挥作用。在过渡阶段，随着中国国内商业银行的改革和发展，发展性的金融机制也会发挥一个基础性的作用。也就是说，在一些市场不灵的情况下，让其发挥重要的作用。在市场充分发育之前，发展性的金融机构仍然是大有可为的。

陈元的观点无疑是一种站在国内发展实际情况之上的一种现代金融理论的阐释，这种观点在金融领域对我们的改革与发展有着重要的指导意义。

随着市场化进程的加速，我们国家的改革开放也进入了攻坚阶段，这个时候出现了一系列我们以前未曾预料的问题。在金融领域，由于种种金融管制，弊端频现，开放金融市场的呼声很高，有些专家和学者提出了允许私人开办银行，将金融业完全市场化等方面的主张，让一切与政府有关的力量让位于市场，实行完全自由主义，让所有的资源配置由市场完成。

陈元在开发性金融这样一个重要金融成分在我国发展趋势问题上的“保守”，表现出了一个高层金融决策者的谨慎和沉着。

## 5. 富国强民的力行者

1998年以来，陈元领导下的国家开发银行扎根国内，做出了一系列符合国家发展的有效行动。

西部大开发是我国的一项重要战略决策，只有全面发展西部地区经济，才能为我国“共同富裕”的社会目标提供强大的物质支持。对于西部发展的融资问题，陈元提出了中央财政与金融协调配合建设重大基础设施项目；地方财政与金融协调支持加快城市化建设；经济优势产业以商业贷款融资为主，辅以开发性金融机构贷款，为石油天然气自然资源开发提供长期贷款以及利用资本市场融资等几个层面上的操作方案，并强调只要有一个强大高效的金融体制支撑，西部大开发就可以持续推进。

在东北老工业基地的振兴方面，国家开发银行与地方政府及企业联手，培育比较优势和核心竞争力，通过融资重组和改制了一大批效率比较低的企业，使其能够进一步发展。陈元还提出，在企业的重组过程中，国家开发银行可以协助制订方案，对搬迁改造、资本运作、再就业与安排多余职工等方面进行融资支持。

不仅仅是这些特定的国家开发项目，国家开发银行还对社会主义新农村建设这种对农民切身利益有着密切关系的遍及中华大地的项目进行积极的支持。此外，国家开发银行还提供了贫困大学生的国家级助学贷款等一系列支持国家长远发展的战略性金融支持，践行着“立足基本国情，树立和落实科学发展观，把金融发展和科学发展观相结合，就全局论金融”的开发性金融理念。

对于这样一系列具有政策导向性的融资行为，有人对陈元的理念提出了质疑，那就是国家开发银行是不是可以做赔本的买卖？

实现国富民强的社会目标，国家发展银行自有一番属于自己的理念，陈元有机地将政策性的支援跟商业化结合起来，他认为开行从大的原则上来说是不能做赔本买卖的，因为我们拿的是公众的钱，要对公众负责。从这点来说，跟商业银行、股市的基本原理是一样的，你用了公众的钱，你就要负责。整体业绩下降、亏损的话，我们就面临市场信誉的下降，我们的筹资成本就会上升。现在绝大部分业绩和运行不是建立在纯政府信用上，而是建立在市场业绩上。

有关国家开发银行能不能做赔本的买卖之类的问题，从根本上讲，是源于对国家开发银行贷款和国家财政拨款的混淆。陈元进一步在这个问题上进行了澄清："假如什么项目都贷款，不管还款前景好坏都贷，那开行就不是银行，而是拨款的'机器'，这样必然会形成一大堆不良资产，是'垃圾'银行。"

在成立之初，为了实现富国强民的历史使命，国家开发银行确实做了很多基本等同于财政补贴之类的事情，向一些效益不好的企业，尤其是经营困难的国有企业提供了信贷资金，其实这也是国家开发银行以前坏账率居高不下的最直接的原因。

通过陈元的改革，逐步加大了国家开发银行的市场化业务范围，在未发育的市场领域为自己找到了合适的市场地位，制定和完善真空领域的市场机制，更多地通过市场化的方式对国家建设和发展提供资金支持。

改变了以前尴尬的处境，引入市场化的经营模式，国家开发银行的业务范围已经不仅仅局限于振兴东北老工业基地、西部大开发、南水北调、国家石油储备等一系列的国家重大项目上，还把眼光转向了具有高成长性的企业发展方面。

在我国当前的发展阶段，对具有成长潜力的企业进行大力支持是富国强民的一个重要途径。2004年5月，国家开发银行的信贷人员通过对安徽奇瑞汽车公司的深入调研，了解了这面民族汽车行业的重要旗帜。

从当年12月开始，国家开发银行就组织了汽车行业的专家对奇瑞公司进行了更为细致的实地考察，最后断定奇瑞将有望在短时间内成为我国具有较强竞争力的大型轿车企业，于是批准了奇瑞汽车有限公司高科技研发项目的贷款。

谈到这一事件，陈元说："作为政府的开发性金融机构，开行一贯坚持'政府热点，雪中送炭'的工作方针，始终关注以奇瑞汽车为代表的民族自有品牌的发展历程。"在这一项目中，国家开发银行充分显现了优越于商业性金融机构的政策指向特征，为民族品牌的发展提供了重要的资金支持。

在陈元的带领下，国家开发银行在完成富国强民这一重要使命上兢兢业业，已经与30多个省、市、自治区等各级地方政府签订了近200份开发性金融合作协议，在支持国家建设和地方发展的资金供应方面，发挥着重要的作用。

## 6. 力推金融领域的信用体系建设

自诞生之日起，银行就与信用结下了不解之缘，或者说这二者本就是一对孪生兄弟，甚至有的人认为正是因为信用的完善催生了银行的诞生。总之，无论持何种观点，都是在强调信用体系的建立对银行业的健康发展有着极为重要的作用。

我国当前金融体系主要还是以信贷融资为主，而银行业则是整个金融的核心，因此相对于发达国家来说，我国的银行业在金融体系当中承担的角色显得尤为重要。在近年来中国经济高速发展的大背景下，这样的金融业的发展就显得相对滞后了，陈元说："中国要形成强健高效的金融体系，支持经济社会发展，关键是要着力打造健全的微观制度和金融基础设施，真正树立起市场化融资的观念、方法和体制，推动整个经济和金融的良性循环和发展。"

由于我国金融业的银行核心地位，要实现这一目标，首先就要从银行业的信用体系建设和完善方面入手。

新中国成立以后，我国建立了严格的计划经济控制体系，金融业发展极其缓慢。

没有一个相对适宜的环境，银行业的发展也就无从谈起，长期对现代金融制度的漠视以及相关知识的匮乏，造成了改革开放以后我国银行业发展的瓶颈。长期困于财政融资的指导性框架之内，银行业并没有建立起一套市场化的融资观念，更没有风险意识，在种种约束之下无从应对风险。陈元认为，把本应由市场进行分配的金融资源用财政性的手段进行管理和配置，大量不良资产的产生就不可避免了，同时还会造成治理结构缺损、经济与金融发展脱节等诸多问题。

陈元还跳出银行业的专业范围，站在整个经济改革与发展的高度分析了这一问题。他认为金融业的问题不单单是银行的问题，而是经济社会各种矛盾的综合反映，是企业脆弱的融资结构以及恶劣微观环境的必然结果。

改革开放以后，我国的经济水平得到了迅速提升，并且长期保持着高速的增长势头，然而这并不代表一些体制性的问题会随着经济的发展而逐步消失，相反还可能会变得更为明显。在陈元看来，正是因为市场建设和融资体制建设的落后才在宏观经济迅速发展的大势下凸显了金融业的不平衡。

在如何解决这些问题上，陈元提出了把政府和市场结合起来的主张。在他看来，政府和市场是互相促进的，表现了内力与外力的关系。在有效的政府作用之下，市场经济的发展会体现出高效和持续性，同时也可以激发作为市场中个人的经济活力；同时，市场也可以有力推动经济发展，尤其是在政府缺位的领域，更能发挥金融机构以及公众的优势作用。

陈元认为，我们要利用好宏观经济发展强劲的优势，利用好这些资源和能力，着力与国家信用的高能量结合，大力推动市场建设，并将这些具体到微观制度和金融基础设施建设上。在国家主导的思维定式之下，陈元提出的观点引入了市场化的重要思想，在确保国家和地方重点项目资金链连续的同时，又可以有效抑制经济运行中的一些不稳定因素，对消除主观人为因素导致的投资过热现象有着重要的决策参考价值。

陈元还指出，要积极地建设和完善有效控制风险和更加透明的信用体系，这对于推动经济长期增长有着重要的作用，信用建设是市场经济发展的关键。他认为，信用体系构成了市场经济发展的基础，这一点是绝对不可忽视的。只有完善了信用体系，才能够使经济在一个低成本、高效率、合理化的平台上运行，也才能够更好地维护经济与金融的安全。

他还指出，在信用体系的建设方面，微观制度和金融基础设施建设是最根本的工作，前者包括法人、法人治理结构、所有权以及产权等方面，后者则主要指会计标准、支付、信用、绩效考核以及执法等方面的发展与完善。

对此，陈元有个形象的比喻："微观制度好比汽车，金融基础设施好比道路，前者决定社会的健康水平，后者决定社会的运转效率，两者互相独立，互相支持，但是不能互相取代。中国市场经济体制改革取得很大成就，对于亚洲及世界经济的贡献和影响越来越大。但在向市场经济转轨过程中，在相当程度上，存在着制度缺损和信用缺失，集中表现为对金融认知程度较低，重物质建设、轻信用建设和融资体制建设。金融的发展满足不了日新月异的经济发展的需要，信用建设和市场建设已经成为中国经济和金融改革发展的关键和瓶颈。”

自上任以来，带领国家开发银行进行的一系列颇有成效的信用制度改革与建设，充分显示了这位银行家的卓识远见和雄才伟略。然而，陈元并没有满足于开发性金融仅仅在国内市场进行发展，在政府的大力支持下，他还将眼光延伸到了国际市场。

## 7．有国际视野的银行家

进入21世纪，国家“走出去”的战略方针已经被提到了一个相当重要的地位，这与经济全球化的国际形势以及我国经济的发展阶段有着重要联系，旨在利用国内国外两个市场和两种资源，促进我国经济社会的长远发展以及与世界各国共同发展。

2006年以来，国家开发银行认真贯彻这一战略决策思想，积极配合政府的各项经济外交政策，在国内企业的“走出去”和国外企业的“引进来”两个通道上发挥着重要的作用，将开发性金融的方法和经验运用在国际合作业务当中，取得了巨大的成功。

通过3年的努力，到2009年，国家开发银行已经在全球141个国家和地区设立了专家工作组，外汇贷款余额也由2006年底的286亿美元增至2009年第三季度末的827亿美元，在国内市场占到了24%的份额。

根据目前国家的战略需要，国家开发银行主要在关系到周边及重要国家外交关系的重大基础设施项目上对企业进行“走出去”的支持，重点是亚非拉地区，也包括一些自然条件优越的国家的农林项目开发，像印度尼西亚、菲律宾、俄罗斯、巴西等国。

由于国家开发银行国际业务的国家主导地位，境外投资项目也大多与国家的重大战略有关，部分项目在一定时期内并不会产生显著的经济效益，并且金额一般都较大，周期也比较长，所以相应的风险也比较高。在国际业务方面，国家开发银行着力配合国家“和平、发展、合作”的总的外交方针，同时也积极运用市场化方式以及金融手段推动国际业务与合作，在一大批重点、热点项目上取得了引人瞩目的成就，还成为了国家应对金融危机的有效手段。

作为中国最大的对外投融资合作银行，国家开发银行在相关部门的指导、支持和协调下，成功运作了中铝收购部分力拓股权、中俄石油合作融资、中委基金、中土天然气合作、中巴石油合作融资、中亚天然气管道等一大批有着重要战略意义的外汇贷款项目，其中资金数额在10亿美元以上的就有14个。

陈元在2010年初接受《中国经济》采访的时候，谈到了国家开发银行最近几年来国际业务的主要发展成就。

2009年2月17日，中俄能源谈判在京举行。国家开发银行（以下简称“国开行”）、中国石油、俄石油公司、俄管道公司分别签署了在两国能源一揽子合作项目下的管道建设、供油和贷款的相关协议。协议在两国政府间获得批准后正式生效。国家开发银行向中俄石油合作项目融资250亿美元，使俄远东地区成为中国重要的能源供给区。项目建成后的20年里，每年将有1 500万吨石油从俄罗斯通过陆路石油管线直达中国，对保障我国能源安全具有重要意义。

2009年5月19日，在胡锦涛主席和卢拉总统的见证下，国开行和巴西国家石油公司签署了100亿美元贷款协议。同时，通过国开行融资推动，中石化集团和巴油签署了原油贸易协议和关于石油勘探、石化、产品和服务等领域合作的谅解备忘录。国开行、中石化集团、巴油开展的中巴石油融资合作被纳入《中华人民共和国和巴西联邦共和国关于进一步加强中巴战略伙伴关系的联合公报》。

国开行向中委联合融资基金发放贷款80亿美元，坚信委内瑞拉在2009年成为我国最大的石油来源国；在境外矿产资源类项目上，国开行融资支持了中铝入股力拓、中信泰富收购西澳磁铁矿等项目。在国开行支持下，中国铝业取得4.2亿吨的铝土资源开发权。

胡锦涛总书记在2008年11月出访拉美时，向秘鲁总统加西亚介绍国开行为

“中国最大的对外投融资合作银行”。习近平副主席2009年2月访问拉美5国，对国开行开展的国际业务给予很高的评价：“近年来国家开发银行等有关银行在拉美坚持‘金融为企业开路’，形成了较大规模金融合作网络，对推动双方整体合作水平迈上新台阶起到至关重要的作用。有关做法值得肯定、总结和推广。”

国家开发银行之所以能够在国际业务中取得如此卓越的成效，其中一个重要的原因就是把在国内业务上积累的“开发性金融”的经验成功引入到国家合作业务当中。而作为“开发性金融”改革先锋的陈元，自然功不可没。

## 中国开发性金融业的先行者

真理穿了衣裳，觉得事实太拘束了。在想象中，她却转动得很舒畅。

——泰戈尔

1998年3月，当陈元走上国家开发银行掌门人位置的时候，就已经注定了国家开发银行由“政策性金融”向“开发性金融”转变的历史命运。如今回首，基本可以认定这项改革是成功的，除此之外，还为其他领域的改革提供了重要的借鉴和参考。

陈元的座右铭是“办好一个银行”。当金融全球化时代到来的时候，他又在这个座右铭上增加了几个字：“办好一个国际一流的好银行”。这位沉默寡言的学者身上似乎有一种强大的力量，使他踟蹰前行。

也许陈元的力量来源于家族，置身于父辈旗帜之下，以知识分子的绵薄之力贡献制度性建设。身为陈云长子，陈元在潜移默化中被父亲对国家经济的执著所感染，虽然缺少留洋经历，但来自基层一线的经验却让他更为精准地掌握了中国改革的节奏，总是在关键性的结点有所作为。

国家使命驱使之下，陈元成功主导银行机制改革，有效遏制了不断增加的坏账，并且成功实施了制度性变革，还把“开发性金融”的成功经验推向了更为广阔的国际市场，使世界分享中国经济改革的经验和成果。

如此宽广的视野，不仅需要知识的积淀、思想的超越，更需要莫大的勇气。“美国银行能够办得好，我们中国的银行也能办得好！”国家开发银行乘风破浪，奋勇向前。

陈元坦言：“中国要想成为一个现代化经济强国，要想在金融领域跟上国外的发展，必须改变落后的规则。所有银行业发达的国家，都有制度的强盛和金融的强盛，所以才会使国家强盛，这是我坚信的一个客观规律。我是想借助开发银行的机构和组织这个杠杆撬动整个过程。我所要求的只有一点，就是按照金融规律办事。我给你巨额的资金，希望换回一个市场化的规则，这个规则不但对开行、政府、企业有利，对全社会都有利。”

在这话语背后，人们发现陈元沉稳低调的风格之下，还有着更为坚定的品性，也恰是这种睿智和高远的战略观瞻，使得国家开发银行成为了国内开发性金融的领袖。

成绩斐然，但陈元依然冷静地认识到，在开发性金融之路上，中国只是起步者，还应该继续坚定地走下去，要通过融资支持经济社会发展，更要通过融资促进整个市场、制度建设的发展。

2004年，亚洲开发银行驻中国首席代表布鲁斯·莫利这样评价陈元：“看上去和10年前一样，仍然保持着年轻人的心态，给我留下深刻印象，也让我很嫉妒。”7年之后，时至今日，陈元不改初衷，依然在开发性金融道路上披荆斩棘，以先行者的姿态探寻中国金融业改革之路。

# 致谢

本书的结稿意味着一段艰难回溯的结束，经济学人的呐喊仍在继续，随时代沉浮，铸造新的历史。

搁笔之前，特别对以下几人表以谢意。出于分工考虑，唐寅撰写了书稿的大部分，周其仁、樊纲、张五常、林毅夫、杨小凯、陈锡文、茅于轼、陈元等8篇文章均为他执笔。他曾在多家企业供职，对政策实施有企业视角的了解，同时还是一位勤奋的财经观察者，对国家改革和企业管理的思考常令人耳目一新。

李红、王静和阎德千分别为撰写张培刚、张维迎和厉以宁三篇文稿付出劳动，同样表达谢意。

作为财经作者，他们笔下的人物均倾注着各自对改革的思索心得，也是几位青年反思经济发展的结晶。迷离的现实提供了写作源泉，未来值得期待，希望他们在各自的领域得偿所愿。